EMOÇÃO SOB MEDIDA

GREG HOFFMAN

EMOÇÃO SOB MEDIDA

O que aprendi sobre o poder da criatividade em quase 30 anos de trabalho na **NIKE**

Tradução
Renato Marques de Oliveira

Planeta ESTRATÉGIA

Copyright © Emotion by Design, 2021
Copyright © Greg Hoffman, 2021
Copyright © Editora Planeta do Brasil, 2023
Copyright da tradução © Renato Marques de Oliveira
Todos os direitos reservados.
Título original: *Emotion by Design: Creative Leadership Lessons from a Life at Nike*

Preparação: Vanessa Almeida
Revisão: Ana Maria Fiorini e Andréa Bruno
Projeto gráfico e diagramação: Maria Beatriz Rosa
Capa: Daniel Justi

Dados Internacionais de Catalogação na Publicação (CIP)
Angélica Ilacqua CRB-8/7057

Hoffman, Greg
　Emoção sob medida: o que aprendi sobre o poder da criatividade em quase trinta anos de trabalho na Nike / Greg Hoffman. – São Paulo: Planeta do Brasil, 2023.
　352 p.

ISBN 978-85-422-2025-4
Título original: Emotion by Design: Creative Leadership Lessons from a Life at Nike

1. Liderança 2. Nike (Empresa) 3. Indústria de artigos esportivos – Estados Unidos 4. Marketing I. Título

22-6686   CDD 658.4092

Índice para catálogo sistemático:
1. Liderança

Ao escolher este livro, você está apoiando o manejo responsável das florestas do mundo

2023
Todos os direitos desta edição reservados à
Editora Planeta do Brasil Ltda.
Rua Bela Cintra, 986, 4º andar – Consolação
São Paulo – SP – CEP 01415-002
www.planetadelivros.com.br
faleconosco@editoraplaneta.com.br

*À minha esposa, Kirsten,
e aos meus filhos, Rowan e Ayla:
Obrigado por sempre sonharem comigo.*

INTRODUÇÃO: A ARTE DO ESPORTE   9

1. MINHA JORNADA ARENA ADENTRO   23

2. A CRIATIVIDADE É UM ESPORTE COLETIVO   51

3. NUNCA JOGUE COM CAUTELA, JOGUE PARA GANHAR   97

4. COM A VITÓRIA ESTAMPADA NO ROSTO, RUMO À GRANDEZA   133

5. OUSE SER LEMBRADO   169

6. NÃO CORRA ATRÁS DO QUE É DESCOLADO   201

7. INICIE UM MOVIMENTO   239

8. DIMINUA A DISTÂNCIA   279

9. DEIXE UM LEGADO, NÃO APENAS UMA LEMBRANÇA   315

AGRADECIMENTOS   331

ÍNDICE REMISSIVO   337

SOBRE O AUTOR   351

INTRODUÇÃO > A ARTE DO ESPORTE

Estou olhando para uma tela de projeção ladeada por mais de cem bandeiras de nações do mundo inteiro. A atmosfera internacional é apropriada, porque estou no Edifício Sebastian Coe, da Nike, cujo nome homenageia o corredor britânico que conquistou a medalha de ouro nos 1.500 metros nos Jogos Olímpicos de 1980 e de 1984. Uma frase de Coe me vem à mente: "Competir é empolgante, e vencer é emocionante, mas o verdadeiro prêmio sempre será o autoconhecimento e a compreensão que você conquistou ao longo do caminho". No final de uma jornada de vinte e sete anos que me levou de estagiário de design a diretor-executivo de marketing da marca Nike, sinto na pele essas palavras. Estamos em fevereiro de 2020, e essa é a comemoração da minha aposentadoria.

    Na tela, vejo "GH", minhas iniciais. Fico surpreso – e honrado – por constatar que essa representação visual foi concebida de uma maneira que lembra os logotipos de atletas que criamos ao longo dos anos para nomes como LeBron James, Tiger Woods e Serena Williams. Comecei na Nike em 1992, desenhando logotipos para produtos, atletas e qualquer outra coisa que a Nike me delegasse. Agora, minha própria persona era um logotipo, fechando um círculo, e de repente minhas emoções começam a aflorar.

A noite é repleta de lembranças e um ou dois conselhos (meus) para as pessoas com quem trabalhei e que por quase três décadas foram minha família. Um dos momentos mais emocionantes é quando o novo chefe de criação da marca, meu velho amigo e pupilo Gino Fisanotti, me dá um presente. É um enorme retrato emoldurado do jogador de futebol americano Colin Kaepernick, clicado pelas lentes do fotógrafo Platon.

Talvez você não conheça Platon pelo nome, mas provavelmente já se deparou com o trabalho dele: suas fotografias em preto e branco de celebridades, líderes mundiais, atletas e artistas são aclamadas pela crítica por captarem a essência da pessoa por trás do título ou reputação. Em uma única imagem de, digamos, Muhammad Ali, você vê o aspecto humano na lenda do boxe. Dessa forma, os retratos de Platon não se parecem com o trabalho fortemente artístico e idealizado que em geral se atribui aos fotógrafos profissionais. Em vez disso, a intenção de Platon é mostrar seu modelo em um momento furtivo, um breve segundo em que a aparência desaparece e vem à tona a pessoa muito real, sobretudo no destaque para os olhos. Suas fotografias de alto contraste, contrapostas a um fundo branco, apresentam a pessoa e a personalidade da forma mais crua possível.

Esse tipo de genialidade criativa não acontece por acaso; deve acontecer *de caso pensado*. Como toda grande arte, um retrato de Platon deve evocar emoção, mas essa emoção não é acidental, é deliberada. Há uma intencionalidade no processo que não difere muito do trabalho de um escritor tecendo uma história. Não sei dizer exatamente como Platon faz isso, como ele é capaz de contar uma história por meio de retratos e obter uma resposta do público que expõe alguma verdade sobre a experiência humana. Mas sei dizer como nós, profissionais de marketing de marca, podemos nos esforçar para alcançá-la.

Minha paixão pelas belas-artes no nível de Platon é igualada apenas por meu amor pelos esportes. À primeira vista, parecem ser dois interesses distintos, mas, quando olhamos sob a superfície do esporte, constatamos que ele tem a capacidade de instigar as nossas emoções mais puras e viscerais; agonias e êxtases que se desenrolam nos campos e quadras de jogo e nas arquibancadas para todos nós sentirmos. Como Nelson Mandela disse certa vez: "O esporte tem o poder de mudar o mundo. Tem o poder de inspirar, tem o poder de unir um povo de uma forma difícil de conseguir de outra maneira".

Ao olhar para o retrato de Kaepernick feito por Platon, mais uma vez senti o poder da arte de transmitir uma impressão que é ao mesmo tempo oportuna e atemporal. O retrato fazia parte de uma campanha de marketing – minha última na Nike –, mas também era arte, concebida para ser mais do que uma simples fotografia. Está carregado da personalidade e da paixão de Kaepernick. Ao mesmo tempo, o retrato é uma declaração de propósito para a Nike: a capacidade do esporte de mudar o mundo. Hoje o retrato está pendurado com orgulho no meu escritório, porque representa não apenas uma formidável obra de arte mas também um excelente marketing de marca. Na verdade, é um lembrete para mim de que arte e marketing podem atingir os mesmos fins e, muitas vezes, *devem* tentar atingir os mesmos fins.

E, por último, olhando para o retrato, eu me lembro da jornada que o tornou possível. Uma jornada que começou cerca de cinco meses antes.

• • •

Em agosto de 2019, visitei Platon em seu estúdio em Nova York. Nossa amizade começou em 2013, quando eu, então diretor global de criação da Nike, o convidei para falar em um dos "seminários de treinamento de marca" da empresa. Além de ser um mestre da fotografia, Platon é um exímio contador de histórias, dotado de uma incrível capacidade de tecer narrativas hipnotizantes por meio de imagens excepcionais. Tive a honra de apresentar Platon ao público e entrevistá-lo no palco, perguntando sobre seu processo e alguns de seus retratos mais famosos. Foi a partir daí que nos tornamos amigos. Depois trabalhamos juntos quando pedi a ele que fotografasse a Seleção Brasileira de Futebol para a Nike, que havia patrocinado o time e desenhado os uniformes em 2014, após a conquista da Copa das Confederações. As fotografias resultantes são emblemáticas de Platon: imagens predominantemente em preto e branco dos jogadores contra um fundo branco, mas com o toque adicional de amarelo destacando as camisas: os jogadores são apresentados como indivíduos, mas o amarelo os une como um time. Talvez o verdadeiro toque de genialidade do trabalho de Platon no Brasil tenha sido o fato de ele ir muito além do que as minhas linhas gerais haviam definido para o projeto; ele acabou fotografando não apenas os atletas mas também os apaixonados torcedores brasileiros. As fotografias finalizadas colocam os dois grupos lado a lado. O resultado foi algo que transcendeu o mero esporte, porque as fotos mostraram que esporte e cultura estão intimamente ligados. Ignorar a última em favor do primeiro é não compreender *por que* o esporte encanta tantos milhões de pessoas ao redor do mundo.

Mas, quando entrei no estúdio de Platon naquele dia de agosto, eu não tinha nenhum plano em mente. Conversamos como amigos, e então Platon mencionou que estava doando suas fotografias de líderes afro-americanos defensores dos direitos civis para o Museu Nacional de História e Cultura Afro-Americana do Instituto Smithsoniano. É uma lista impressionante de heróis, de Muhammad Ali a Harry Belafonte e Elaine Brown. Tive um lampejo.

— Você está esquecendo de alguém — eu disse.

— Quem? — ele perguntou.

— Colin Kaepernick.

Platon respondeu que não conseguia ter acesso a alguém como Colin. Nessa parte eu poderia ajudá-lo. Quando saí do estúdio de Platon, liguei para Gino, que na época estava começando a planejar o marketing em torno de uma nova linha do tênis Air Force 1 da edição limitada criada para Colin. Gino pensou com carinho a respeito e disse que uma série de retratos de Kaepernick feita por Platon poderia ser uma ótima maneira de impulsionar o lançamento do novo tênis e contar uma história maior. E, assim, a campanha "True to 7"[1] de Kaepernick começou a se tornar realidade. Voei de volta para o campus-sede da Nike e me reuni com Gino para acertar os detalhes. A ideia era simples: vincular a campanha – que apresentava não apenas uma linha de tênis mas também uma camiseta – aos "sete valores" de Colin, que divulgavam seu sistema de crenças por meio de uma série de icônicos retratos em preto e branco clicados por Platon. A campanha foi lançada em dezembro de 2019. Para ajudar a promover a campanha, Colin postou em sua página no Twitter: "Para aqueles que são leais a si mesmos dentro e fora de campo. Com orgulho, sem remorso, contra tudo e contra todos. Este é apenas o começo".

• • •

1. "Leal aos sete", em tradução livre. (N. T.)

E agora um desses retratos de Platon decora uma parede da minha casa, um presente de Gino, cujo apoio, discernimento e devoção ao nosso trabalho com Colin foram fundamentais para tornar meu último projeto da Nike um dos mais memoráveis.

A história do nosso trabalho com Colin começou dois anos antes da minha visita a Platon, durante um almoço na sede da Nike em Beaverton, Oregon. Isso é tema para outro capítulo, mas significa que o retrato de Platon representou mais do que a campanha "True to 7". Era uma representação física de uma jornada criativa que havia começado anos antes, durante uma ocasião em que ouvimos Colin para saber o que *ele* queria dizer. Platon nunca fez parte de nossos projetos, não até meu encontro com ele em seu estúdio em Nova York. Mas o processo criativo não segue um caminho linear, e, muitas vezes, momentos de inspiração surgem em lugares improváveis – contanto que você esteja aberto e receptivo a eles. Todo o nosso trabalho com Colin Kaepernick foi baseado na percepção de que sua mensagem, ao desmascarar duras verdades sobre a injustiça racial, estava inextricavelmente ligada aos esportes e à experiência dos negros norte-americanos. Porém, além do impacto social da mensagem de Colin, há as lições que a campanha "True to 7" pode ensinar às marcas. Para Colin (e para a Nike), não existia distinção entre o pessoal e o profissional. Ele era a mesma pessoa dentro e fora de campo, e a responsabilidade da Nike era revelar ao mundo essa pessoa e sua paixão. Se tivéssemos nos concentrado apenas na mensagem de Colin, perderíamos sua relevância para o esporte. Da mesma forma, se nos concentrássemos apenas no aspecto esportivo, teríamos minado a mensagem de Colin. Os dois – o pessoal e o profissional – tinham que ser um só.

Boa parte da inspiração para este livro veio do trabalho com Colin e da jornada que fiz durante os derradeiros anos da minha atuação na Nike, quando se juntaram muitas das lições e ideias que eu vinha formando ao longo das duas décadas e meia anteriores. A filosofia criativa sobre a qual falo de todo o coração para as minhas plateias hoje, na condição de consultor de marca para startups e empresas mais estabelecidas, foi sintetizada pela colaboração criativa com Kaepernick, Gino, Platon e a talentosa equipe de marca da Nike, e forma a base deste livro. Para simplificar: uma marca adquire vantagem competitiva por meio de sua capacidade de construir fortes vínculos emocionais com seus consumidores. Acredito que essa conexão pode ser alcançada de forma consistente cultivando-se uma forte cultura criativa.

Eu chamo isso de *Emoção sob medida* – a capacidade de criar histórias, imagens e experiências que levam as pessoas a sentir que podem concretizar até mesmo seus sonhos mais audaciosos. Ao longo dos anos, forjei essa filosofia no âmbito de uma cultura criativa na qual predominavam as ideias. Agora, minha paixão é incutir nos outros essa filosofia criativa de marketing e *branding*,[2] pois um ponto-chave da noção de "Emoção sob medida" é que ela pode ser praticada e aplicada por todos os tipos de líderes e equipes de negócios. O sucesso dessa metodologia criativa não depende de recursos polpudos. Uma agência com cinco funcionários pode gerar um sucesso fenomenal com sua marca, com a mesma eficácia de uma empresa de milhares de empregados. Não há a necessidade de gastar milhões de dólares para despertar sentimentos nos

2. O conceito de *branding* define um conjunto de ações e estratégias destinadas a criar, construir, posicionar, destacar, consolidar e gerir marcas no mercado de forma a torná-las inesquecíveis para o público consumidor. Enfatizando propósitos e valores da marca, o objetivo do *branding* é despertar sensações e criar conexões conscientes e inconscientes cruciais, para que o cliente escolha determinada marca no momento da decisão de comprar um produto ou serviço. (N. T.)

consumidores. As conexões emocionais que formam um vínculo entre marca e consumidor não dependem do tamanho da marca nem de suas receitas; dependem do poder da história e da profundidade da conexão.

Também quero refutar a noção de que nem todo mundo é criativo. Ainda que a aplicação de ideias – a direção de arte, a redação publicitária, o design do aplicativo, a direção de filmes, para citar algumas – seja reservada para os profissionais com experiência nesses campos, a concepção dessas ideias não é – e não deve ser – limitada aos "criativos". Todo mundo tem imaginação; todos têm aspirações e sonhos. O truque é incutir uma cultura e um ambiente em que essas imaginações tenham espaço – e voz. Muitas marcas e empresas sufocam o talento inato de suas equipes, utilizando suas energias criativas para a aplicação de noções preconcebidas e preconceitos pessoais. Às vezes essas empresas tentam canalizar as mentes criativas de seu pessoal em processos e modos de pensamento extremamente estruturados – e correm o risco de acabar tendo em mãos uma marca pouco inspiradora e desconectada de suas bases de consumidores.

É por esse motivo que as marcas devem adotar uma mentalidade que convide vozes externas a participar de seu processo criativo, incentivando essas vozes a tirar proveito de suas experiências singulares de modo a dar consistência ao trabalho. Diversidade e inclusão deveriam ser um objetivo em si, mas fico surpreso ao constatar que, ainda hoje, muitas empresas não veem *por que* a diversidade de experiências, pensamentos, origens, ideias e valores é um pré-requisito para a construção de uma força criativa capaz de mudar o mundo. A criatividade se desenvolve a partir das ideias inspiradas que descobrimos e que os outros não percebem. Encontramos esses lampejos de perspicácia por meio da diversidade de experiências em nossas equipes, bem como da nossa própria paixão por investigar a fundo além daquilo que já sabemos.

Este livro é uma celebração da criatividade e um apelo para que os construtores de marcas redescubram o elemento humano na formação de vínculos com o consumidor. Nos capítulos a seguir, os leitores empreenderão uma jornada de criatividade por meio das percepções extraídas da minha experiência na Nike e além, cujas lições podem ser aplicadas em todas as disciplinas de marketing. De construir histórias de grandeza para LeBron James a buscar a inspiração na curiosidade e imaginação sem limites de Kobe Bryant; de organizar um show para o lançamento do tênis Air Force 1 a criar com Kevin Hart um movimento sobre a importância do movimento e motivar novas gerações de atletas por meio do slogan *"Just do it"* [Simplesmente faça]. Os leitores vivenciarão a arte dentro do marketing e a "Emoção sob medida" que isso cria.

Nos dias de hoje, construir uma marca de nível internacional é um delicado equilíbrio entre arte e ciência. Os dados nos forneceram mais conhecimento sobre nossos consumidores do que jamais poderíamos imaginar. Agora temos a capacidade de ser mais eficazes, mais oportunos, mais adaptados e mais produtivos com nosso conteúdo e nossa narrativa. Contudo, se por um lado os dados e análises nos deram mais, por outro também tiraram coisas de nós. Somos menos criativos, somos menos inovadores e corremos menos riscos. Não é uma questão de prioridade, mas de equilíbrio. Quando agem em harmonia, arte e ciência podem alcançar resultados surpreendentemente eficazes. As informações e dados que essas linhas de código nos apresentam são incrivelmente úteis e nos permitem eliminar atritos e inconveniências da experiência do consumidor. Mas a balança não está equilibrada. Em muitos casos, as marcas passaram a priorizar relacionamentos transacionais com consumidores, quando deveriam construir relacionamentos humanos.

Neste livro, transmitirei as lições e os princípios que forjei ao longo de trinta anos nesse campo. Examinarei como muito do meu processo criativo e dos meus princípios foram diretamente inspirados na arena dos maiores colaboradores do esporte – atletas, treinadores e equipes. Minha esperança é que os leitores se tornem capazes de ver como esses processos e princípios criativos têm aplicação universal tanto para marcas grandes quanto pequenas. Acima de tudo, este livro se esforça para ser um plano útil para negócios, marketing e profissionais criativos, seja você uma equipe de um único indivíduo ou um grupo de mil pessoas. As sacadas originais deste livro, quando aplicadas, podem capacitar você como líder e habilitar sua equipe e sua marca a alcançar um nível de excelência criativa que cria laços duradouros com seus consumidores.

Uma nota sobre a estrutura

Antes de começarmos, quero explicar a estrutura deste livro para ajudar os leitores a entender o que ele tenta fazer. O livro é apresentado de uma forma que fornece aos leitores um manual estratégico para fazer desabrochar a criatividade dentro de sua equipe. E, quando digo "criatividade", estou me referindo ao tipo de criatividade que altera paradigmas, desperta emoções e nos conecta uns aos outros. Os capítulos são organizados de forma que, primeiro, sejam fornecidos os elementos fundamentais, seguidos pela aplicação prática desses elementos.

O livro baseia-se fortemente no trabalho inovador que realizei na minha carreira no mundo dos esportes, propiciando aos leitores, em muitos casos, uma visão mais detalhada de como era esse trabalho criativo em equipe e qual foi a sensação de produzir algumas das campanhas de marketing mais memoráveis e emblemáticas do nosso tempo. Tive a sorte de iniciar minha trajetória na Nike durante um período de colaboração criativa radical para a marca. Essa cultura e essa comunidade perduraram no decorrer de toda a minha carreira, mesmo quando a Nike registrou um crescimento fenomenal e teve que amadurecer além de seus primórdios menos estruturados. Nas equipes em que trabalhei existia um *éthos* que estimulava a imaginação e a formação de ideias. Existia também uma cultura de versatilidade e inventividade, o que significava que muitas vezes se atribuía a um funcionário a responsabilidade por um projeto mesmo que ele não tivesse a experiência necessária. Todos nós tínhamos a sensação de que estávamos *construindo* algo especial, e não me refiro apenas à empresa. O que quero dizer é que sentíamos que nosso trabalho estava se conectando com os consumidores de uma forma que produzia momentos humanos reais. Nossos filmes, nossas campanhas, nossos produtos *eram importantes* para as pessoas. A Nike estava se tornando a marca definitiva em termos de calçados e vestuário esportivo, e isso nos conferiu um sentimento de responsabilidade. Se o que estávamos fazendo importava para as pessoas, então tínhamos a obrigação de fazer a coisa certa para elas. Quando uma marca atinge esse nível de envolvimento e engajamento do consumidor, então, de muitas maneiras, você não está mais apenas vendendo algo; você faz parte da cultura. Isso, logicamente, implica também que você tem a obrigação de *proteger* o legado que construiu e garantir que o nível de excelência que os consumidores esperam continue. Não é uma tarefa pequena, razão pela qual espero que este livro forneça aos leitores as ferramentas para criar dentro de suas próprias organizações uma cultura capaz de produzir, continuamente, criação e gestão de marcas excepcionais e narrativas e experiências excelentes que construam e mantenham laços emocionais poderosos com seu público.

Com a notável exceção do capítulo 1, cada capítulo segue uma estrutura semelhante e apresenta um elemento singular que produzirá uma marca mais forte. O final de cada capítulo incluirá também uma lista de princípios que salientam e condensam as ideias e os temas do capítulo. O capítulo 1 dá aos leitores uma compreensão melhor de quem eu era quando entrei para a Nike e, portanto, é bastante biográfico, ao passo que os demais capítulos são apresentados tematicamente. As histórias que escolhi para ilustrar uma lição ou ideia em capítulos específicos são as melhores que eu poderia contar naquele momento. Mas o processo criativo nunca é tão metódico, e as histórias que escolhi para um capítulo poderiam facilmente ser aplicadas a outro. Por esse motivo, os leitores notarão a repetição de certas ideias – empatia, percepção e colaboração criativa, para citar algumas – que surgem em várias histórias. E isso ocorre porque todos esses elementos entraram nos empreendimentos criativos. O capítulo 2 apresenta vários desses temas de uma forma "fundacional"; em outras palavras, sem que essas características estejam presentes como alicerces numa organização, é difícil encontrar inspiração e inovar com propósito.

Por fim, quero destacar já aqui no início os temas do desfecho do livro. Como profissionais de marketing de marca, temos a incrível oportunidade de usar nossas percepções, nossas ferramentas e nossa imaginação para dizer algo sobre o mundo ao nosso redor. Devemos permanecer fiéis ao propósito de nossa marca, mas não devemos ignorar as oportunidades de criar momentos impactantes que tenham o potencial de transformar o mundo. As histórias que geramos e lançamos no mundo só podem construir um vínculo mais forte com nossos consumidores quando estão vinculadas às mesmas motivações e aspirações que habitam cada pessoa. Tente atingir esses horizontes. Nosso adversário é o pessimismo, contra o qual devemos lutar constantemente. Resumindo, faça parte de algo maior. Esforce-se para alcançar um propósito maior. Deixe um legado de grandeza.

1 > MINHA JORNADA ARENA ADENTRO

Meu amigo viu que eu estava com dificuldades e me deu um copo de água. Era verdade que minha boca estava seca, mas isso não era nada comparado aos meus nervos. O extrovertido que adora esportes, competição e hip-hop simplesmente não estava dando as caras naquele dia; hoje, era a vez do artista introvertido. A arte, a minha arte, não era o problema. O problema era contar a história da minha arte – mais precisamente, meus designs – para o público à minha frente. Voltada para mim havia mais ou menos uma dezena de olhos – que pertenciam a meus professores, meus colegas de classe e outros designers, pessoas cujo trabalho e talento eu respeitava e que norteavam e embasavam os meus –, esperando ser impressionados, maravilhados, prestes a decidir se eu era realmente um deles. Um par de olhos em particular eu senti que me perfurava, julgando e avaliando se eu tinha o que era necessário para entrar naquele mundo da elite do design. Em jogo estava nada menos do que o sonho que tive quatro anos antes, quando ingressei na Faculdade de Arte e Design de Minneapolis (MCAD, na sigla em inglês).

Eu estava no meio da apresentação do meu trabalho de conclusão de graduação, uma investigação entre as artes visuais e as ciências humanas por meio do design: uma história dos contrastes e paralelos entre esses mundos contada por meio das minhas imagens. Tratava-se de uma monografia intelectual, uma jornada no design destinada a ser feita no âmbito da comunidade criativa. Mas, antes de ser iniciada, a jornada deve primeiro ser aceita como algo que vale a pena, algo que atende aos mais elevados padrões, não porque segue as regras, mas porque vai além de tudo o que veio antes. E o olhar de que eu mais precisava para fazer essa viagem comigo pertencia a Laurie Haycock Makela, diretora do Centro de Artes Walker de Minneapolis um dos museus de arte contemporânea mais respeitados e visitados do mundo.

Cerca de um mês antes, eu havia me candidatado a um dos cobiçadíssimos estágios do Walker, no departamento de design. Apesar da minha exacerbada ansiedade no dia da apresentação da minha monografia, não me faltava confiança no meu talento. Eu sabia que estava no caminho certo para ser um dos melhores designers da minha turma, e por isso não fiquei surpreso quando Laurie me ligou para me informar que eu era um dos finalistas à vaga. Ela sugeriu também que eu a convidasse para a minha apresentação. Claro que quando a chefe do Centro de Artes Walker "sugere" que você faça alguma coisa não se trata de uma sugestão. Minha defesa do trabalho de conclusão de graduação deixou de ser apenas uma apresentação do talento que eu havia aperfeiçoado nos anos de MCAD; agora era uma entrevista.

Entrar no Centro de Artes Walker, mesmo como estagiário, teria sido a culminação de muitos de meus sonhos e esforços desde criança. Nascido de pai negro e mãe branca, fui adotado por uma família branca e cresci em um subúrbio quase todo branco de Minneapolis chamado Minnetonka. Cercado pela beleza natural da terra e sentindo-me mais do que um forasteiro por conta de minha etnia mista, eu me ensimesmei e garimpei o manancial da minha imaginação. Aos 5 anos, já estava acostumado a ouvir de meus pais e professores: "Você é um grande artista!". Meus pais investiram em cursos de desenho no verão – convidavam meu professor de artes do sétimo ano para jantar em casa –, compraram novas mesas e pranchetas de desenho e até criaram uma parede de desenho no quartinho que eu dividia com meus dois irmãos. A parede tornou-se o mural da minha imaginação.

Nos últimos anos do ensino fundamental, comecei a ser alvo de uma grande dose de racismo direto. Eu não estava preparado para lidar com isso, pois não tinha ninguém com quem aprender e a quem recorrer que tivesse passado por experiências semelhantes – então eu me voltei para minha arte. Desenhar me permitia colocar meus devaneios no papel e fugir da realidade. Quando cheguei ao ensino médio, estava imerso em diferentes dimensões do mundo da arte e do design, que não eram exatamente interesses normais para um garoto negro no início dos anos 1980. Mas encontrei consolo nessa paixão, que me permitia dar sentido ao mundo reimaginando o que era possível. Também encontrei minha identidade (mas não em sua totalidade) nessa confluência de arte e design, e eu queria mais.

Eram ambições grandiosas para um menino de Minnesota, mesmo que eu tivesse acesso a uma das melhores instituições para meus talentos na Faculdade de Arte e Design de Minneapolis. Durante as sessões de orientação, ouvi de um de nossos tutores uma declaração que não era incomum: "Olhem ao redor", ele disse, indicando meus colegas calouros. "Apenas 10% de vocês seguirão a carreira de designer." Ele estava certo, é claro, mas ouvi essas palavras como um desafio. O mundo da elite do design era minha vocação, e seria um fiasco se eu não me juntasse a suas fileiras. Dez por cento ainda era uma competição acirrada, e eu estava determinado a trabalhar e a me esforçar mais que todos os outros. Ao final dos meus anos de estudo na MCAD, eu podia dizer que fiz ambas as coisas, e meus olhos estavam agora voltados para o futuro, especificamente o Centro de Artes Walker, que oferecia um dos mais desejados estágios de um ano para jovens designers. O Walker era a personificação do que eu adorava: design de ponta que rompia fronteiras e ampliava a definição do que era possível. Imbuídos da tarefa de comunicar visualmente as mais recentes exposições de arte, os designers do Walker tinham tanta liberdade de expressão quanto os próprios artistas. É o tipo de design que não existe mais no mundo digital de hoje. Naquela época, os designers do Walker eram criadores de tendências do mesmo nível dos artistas cujas obras eram exibidas nas paredes do Centro. Exibir essa arte, por meio de pôsteres, catálogos e exposições, exigia um nível de design igualmente revolucionário. Entrar nesse mundo era estar a um passo de ingressar na arena da elite do design.

    Agora, tudo o que se interpunha entre mim e a realização do meu sonho era uma monografia que recorria a pensadores esotéricos como Carl Jung e Laurie Haycock Makela. Bebi de um só gole o copo de água que meu preocupado amigo me deu, e segui em frente...

• • •

"Acho que você deveria fazer isso", meu amigo me disse. Era a primavera do meu último ano na MCAD, mais ou menos um mês antes de eu apresentar minha monografia, e "isso" se referia à inscrição em um programa de estágio para minorias oferecido pela Nike. "Eu vou tentar, e você também deveria", ele disse.

"Não, cara, isso é coisa sua", respondi. Eu não estava apenas sendo legal. Meu amigo era o que hoje chamaríamos de "fanático por tênis", o tipo de pessoa que sonha com tênis e desenha modelos estilosos em seu caderno nas horas vagas. Enquanto minha mente estava focada em trazer a psicologia esotérica para o meu trabalho de design, ele adorava pensar em novos designs de tênis maneiros. Nós dois cursávamos a MCAD, mas obviamente estávamos em caminhos diferentes. A Nike era sem dúvida a praia dele; a minha era o Walker, ao qual eu já havia me candidatado.

Mas a sugestão dele para que eu me candidatasse a uma vaga na Nike não surgiu do nada. Desde criança, eu adorava esportes e competição. Ainda menino, a fim de encontrar minha identidade, eu não me voltei apenas para a arte; também busquei inspiração nas performances e personalidades dos atletas negros dos anos 1970 e 1980. Mergulhar no esporte tornou-se um ritual diário. Colecionar cartões e figurinhas de futebol americano e beisebol era mais do que uma obsessão. Para ganhar algum dinheiro, eu trabalhava como entregador de jornais – minha rota era longa –, mas o mais importante era que eu podia me debruçar sobre a seção de esportes e memorizar as médias de rebatidas de beisebol da Major League e os líderes em *home runs*, estatísticas que naquela época eram dominadas por jogadores afro-americanos.

A cultura que esses atletas ajudaram a criar – e que na realidade era um reflexo da cultura negra urbana com a qual eu tinha pouquíssima experiência – começou a se infiltrar no mercado de massa. De maneira lenta e inevitável, os dias de Bill Russell e Converse All-Stars estavam dando lugar a Michael Jordan e à Nike. Menciono a Nike especificamente porque em grande medida a forma como eu consumia esses novos superastros era por meio do marketing. Longe das quadras ou dos campos, os atletas estavam rapidamente se tornando ousados ícones da moda, capazes de despertar sonhos e aspirações – e as imagens das propagandas e os anúncios publicitários passaram a gerar a mesma empolgação e desejo de imitação que a pessoa obtinha assistindo ao desempenho desses atletas. Fui arrebatado por essas exibições artísticas, sem perceber na época que as emoções que elas despertavam em mim eram as emoções que haviam sido concebidas *sob medida e de caso pensado* para despertar em mim. Era um design em um nível totalmente diferente do que aprendi quando entrei na faculdade.

Agora, vamos voltar o relógio para 1992. Para onde quer que olhasse, você o via – aquele inconfundível espírito rebelde da Nike. Você ligava a televisão e lá estava o astro do tênis Andre Agassi, vestido com roupas verde-neon e esmagando a bola enquanto o Red Hot Chili Peppers tocava no comercial "Rock 'n' Roll Tennis". Mudava de canal novamente e ouvia a letra *"and we all shine on"* [e todos nós seguimos brilhando] da canção "Instant Karma", de John Lennon, servindo de hino para o mais recente comercial *"Just do it"*.

Na primavera de 1992, a Nike estava com tudo. Era o aniversário de vinte anos da empresa, e, tendo como embaixadores da marca figuras como Michael Jordan, Charles Barkley [jogador de basquete profissional], Jerry Rice [jogador de futebol americano profissional] e Ken Griffey Jr. [jogador de beisebol profissional], a Nike estava em todos os lugares, assim como sua marca icônica, o Swoosh.[3] Com mais de 3 bilhões de dólares em receitas

---

3. O clássico logo criado por Carolyn Davidson em 1971 adotou uma linha de formato curvo como representação de uma das asas de Niké, deusa grega da vitória e protetora dos atletas. O nome *Swoosh* é um lembrete onomatopaico de que o símbolo transmite a ideia do som em alta velocidade, como o assobio do vento, do movimento eterno e contínuo. Ao mesmo tempo, o formato de asa foi projetado para

anuais, a essa altura a Nike podia até não ser mais uma pequena empresa do Oregon surgida do nada; no entanto, sua atitude de rebeldia e seu espírito revolucionário ainda estavam intactos e se alastravam rapidamente mundo afora. Ter um par de Nikes não era apenas o ápice de ser descolado e moderno; também dizia algo sobre como a pessoa encarava o esporte e a vida: você jogava para vencer, mas fazia isso com estilo.

Muitas e muitas vezes a Nike ocupou a interseção entre esportes e cultura. A empresa não estava apenas reagindo a isso; estava criando e liderando. Quando Michael Jordan estava buscando seu segundo título de campeão da NBA[4] com o Chicago Bulls, a Nike lançou o cobiçado tênis Air Jordan VII e o anúncio que fez um estrondoso sucesso no intervalo do Super Bowl,[5] "Hare Jordan" [Lebre Jordan]. No anúncio, Michael se unia ao Pernalonga para derrotar um time de valentões na quadra de basquete. Além disso, a marca abriu sua segunda loja Niketown no território de Jordan, em Chicago. A Nike revolucionou o mundo dos tênis, e agora o conceito da Niketown estava redefinindo a experiência de compra.

A inovação da Nike impulsionava seu domínio no basquete, na corrida, no tênis e no treinamento cruzado.[6] O lançamento

estimular os atletas à ação e conquistas, como o slogan "Just do it", que apareceu mais tarde. (N. T.)

4. National Basketball Association (Associação Nacional de Basquetebol), a principal liga de basquete profissional dos Estados Unidos e do Canadá, também considerada a principal liga de basquete do mundo. (N. T.)
5. Partida final da National Football League (NFL), a principal liga de futebol americano dos Estados Unidos. (N. T.)
6. Do inglês *cross-training*, trata-se da prática de qualquer atividade esportiva que o atleta realiza paralelamente à modalidade principal – por exemplo, um corredor que alterna corridas com o treinamento de ciclismo de estrada e mountain bike. A finalidade de o atleta entrar em

da nova linha de calçados Air Huarache estava a todo vapor. Folheando qualquer revista da época, você certamente depararia com o anúncio que perguntava em letras garrafais e em negrito: "Você já abraçou seu pé hoje?" – uma promessa sobre o quanto essa inovação era confortável para os pés. Virava mais algumas páginas e via outro anúncio divulgando a nova linha de esportes ao ar livre da Nike chamada All Conditions Gear [equipamento para todas as condições e terrenos], encabeçada pela sandália esportiva Air Deschutz, com o slogan "O amortecimento encontra o ar-condicionado". A voz da Nike era tão inovadora quanto os próprios produtos.

Como todos os outros garotos competitivos e amantes de esportes da época, eu estava totalmente imerso nessa nova cultura criada pela Nike, sem perceber inteiramente por quê. O estranho é que na verdade eu nunca enxerguei o que a Nike fazia com seu marketing – o domínio de imagens e emoções – como *design*. Design era o que eu fazia; era o que aprendi na faculdade, era o que ia aprender a fazer no Walker. Em outras palavras, design era mais do que vender calçados. E então, naquela primavera, meu mundo virou de cabeça para baixo: nas décadas de 1980 e 1990, a revista *Print* era a mais importante publicação de design gráfico no país, e é claro que eu aguardava ansiosamente cada nova edição. A edição da primavera de 1992 trazia uma matéria sobre a equipe de design de imagem da Nike, com uma foto que mostrava os integrantes com água até a cintura no lago artificial na área central da nova sede da Nike em Beaverton, Oregon. O homem no centro da foto, rodeado por vinte outros designers, era Ron Dumas, chefe da equipe e criador do pôster Jordan "Asas" – que mostrava um Michael Jordan em tamanho real com

novos territórios e experimentar outras atividades é evitar o desgaste físico de uma única zona do corpo, trabalhar músculos alternados e melhorar seu rendimento. (N. T.)

seu uniforme do Bulls e os braços estendidos, uma das mãos segurando uma bola de basquete, acima de uma citação do poeta inglês William Blake: "Nenhum pássaro voa demasiado alto se voa apenas com as próprias asas".

Eu conhecia bem o pôster, já que havia um no meu dormitório da faculdade. Naquele momento, depois de ler o artigo, de repente percebi algo que quase tenho vergonha de admitir hoje: por trás daquelas imagens e anúncios havia *designers* que exerceram (e continuam a exercer) um efeito profundo sobre mim. Parece absurdo para o designer que eu era na época, mas eu nunca havia pensado muito nas pessoas por trás do marketing da Nike. Agora, ali estavam eles, me encarando, com água até a cintura. A sensação que tive foi mais ou menos, imagino, como um astrônomo descobrindo um novo planeta no espaço sideral: estava lá o tempo todo, mas só agora ele conseguia enxergá-lo.

Ora, meu amigo me disse que havia uma oportunidade de trabalhar nesse mundo misterioso de cuja existência eu agora tomava consciência. Fui para casa, me sentei no meu dormitório da faculdade, decorado de maneira frugal, fitei o pôster "Asas" na minha parede, Michael me encarando de volta, com a citação de Blake me chamando. O olhar fixo e intenso de Michael, junto com a citação sobre se esforçar para alcançar a grandeza, me convenceu: eu me candidataria à vaga de estágio.

• • •

No início de abril, tive a notícia de que a minha apresentação da monografia havia sido bem recebida pelas pessoas que mais importavam, sobretudo por Laurie. Logo depois, eu soube que havia sido aceito no estágio do Centro de Artes Walker de Minneapolis, que começaria em 1º de setembro. O estágio na

Nike era no verão, o que significava que eu poderia fazer as duas coisas – se fosse aceito em ambas. Porém, apesar do meu entusiasmo pela oportunidade na Nike, minha visão e meus sonhos permaneciam no mundo do Walker, que representava o auge de tudo o que eu havia aprendido e aperfeiçoado enquanto estava na MCAD, ao passo que a Nike me parecia mais uma maneira divertida de passar o verão.

Então recebi a ligação da Nike me oferecendo a vaga. Por acaso, meu colega de classe, o fanático por tênis que também se candidatou ao estágio, estava no meu quarto quando a Nike me ligou. Ele ficou feliz por mim, embora eu pudesse sentir sua decepção. Quem me telefonou foi Chris Aveni, à época uma das chefes da equipe de design de imagem da Nike. Foi uma ligação rápida, quase curta e grossa: o estágio começaria na primeira semana de junho, quando haveria um dia e meio de orientação. Se eu não conseguisse me apresentar nessa data, que era uma semana depois da minha formatura, a vaga do estágio iria para outra pessoa. Não havia dúvida de que eu aceitaria a oferta na hora.

Olhando para o meu amigo e superando a culpa que senti, respondi que, sim, eu conseguiria estar lá na data marcada. Como, eu não sabia. Após a formatura, eu estava sem um tostão no bolso e não tinha meios de chegar ao Oregon. Felizmente, meus pais decidiram me emprestar seu furgão Ford Econoline, do tipo que inclui uma cama dobrável, mesas de pôquer, persianas nas janelas e gradientes coloridos pintados nas laterais. Eu não ousaria reclamar dessas extravagantes peculiaridades de design e dos adesivos de para-choque, apesar de irem contra o que eu defendia como um aspirante a designer. Para uma família de sete pessoas que vivia do salário de um professor, me emprestar o furgão para o verão foi um grande sacrifício para meus pais.

Saindo de Minneapolis, dirigi o furgão por vinte e sete horas pelo país, passando pelo Parque Nacional das Badlands na Dakota do Sul, entre as montanhas Rochosas, e entrando na rodovia 84 através do deslumbrante desfiladeiro do rio Columbia. Finalmente cheguei a Beaverton e fui direto para o estacionamento do escritório da Nike. Tudo o que eu sabia a respeito do Oregon era aquele endereço. O problema era que isso aconteceu numa quinta-feira; o estágio só começaria na segunda-feira seguinte, e eu não conhecia ninguém no lugar. Então dormi no furgão no estacionamento pelas três noites seguintes enquanto procurava um apartamento que não me cobrasse o aluguel do primeiro mês adiantado, porque eu tinha apenas 300 dólares no bolso e um cartão de crédito com o limite estourado.

Os dias me possibilitaram dar uma boa olhada no meu novo local de trabalho, meu local de trabalho *novinho em folha*. O novo campus-sede da Nike vinha sendo construído havia mais de um ano, com novos prédios sendo inaugurados em um cronograma contínuo. Cada edifício recebeu o nome de um atleta icônico que teve um impacto na marca: Michael Jordan, o tenista John McEnroe, Joan Benoit Samuelson – a primeira campeã olímpica feminina de maratona. Era uma combinação de museu, parque e escritório, tudo num só lugar. Para um menino obcecado por esportes como eu, era como se fosse minha meca. Eu nunca seria um atleta profissional, mas aquele lugar estava bem perto disso. Mais importante: a Nike reconheceu que a criação de um ambiente de trabalho físico e inspirador renderia maior colaboração, produtividade e inovação. Embora muitas empresas sigam esse modelo hoje, a visão singular da Nike foi que trabalhar em espaços criativos estimulava a criatividade. Era como se o espírito da Nike se refletisse na arquitetura e no ambiente, um lugar onde os criativos poderiam florescer em um domínio dedicado a inspirar seus talentos.

Para se *sentir* inspirado pelo ambiente e usar essa emoção para dar consistência a seu trabalho, estabeleça um novo padrão na cultura corporativa. Assim como qualquer par de Nikes é mais do que um par de tênis, a sede da Nike também era mais do que um conjunto de prédios para abrigar funcionários. Os próprios prédios faziam parte da história, gerando uma experiência imersiva que, para os meus olhos e coração de 22 anos de idade, estava além de tudo o que eu havia imaginado.

O coração pulsante do campus-sede era o moderníssimo Centro de Treinamento Físico Bo Jackson. Três anos antes, minha conexão emocional com a marca havia se aprofundado com o lançamento da inesquecível campanha "Bo sabe"[7] e a introdução do treinamento cruzado. Esse comercial exerceu sobre mim um profundo efeito. Quando eu tinha 13 anos, meus pais compraram para mim um kit de levantamento de pesos cheios de areia; então, quando a campanha publicitária foi lançada, eu vinha praticando havia anos um ritual diário que combinava exercícios aeróbicos e musculação. Naquele verão, o Centro de Treinamento Físico Bo Jackson se tornaria minha casa longe de casa.

Na segunda-feira, juntei-me a outros dezessete estagiários negros de todos os setores da empresa para uma orientação sobre a marca e rapidamente percebi que era o único de fora do estado. Todos os demais eram jovens locais de cidades do Oregon. A apresentação da orientação coube a Geoff Hollister, o terceiro funcionário da história da Nike e amigo próximo e companheiro de equipe de Steve Prefontaine, o lendário corredor olímpico de

---

7. "Bo Knows", no original em inglês. Referência a Bo Jackson (Vincent Edward Jackson), atleta estadunidense que atuou ao mesmo tempo no time profissional de beisebol Kansas City Royals e na equipe de futebol americano Los Angeles Raiders da NFL e é considerado um dos atletas mais versáteis da história. (N. T.)

média e longa distância da Universidade do Oregon e o primeiro atleta patrocinado pela Nike. Geoff falou com intensa eloquência sobre a história da empresa, detalhando os valores da marca e as máximas que definiam a cultura da equipe Nike. Aprendemos o que significava *liderar na frente*, a estratégia de Prefontaine para ganhar corridas. Quando Geoff traduziu isso para o mundo das marcas e dos negócios, significava que, se você quer ser um inovador, precisa questionar as táticas convencionais, arrancando para assumir a dianteira desde o início e deixando a concorrência reagir. Era apenas o começo do que se tornaria um fluxo constante de princípios de liderança nascidos no esporte e aplicados à construção de marcas. No mesmo dia fomos embora com a voz do Pre ecoando em sua famosa frase: "Dar menos do que o seu melhor é sacrificar o dom que você recebeu".

Desde o início, a Nike estava subvertendo minhas expectativas. É verdade que eu provavelmente receberia uma palestra um pouco menos... *motivacional* quando ingressasse no Walker em setembro, mas os conceitos que Geoff mencionou – e que eram personificados por Pre – poderiam ter sido arrancados do próprio Walker: questionar convenções, ultrapassar limites, ir além do que era possível. Havia uma cultura lá naquele lugar, lembro-me de ter pensado, uma cultura de excelência.

E que baita cultura. Isso foi no início dos anos 1990, no Oregon, o ponto crucial de tantas tendências contraculturais que estavam apenas ganhando força e velocidade. No rádio, bandas como Pearl Jam, Nirvana e Soundgarden haviam introduzido um novo estilo de música conhecido como *grunge* – uma espécie de rebelião contra as bandas de *glam metal* e "metal farofa" da década de 1980 (cujas poderosas baladas eram presença constante nos bailinhos da minha escola de ensino médio). Essa nova onda musical definiu uma geração com sua irreverência mordaz e senso de ironia – o que também descrevia com bastante precisão as pessoas e o *éthos* que encontrei no escritório de design de imagem da Nike, onde havia uma determinação quase consciente de rejeitar as armadilhas tradicionais da vida corporativa: embora eu viesse de um mundo no qual a noção de "roupas de trabalho informais" era propriedade de marcas como Banana Republic e Ralph Lauren (o estilo que eu mais adotava), no escritório do Oregon predominavam shorts e chinelos, às vezes até mesmo pés descalços e camisas abertas e abotoadas até a metade. No meu primeiro dia, em que vesti uma camisa da Ralph Lauren, eles me disseram: "Precisamos ensinar você a se vestir". Sim, era uma cultura própria – ousadia com uma piscadela. Quase todo o pessoal do escritório de design era de gente local, nascida e criada no Oregon, e com uma forte afinidade por esportes de aventura ao ar livre. O departamento tinha um formidável time de softball chamado "Cozinheiros de comida rápida – por causa dos pedidos de última hora que sempre acabavam na mesa da equipe de design. Alguns dos caras do meu escritório até pertenciam a uma banda chamada Bookhouse Boys [Garotos da biblioteca].

    Em tom, se não em espírito, percebi que estava muito longe do mundo da MCAD e do Walker. Aos 22 anos, eu era o integrante mais jovem da equipe de design de imagem da Nike e o único estagiário no escritório de design, e entrei lá absolutamente despreparado para o que estava prestes a vivenciar. Eram pessoas que levavam a sério toda a parte de "equilíbrio entre vida profissional e pessoal" do trabalho. Eram ótimos designers, mas não eram só isso; alguns eram entusiastas de atividades ao ar livre, adoravam música e levavam consigo para o escritório todos esses hobbies, interesses e paixões, da mesma maneira que alguém leva uma foto da família. Rapidamente aprendi que eles gastavam uma quantidade exorbitante de tempo planejando e executando brincadeiras e pegadinhas uns com os outros no escritório. Para dar apenas um exemplo: alguns dos caras projetaram um relógio de parede para uma pessoa específica no escritório que todo dia ia embora às 17 horas em ponto. Literalmente, todo santo dia. Então, é lógico, os fanfarrões pegaram um relógio antigo, substituíram todos os algarismos por 5 e o penduraram na parede do escritório, deixando pouca dúvida sobre quem o relógio pretendia satirizar. Para ser franco, não era o mundo do qual eu imaginava fazer parte quando decidi seguir uma carreira no design.

Eles eram mais parecidos com amigos de escola do ensino médio do que com colegas profissionais que alguém escolheria ter em sua área de atuação. Sim, tinham paixão, mas a paixão deles não se limitava apenas ao trabalho – uma diferença à qual eu não estava acostumado. Eu era quieto, sério, mas curioso – e estava ansioso para fazer amigos. Rapidamente me juntei ao time de softball do escritório porque vi como os outros caras levavam isso a sério. Mas o verdadeiro divisor de águas se deu quando alguns dos caras do escritório me convidaram para almoçar. Eles tinham ouvido falar do "furgão" e queriam dar uma volta. (Cara, há um bocado de razões pelas quais sou grato àquele furgão.) O almoço foi o momento decisivo em que finalmente fui aceito por meus novos colegas de trabalho. Consegui me abrir e mostrar a eles quem eu era, não quem eu achava que tinha que ser como estagiário. Descobri que eles queriam conhecer o verdadeiro eu, o cara por trás das marcas e designs que eu admirava; queriam o cara que chegou a Beaverton no furgão dos pais; não apenas o designer, mas o Greg de Minnetonka. Então esse foi o cara que eu lhes mostrei, e eles se tornaram meus amigos.

Era uma cultura diferente de tudo o que eu poderia ter imaginado, mas funcionava. Ron Dumas, chefe da equipe de design de imagem, incutiu em seus subordinados um *éthos* que basicamente seguia o slogan da Nike: "*Just do it*". Se você teve uma ideia, simplesmente vá lá e faça. Algumas sinfonias são extremamente bem orquestradas, e nelas o maestro é uma força onipresente, alguém que quer que os outros músicos sigam suas deixas e instruções. Mas também há sinfonias em que o maestro está menos presente, embora se faça sentir. A influência de Ron era palpável, ainda que ele comandasse uma operação bastante descentralizada. Suas expectativas guiavam a ética de trabalho do escritório, e sua equipe sempre dava conta do recado. Somente nas raras ocasiões em que as brincadeiras iam longe demais – e às vezes passavam mesmo do ponto –, Ron saía de seu escritório para dar bronca nos adolescentes.

Havia uma exceção ao *esprit de corps* [espírito de grupo] descontraído e repleto de maconha naquele verão, e seu nome era John Norman. John fazia minha própria personalidade obsessiva-compulsiva parecer quase preguiçosa. Esse cara era obstinado por todas as ínfimas minúcias de seus projetos, até mesmo o posicionamento exato de uma letra na manchete: "Não é 0,25 milímetro, Greg, é 0,32 milímetro!". John também desprezava os computadores, ferramenta que eu vinha usando em minhas empreitadas criativas durante toda a faculdade. Mas em John encontrei uma alma gêmea, um homem que levava o design tão a sério quanto eu. John, por sua vez, viu a mesma característica em mim e me colocou sob sua asa. Aprendi com ele a importância da exatidão, algo que não era necessariamente muito valorizado na escola de design que frequentei. Mas, quando você dispõe de apenas um segundo para capturar a atenção do consumidor, a diferença entre 0,25 milímetro e 0,32 milímetro é importante.

No fim ficou claro que aquele verão foi extraordinário para a Nike e os esportes. No início da temporada, Andre Agassi venceu em Wimbledon – seu primeiro Grand Slam – ao derrotar Goran Ivanišević. Ele não apenas venceu com um desempenho superior, mas fez isso com um estilo único que contrariava os códigos de vestimenta enfadonhos que exigiam roupas totalmente brancas: Agassi usou os tênis da nova linha Air Tech Challenge Huarache coloridos, combinando com peças ousadas. É claro que, em anos anteriores, Agassi tinha jogado com shorts jeans da Nike.

Michael Jordan e o Chicago Bulls eram uma força dominante, e os Bulls estavam jogando contra o Portland Trail Blazers nas finais da NBA em junho daquele ano. MJ e os Bulls venceriam, é claro, e reinariam no basquete e em todo o mundo esportivo ao longo da década seguinte. Terminadas as finais da NBA, chegava a hora do Torneio das Américas, torneio pré-olímpico do qual Portland foi a cidade-sede. Era a primeira reunião do *Dream Team* [time dos sonhos] de jogadores da NBA. Até então, a seleção nacional de basquete dos EUA sempre era composta de jogadores universitários. Em Portland, todos os superastros jogariam contra outras equipes das Américas como um prelúdio para os Jogos Olímpicos de Barcelona.

Meu amor pelo basquete e suas superestrelas foi alimentado durante todo o verão, atingindo o pico nos Jogos Olímpicos de Barcelona, quando o *Dream Team* ganhou a medalha de ouro. A Nike também ganhou, considerando que patrocinava a maioria dos jogadores em quadra. Sempre com o senso de oportunidade perfeito, a marca lançou um comercial apresentando o *Dream Team* como dinâmicos personagens de desenho animado. Os Jogos Olímpicos de Barcelona seriam históricos por outros motivos. Foi a primeira vez que a África do Sul voltou a competir desde 1960 – o país havia sido banido por causa do apartheid, regime de segregação racial.

Também fomos testemunhas do que na minha opinião foi o maior momento "*Just do it*" da história até então. O velocista britânico Derek Redmond estava correndo na bateria da semifinal de 400 metros quando caiu no chão depois de romper um tendão. Quando se levantou e começou a mancar para completar a prova, seu pai pulou das arquibancadas, invadiu a pista, empurrou seguranças e amparou Derek para ajudá-lo a cruzar a linha de chegada. O que tornou o momento ainda mais comovente – para a Nike, pelo menos – foi o fato de o pai de Derek estar usando um boné com o slogan "*Just do it*" estampado na frente. Na época, não parecia marketing, apenas destino.

Sendo um membro da equipe, compartilhei esses momentos de realização e orgulho com todos os outros no escritório. Embora eu não tivesse sido o responsável por propriamente nenhum dos logotipos, eventos ou comerciais que causaram tanto impacto naquele verão esportivo, pude sentir algo que eu ainda não havia vivenciado como designer: a sensação de que nosso trabalho tinha relevância e significado, que fazíamos parte da conversa nacional, não falando para nós mesmos, como os designers às vezes fazem, mas acompanhando a marcha dos acontecimentos mundiais e até mesmo moldando-os. Não era o tipo de design "popular" que eu havia dispensado como estudante na MCAD, meus olhos mirando o mundo de elite do Walker; era diferente. Da mesma forma que o desempenho de um atleta gera uma resposta emocional, outros respondiam ao marketing da Nike com alegria e senso de propósito. Era visceral.

O verão do meu estágio coincidiu com o momento em que a Nike recebeu sua primeira remessa de computadores Apple Macintosh. Meu relacionamento com a Apple e meu apreço pela empresa começaram em 1982, quando meu pai trouxe para casa um Apple II. Sem dinheiro para comprar o monitor que o acompanhava, usávamos como tela nossa pequena televisão preto e branco. Faltava o seletor de canais, então tínhamos que recorrer a um alicate para alternar entre os canais de TV e o canal do Mac. Foi a minha primeira fusão de experiências analógicas e digitais, e despertou minha compreensão de como a tecnologia poderia impulsionar ou tolher a criatividade. Um programa de computador chamativo não era substituto para uma ideia; a ideia tinha que vir sempre em primeiro lugar. Portanto, o momento de chegada desses Macs não poderia ter sido mais perfeito e apresentou uma oportunidade ideal para a construção de uma reputação. Meu escritório não tinha experiência em como usá-los, e por acaso calhou que eu, recém-saído da faculdade, era fluente em vários programas Macintosh. Eu não estava lá para fazer cópias e arquivar documentos, e isso me proporcionou uma plataforma perfeita para me tornar útil e mostrar à equipe quais eram minhas habilidades de design.

O estágio culminou com uma extraordinária oportunidade de design, em que os designers não contariam com a ajuda de outros profissionais. Eu teria que criar algo por conta própria e provar meu valor para os superiores. Junto com outros designers experientes, fui encarregado de conceber para o superastro Deion Sanders um logotipo que figuraria na língua de um novo tênis, o Air Diamond Turf, o primeiro calçado para treinamento cruzado de jogadores de beisebol e futebol americano.[8] O logotipo tinha que expressar na forma de uma marca a destreza, o estilo e a atitude de Deion, cujo apelido era Primetime [Horário nobre]. Tinha que contar uma história, sim, mas também tinha

8. Deion Luwynn Sanders atuou ao mesmo tempo em âmbito profissional como jogador de futebol americano e jogador de beisebol. Foi o único atleta a disputar a final da NFL e da Major League Baseball (MLB), e também o único atleta a fazer um *touchdown* e um *home run* na mesma semana. (N. T.)

que suscitar uma resposta, uma emoção, da mesma forma que o Jordan Jumpman[9] gera uma emoção. E, claro, o logotipo tinha que incorporar também os dois esportes em que Deion brilhava, beisebol e futebol americano, o número de sua camisa e suas iniciais.

Não seria tarefa fácil incluir todas essas informações em um símbolo do tamanho de uma moeda. Eu estava mal preparado, pois não podia confiar no tipo de trabalho de design que eu vinha fazendo na faculdade, que era mais voltado para impressão – lá eu desenhava coisas como pôsteres, rótulos de vinho, selos e catálogos, cujo objetivo era oferecer algo novo e singular, algo que ninguém havia feito antes. Eu sabia fazer o tipo de desenho que a pessoa dá um passo para trás e admira por vários minutos, vendo algo novo de cada ângulo. Isso é completamente diferente de criar um logotipo para uma superestrela, cujo objetivo não é a singularidade em si; o objetivo é gerar uma reação, um apego emocional à marca, e isso se alcança na fração de segundo que a pessoa leva para olhar para o logo. Basta pensar no logotipo Jordan Jumpman – simples, limpo, uma silhueta, a sensação que ele gera, a sensação de identificação imediata e a intensa emoção da poesia em movimento. É *isso* que um logotipo pode alcançar.

Era um território novo para mim, mas eu não ousava dizer isso a ninguém. Quando olhei ao redor, para os outros designers participantes, ficou claro que estavam seguindo técnicas da velha escola: desenhos à mão em papel. Em vez disso, usei o programa Adobe Illustrator em um computador Apple. Achei que seria uma vantagem para mim, mas se mostrou sufocante, e

---

9. O icônico emblema *"Jumpman"* ["homem que pula"] é a marca registrada e o logotipo pessoal do famoso jogador de basquete Michael Jordan. Mostra uma silhueta estilizada de Jordan retratada no momento do salto com uma bola de basquete. (N. T.)

minhas tentativas, embora originais, careciam daquela contundência visceral; em uma palavra, faltava Deion. O computador é ótimo para a comunicação impressa, mas menos útil para o design de logotipos, cujo objetivo é permitir que o designer solte as rédeas da imaginação no papel, deixando sua mente guiar sua mão. O que eu via como antiquado – e, portanto, um pouco primitivo – era na verdade a maneira como os designers da Nike conseguiam tirar proveito dessa emoção visceral que um logotipo deve gerar. Mas eu era jovem e arrogante e prossegui, sem vontade de largar as ferramentas digitais que eu tinha dominado. No fundo eu sabia que era uma luta, mas continuei com o meu processo. Fiquei tão desesperado que liguei para meu professor universitário a fim de desabafar sobre as dificuldades que eu estava tendo e pedir conselhos. Ele disse: "O design de logotipos é um jogo de gente velha". Bem, isso não ajudou em nada, porque eu era jovem, e ser jovem estava me atrapalhando.

Meu logotipo não foi escolhido. Doeu, pois eu nunca tinha sofrido uma rejeição como essa em minha jovem carreira. Chateado, meu primeiro instinto foi dizer que aquele talvez não fosse o lugar para mim, mas meu supervisor rapidamente desanuviou minha cabeça desses pensamentos. Ele explicou que, no processo de inovação, você não perde. Você ganha jogando o jogo de longo prazo e usando momentos como esse para aprender e voltar mais forte da próxima vez. Ele estava certo, é claro, mas eu não conseguia afastar a sensação de que muitas das lições que havia aprendido sobre design tinham muito pouco significado nesse cenário dinâmico de emoções em frações de segundo. Eu era um maratonista em um mundo de velocistas.

Talvez percebendo que eu sentia a dolorosa pontada da derrota – ou talvez porque quisesse me recompensar por um verão de bom trabalho –, Ron Dumas me levou para a reunião na qual o logotipo vencedor foi apresentado a Tinker Hatfield, considerado o maior designer de tênis de todos os tempos. É, isso ajudou a amenizar a dor, sim.

• • •

O verão acabou e passei o último fim de semana assistindo a um show em que Buddy Guy e B. B. King hipnotizaram a plateia no Festival de Blues de Mount Hood. Achei que seria a última vez que eu visitava Beaverton. É claro que não permitiram que eu fosse embora antes de me pregarem uma boa peça. No meu último dia, entrei no meu cubículo e encontrei um pôster que cobria a parede inteira, com uma imagem do furgão e os dizeres "Se fizer design, não dirija" gravados na lateral. A brincadeira não foi tão maldosa quanto poderia ter sido, mas suponho que pegaram leve comigo porque tinham a esperança de que um dia eu voltasse. De qualquer forma, me despedi e me preparei para dirigir o furgão de volta a Minnesota e começar meu estágio no Centro de Artes Walker. Seria a derradeira viagem do furgão. Consegui economizar 500 dólares dos meus três meses de salário do estágio, 200 a mais que eu tinha quando cheguei. Mas, na viagem de volta, os freios quebraram, e o conserto me custou os 500 que eu havia juntado. Assim, voltei para casa da mesma forma que parti: sem um vintém no bolso.

Meu estágio no Walker começou logo depois e, de repente, fui empurrado de volta ao mundo que um dia amei e admirei. Se o estágio na Nike pretendia ser um divertido *pit stop* de três meses, o Walker era um negócio sério. Nada de shorts ou camisetas. Nada de times de softball ou pegadinhas no escritório. Era um lugar que definia a excelência artística, e isso trazia a reboque a pressão instantânea para fazer jus a esse legado. O trabalho de design precisava respeitar o passado e, ao mesmo tempo, definir o futuro. Em igual medida, a pressão vinha acompanhada de grande dose de liberdade para experimentar e criar novas maneiras de comunicar visualmente os programas Walker, muitas vezes para públicos de nichos muito específicos.

Lá, tive oportunidades incríveis de expandir o alcance do museu e abrir exposições de arte para públicos novos e carentes de contato com as artes. Fui escolhido como chefe de design da primeira exposição nacional de seu gênero sobre a arte de Malcolm X: uma galeria de expressões artísticas do ícone dos direitos civis da lavra de vários artistas, concluída durante sua vida e depois de sua morte. A programação culminou com uma exibição especial do histórico filme *Malcolm X*, de Spike Lee, estrelado por Denzel Washington. O filme falou diretamente comigo e me disse muita coisa, como fez com a maioria dos jovens negros norte-americanos na época e tem feito desde então. Dizer que me identifiquei com Malcolm seria exagero, mas certamente entendi sua busca por identidade. Com os pés em dois mundos diferentes, Malcolm rompeu com os líderes afro-americanos dos direitos civis do passado e abriu um novo caminho em direção ao empoderamento dos negros.

Eu me lembrei dos astros do esporte da minha juventude e de como eles também teceram seu próprio caminho de empoderamento, não apenas pelo que fizeram nos campos e quadras de jogo mas também pela forma como o público os via através das lentes da Nike. Neles encontrei minha identidade; encontrei força, esperança e a sensação de que conversavam comigo. Quando criança, eu era o público, mas, no período em que fui estagiário na Nike, eu me tornei um dos profissionais que ajudaram a criar esses momentos. O verão de 1992 proporcionou vários deles – desde Jordan conquistando seu segundo título no histórico *Dream Team* até Jackie Joyner-Kersee ganhando o ouro olímpico no heptatlo em Barcelona –, e senti o mesmo orgulho que todos os outros no escritório sentiram. Por quê? Porque a Nike estava ligada a esses momentos. Senti um gostinho disso como estagiário, e eu queria mais. Na Nike, os designers acompanhavam as correntes culturais, respondiam a eventos importantes e moldavam a forma como as pessoas viam o mundo dos esportes. Eu queria fazer parte desse trabalho. Acima de tudo, havia poder no que a Nike fazia a partir de seu posto avançado irreverente e contracultural (e muito menos diverso) na Costa Oeste. As cartas que recebi de meus novos amigos de Beaverton, perguntando quando eu voltaria e fazendo piadas sobre o verão que passamos juntos também não me fizeram mal nenhum.

Era final de abril, e, depois de oito meses de estágio no Centro de Artes Walker, eu estava progredindo quando a Nike me ligou para dizer que tinha uma vaga de design aberta que caía como uma luva para mim. Havia apenas uma condição: se eu não conseguisse começar em 15 de maio, a oferta seria descartada e eu era carta fora do baralho. Não havia flexibilidade, pois na época a Nike passava por um tremendo crescimento nos negócios e precisava de ajuda imediatamente para continuar a impulsionar sua expansão e atender à demanda pela marca. Volta e meia eu me pegava pensando nos meus meses de estágio na Nike, e, no momento em que recebi essa ligação, meu coração, mente e alma me puxaram de volta para o Swoosh. Havia trabalho a ser feito no Oregon. Havia potencial para significado e realização de uma maneira que eu não era capaz de ver se continuasse no caminho que eu estava trilhando. Não havia dúvida de que eu iria.

Só havia um problema: eu teria que contar a Laurie. A essa altura, Laurie havia se tornado minha mentora, e tinha aprendido muitas lições com ela. Um dia eu estava trabalhando no layout de um design, posicionando meticulosamente os elementos, quando ela pegou o mouse e estragou meu design, bagunçando de forma aleatória as coisas na tela. Fiquei horrorizado, mas era exatamente o que eu precisava. O xis da questão, Laurie disse, era parar de tentar ser perfeito. Relaxe e você começará a descobrir um novo território criativo, e, por sua vez, seu público também o descobrirá. Ela estava certa. Eu tinha uma tendência a jogar na segurança, com excesso de cautela, sem me arriscar, e até hoje uso essa lição e a voz dela para continuar me forçando a ir além do esperado.

Eu reverenciava Laurie e, de certa forma, também a temia. Imagine contar a Anna Wintour que você está deixando um estágio na revista *Vogue* antes do término do prazo previsto. Quem deixa o ar rarefeito de uma meca criativa global para trabalhar em... esportes? Como isso poderia ser feito de maneira respeitosa? Mas quando eu finalmente disse a ela que precisava confiar em meus instintos, pegar o que aprendera sob sua tutela e aplicar em uma arena com um enorme alcance planetário, ela me deu sua bênção.

Eu precisava desse encerramento. Eu precisava dessa garantia de que o que eu estava prestes a fazer tinha a aprovação de uma das pessoas que eu mais admirava.

De todas as lições que aprendi no meu verão na Nike, nenhuma afetou minha decisão mais do que a seguinte: *a emoção era o xis da questão*. Também ajudou o fato de que meu estágio tenha coincidido com aquele verão incrível do esporte em 1992. Os Bulls, os Jogos Olímpicos, o *Dream Team*. Lá estava Andre Agassi, vencedor em Wimbledon, vestindo roupas brancas da Nike, incluindo um boné com o Swoosh que levaria a Nike a mudar seu logotipo corporativo. Houve a pura audácia de alguns dos comerciais, como "Godzilla vs. Charles Barkley", em que o astro do basquete dos Phoenix Suns desafia o monstro para uma disputa mano a mano nas ruas de Tóquio.

Sob essa incrível energia, o verdadeiro foco era tentar construir uma marca que estendesse a definição de esporte para além dos campos, quadras e grandes atletas. A expressão "cada um no seu quadrado" não se aplicava, e nós ativamente fundíamos nosso caminho com outras correntes culturais. Foi um momento emocionante para a Nike e também para um jovem designer como eu. Mal sabia eu que era apenas o começo.

Na Nike, despertávamos emoções viscerais em nosso público, nossos consumidores, não apenas para fazê-los comprar nossos tênis mas também para que se sentissem parte da história. O Walker fez e continuou a fazer um ótimo trabalho, tanto para atrair os artistas mais vanguardistas do mundo quanto no sentido de incentivar sua equipe de design a se concentrar nessa arte de maneiras igualmente inovadoras. Eu sei que teria sido muito feliz lá – se nunca tivesse tido minha experiência com a Nike. Um artista dirá que a arte pode mudar o mundo, e é a mais pura verdade. Mas na Nike eu entendi que a arte só comove e muda as pessoas quando elas se sentem inspiradas, ouvidas ou direcionadas à excelência. E vi que a Nike estava apenas começando a entender o que poderia fazer com a emoção, que havia mais coisas a serem descobertas e exploradas, que a confluência do esporte com as paixões que moviam o mundo estava apenas começando. Eu não deixaria essa oportunidade escapar.

Então, mais uma vez, era hora de fazer aquela viagem de vinte e sete horas de volta a Portland. Dessa vez no meu próprio carro, um GMC Jimmy: um salto de qualidade em comparação com o furgão dos meus pais, mas sem o charme e a mística. O novo trabalho seria no departamento de design de imagem da Nike no recém-inaugurado Edifício Nolan Ryan, que recebeu o nome de outro de meus ídolos de infância, um arremessador eleito para o Hall da Fama e o líder absoluto na história do beisebol em *strikeouts* [eliminação de rebatedores], que em certo momento teve o arremesso mais rápido do mundo. Mais uma oportunidade de fazer jus a um padrão de grandeza.

    A última viagem de carro para a Nike pareceu temporária, mas tinha uma sensação de caráter definitivo. No meu coração eu sabia que não voltaria para Minneapolis. Não haveria mais escolhas entre arte e esporte. Ambos estariam para sempre entrelaçados.

2 > A CRIATIVIDADE É UM ESPORTE COLETIVO

Nós nos sentamos para nossa reunião semanal da equipe de brand marketing, preparando-nos para compartilhar atualizações, novidades e planos. Durante essas reuniões sempre havia um pouco de estratégia envolvida em relação ao lugar onde se sentar, porque ninguém queria ser o primeiro a falar. Não porque as pessoas não fossem responsáveis, mas porque era um momento incrivelmente atarefado para a equipe de marca, e cada um de nós precisava de um tempinho extra para elaborar sua própria atualização à medida que os outros informavam as deles. Às vezes você escolhia a cadeira certa; outras vezes você era o primeiro escolhido.

Então, assim que começamos, a porta se abriu e, sem aviso, entrou o Treinador K. O grande Mike Krzyzewski, treinador do time de basquete Blue Devils, da Universidade Duke, e cinco vezes campeão nacional da NCAA.[10] Nesse momento, acho que

---

10. A NCAA (National Collegiate Athletic Association, ou Associação Atlética Universitária Nacional, em português) é a entidade máxima dos esportes universitários nos EUA, responsável por organizar e gerenciar competições regionais e nacionais entre as universidades. (N. T.)

todos de repente ouviram sua criança interior começar a aplaudir. E então o Treinador K deu início a uma estimulante palestra motivacional, como se estivéssemos todos num vestiário cinco minutos antes de uma partida. Honestamente, não tenho certeza de como todos conseguiram manter a calma e a compostura, mas conseguiram – agindo como se já tivéssemos passado por aquilo antes.

Se acabasse por aí, essa seria a minha história do Treinador K, o sonho de um garoto obcecado por esportes realizado na vida adulta. Mas o Treinador K tinha um propósito mais profundo para todos nós naquele dia, algo que permaneceu comigo ao longo dos anos. Ele poderia estar falando com um time de basquete, em vez de um grupo de profissionais de brand marketing. Isso não importava. Nesse sentido, a mensagem dele era universal, embora tenha particular relevância para este livro.

"A vantagem que vocês têm são seus olhos", o Treinador K disse, olhando para cada um de nós ao redor da mesa. "Vocês veem coisas que os outros não veem. Como equipe de marketing, sua visão é o que diferencia vocês de todos os outros." Incrível. Metáfora perfeita, explicada à perfeição. O que vemos, como vemos, o que escolhemos ver e de que maneira mostramos aos outros o que vimos fazem parte do trabalho de um profissional de brand marketing.

Assim terminou a conversa motivacional. O Treinador K nos desejou sorte, nos agradeceu por tudo o que fizemos por seu programa e saiu da sala. Hora de entrar na quadra. Ora, admito que sempre torci com todas as minhas forças contra o time da Universidade Duke ao longo dos anos. Eu era fã dos times da Conferência Big East, sobretudo Georgetown, e também não tinha me recuperado da derrota que o pivô Christian Laettner impôs ao time invicto da Universidade de Nevada, Las Vegas (UNLV), nas semifinais de 1991. Mas, naquele momento, depois de ouvir as palavras do Treinador K e sentir sua presença, eu teria sido até a mascote do time se me pedissem.

Como profissionais de brand marketing, nosso trabalho é mostrar o mundo ao nosso público de maneiras novas, perspicazes e às vezes provocativas. Fazemos isso com o que o Treinador K chamou de "vantagem da visão", nossa capacidade de enxergar os insights e as verdades que os outros deixam passar despercebidos, e revelar esses insights e verdades ao nosso público por meio de imagens, filmes, campanhas, arquitetura e produtos. É um erro pensar que nosso papel seja simplesmente promover nossa marca ou produto da maneira mais comercializável, apelando para o que vender mais. Não, não vendemos produtos; profissionais de marketing contam histórias. Seja qual for o veículo de mídia, compartilhamos os valores e o propósito de nossa marca por meio de histórias inspiradoras que comovem nosso público, provocam uma emoção específica e constroem laços duradouros entre consumidor e marca.

Ao longo deste livro, falaremos muito sobre o processo que empregamos para fazer isso: de que maneira contamos a história mais eficaz para nos conectarmos com nossos consumidores? Por onde começamos? O que estamos procurando? Mas, antes de chegarmos a essas histórias, primeiro precisamos estabelecer as bases. Nos capítulos que se seguem, há elementos que entraram em cada uma das bem-sucedidas campanhas de brand marketing das quais fiz parte, um fluindo a partir do outro.

Um elemento essencial, o manancial de onde se originam tantas ideias inspiradoras, é a empatia. Nossa capacidade de entender e compartilhar os sentimentos de outra pessoa é o que nos permite chegar às verdades mais profundas e começar a moldar uma história em torno delas. É graças à empatia que somos capazes de sair de nós mesmos e começar a buscar o que emociona e comove os outros. Quais são as preocupações, as alegrias, os medos, as necessidades e os sonhos das pessoas? Em que ponto nossa marca se entrecruza com essas emoções? O que nosso produto faz para capacitar nossos consumidores a satisfazer ou aliviar essas emoções? No âmbito dessa matriz é que começamos a ver os poderosos insights que inspirarão nossas narrativas e experiências.

Esse processo envolve mais aspectos do que a simples explicação de seus mecanismos. E grande parte deste livro levará você para dentro do meu processo e da experiência que tive na Nike por quase trinta anos. Não criamos algumas das campanhas mais inesquecíveis da história do marketing porque dispúnhamos de um grande orçamento. Fizemos isso porque conseguimos atingir nosso público – falar com nossos consumidores – em um nível que os emocionou (e que pouquíssimas outras marcas alcançaram). E, para saber o que tocava nossos consumidores, primeiro tínhamos que entendê-los, assim como tínhamos de entender o nosso tema, fosse um produto, um atleta ou um evento.

A maioria de nós entende e aceita que nem todo mundo vê o mundo da mesma maneira. O mais difícil é ter o desejo – a curiosidade – para aprender como os outros podem ver o mundo. Mas, se quisermos nos conectar com nosso público, se quisermos trazer à tona esse vínculo emocional por meio de esforços criativos, devemos buscar ativamente novas maneiras de ver o mundo. Sim, o Treinador K nos disse que temos uma "vantagem da visão", mas não como obtê-la. No entanto, leitor, eu vou lhe dizer.

Infelizmente, *você* entender isso não é suficiente. Sua empresa ou organização também tem que entender. Em outras palavras, sua organização – sua marca – deve ser construída com uma intenção deliberada de estimular a empatia em seu brainstorming criativo: no âmbito da sua equipe, dentro de seu departamento ou setor e dentro de sua empresa. Só a partir daí você pode ter a esperança de encontrar os insights profundos que emocionarão seus consumidores e criarão o vínculo que transforma boas marcas em marcas excelentes.

Química criativa

Em 1997, a Seleção Brasileira de Futebol, encabeçada pela dupla infernal Ronaldo Fenômeno e Romário, estava no auge quando disputou uma partida amistosa contra o México no estádio Orange Bowl, em Miami. Mas esse jogo no sul da Flórida não fazia parte da Copa do Mundo. Na verdade, o resultado da partida não tinha influência em nenhuma liga ou classificação. Era uma partida de exibição, disputada em solo estadunidense pela pura alegria do jogo. Foi também uma das primeiras partidas da Turnê Mundial da Nike Brasil, campanha plurianual que levaria os futebolistas brasileiros ao redor do planeta em uma série de jogos a serem transmitidos em esfera nacional pela ESPN2 e em escala internacional por emissoras do país de origem de cada seleção, bem como por outras operadoras globais. Para o final da década de 1990, e em se tratando de um evento que não era nem os Jogos Olímpicos, nem a Copa do Mundo ou o Super Bowl, o amistoso era algo da maior dimensão possível.

A parceria foi uma forma audaciosa de a Nike aumentar sua presença no mercado internacional de futebol. No final de 1996, as vendas de chuteiras representavam apenas 1% das vendas totais de calçados da Nike.[11] O extravagante espetáculo futebolístico colocaria o time mais empolgante do mundo diante de

---

11. https://www.nytimes.com/1997/04/30/sports/using-soccer-to-sell-the-swoosh.html.

milhões de espectadores todos os anos e ajudaria a estabelecer a Nike como uma potência do setor. Mas outro motivo também influenciou a decisão da Nike.

O futebol brasileiro sempre representou o ideal de que "a criatividade é um esporte coletivo". Na verdade, o país havia criado sua própria maneira de praticar o "jogo bonito" – a *ginga*, que significa literalmente "balanço". A ginga é a manifestação da cultura brasileira no esporte, incluindo influências que vão das artes marciais brasileiras [a capoeira, por exemplo] ao samba; enfatiza a elegância e o estilo em contraposição à mera aplicação da disciplina e da técnica adequada. Como Pelé disse certa vez: "Nós queremos dançar. Queremos ginga. Futebol não é lutar até a morte. Você tem que jogar bonito".[12]

O estilo da ginga enfoca os jogadores individuais, permitindo-lhes a liberdade de "jogar bonito". E a diversidade de jogadores do Brasil – a individualidade radical de cada atleta – era sua vantagem. Claro, cada jogador era escolhido especificamente de acordo com a contribuição que poderia dar à equipe, mas não por meio de critérios baseados em métricas de precisão meticulosas *à la "Moneyball"*.[13] Os jogadores eram, todos, indivíduos pitorescos, exuberantes, cada um com uma história e um estilo de jogo únicos, o qual foram incentivados a mostrar em campo. Em vez de uma equipe montada apenas para demonstrar eficiência e alto desempenho, a Seleção Brasileira usava as excentricidades criativas de seus jogadores para produzir um estilo de jogo

---

12. https://www.elartedf.com/ginga-essence-brazilian-football-years/.
13. O livro *Moneyball*, de Michael Lewis (edição brasileira: *Moneyball: o homem que mudou o jogo*. Tradução de Denise Bottmann. Rio de Janeiro, Intrínseca, 2015), conta a trajetória de Billy Beane, gerente-geral que mudou a história do beisebol ao empregar alto conhecimento em matemática e estatística para determinar o modo de jogar e selecionar os atletas a serem contratados por sua equipe. A história foi adaptada para o cinema em 2011. (N. T.)

empolgante, imprevisível e dominante. Ao mesmo tempo, eles davam show e venciam as partidas. O *éthos* brasileiro também contrastava acentuadamente com o "estilo alemão" de jogo, mais controlador e metódico, que muitos times adotavam na época e no qual a uniformidade deixava menos espaço para a espontaneidade. O Brasil confiava na química criativa – não apenas na precisão –, na mistura e na combinação de elementos diversos para criar algo totalmente único. Você tinha em campo os rebeldes, os mágicos, os estoicos e os brincalhões. Em circunstâncias normais, isso poderia resultar em desastre para uma equipe, cuja atuação exige que os jogadores trabalhem juntos de maneira perfeita, sobretudo em um esporte tão fluido como o futebol. Mas o Brasil fez a coisa funcionar, e o resultado levou ao futebol mais empolgante de uma geração.

Na Nike, acreditávamos ter encontrado um time que representava nossa abordagem de inovação e criatividade. Éramos uma marca que se divertia em desafiar as convenções; em reunir uma equipe de indivíduos completamente fora do comum que, apesar de sua singularidade, eram os líderes da indústria em termos de criatividade e narrativa; e em criar um forte vínculo emocional com nossos consumidores – assim como o vínculo que os brasileiros tinham com sua seleção nacional de futebol.

Eu ainda era um jovem designer na Nike durante a Turnê Mundial do Brasil, mas fui responsável pela criação do *branding*, pela direção de arte e pelo design de experiência para a campanha, bem como cuidei das iniciativas de design de marca da Nike nos meses que antecederam a Copa do Mundo na França, um ano depois. Assim como aconteceu nos meus primeiros cinco anos na Nike, ninguém nunca me perguntou se eu era capaz de fazer algum desses projetos; apenas me incumbiram deles, presumindo que eu daria conta do recado. Eu não era arquiteto, mas tive que projetar uma loja. Eu não era redator, mas tive que entregar roteiros. Eu não era produtor de cinema, mas tive que desenvolver roteiros de filmes. Esse era um período em que você muitas vezes tinha de se virar sozinho e não tinha outra opção a não ser buscar recursos, pedir ajuda quando necessário e confiar no próprio instinto e talento.

De alguma forma, consegui arranjar uma viagem à cidade brasileira de Goiânia para filmar pela primeira vez a seleção nacional sob a nova parceria com a Nike. Tínhamos acesso quase total ao time – uma raridade na época – e podíamos seguir os jogadores dentro e fora do campo. Minha equipe e eu chegamos lá com uma estratégia já em mente; voltamos com algo muito melhor.

Filmamos um treino coletivo, aberto ao público e gratuito. Foi um grande gesto de carinho com os torcedores, mas faltou mais organização do ponto de vista da segurança. O problema começou quando um ou dois torcedores atravessaram o fosso vazio e escalaram o alambrado que cercava o estádio. Os seguranças que *estavam* à disposição eram capazes de lidar com um ou dois torcedores mais entusiasmados de cada vez. Mas o que começou como uma invasão a conta-gotas rapidamente se tornou uma inundação à medida que centenas de pessoas começaram a atravessar as barreiras físicas e entrar em campo. A barragem rompeu e os seguranças foram engolidos pela massa.

Tive apenas alguns segundos para perceber que minha equipe e eu estávamos diretamente no caminho de centenas de torcedores empolgados. Rapidamente instruí a equipe de filmagem a fazer um círculo em torno de Ronaldo, na época o jogador de futebol mais célebre do planeta. A enxurrada de pessoas que nos atingiu foi intensa, e muitos membros da equipe foram empurrados, reduzindo o tamanho do círculo e levando a multidão a se aproximar ainda mais de Ronaldo. Foi quando notei que o próprio Ronaldo estava falando comigo, em português, língua que eu apenas arranhava superficialmente. Consegui decifrar que ele queria que minha equipe se afastasse e deixasse os torcedores... chegarem perto dele. Eu não sabia o que fazer. Não queria ser o cara responsável por deixar o jogador de futebol mais famoso do mundo ser esmagado e ferido por seus fãs, mas também sabia que isso poderia acontecer de qualquer maneira, quanto mais tempo minha equipe tentasse conter a maré. Cedi, e a torrente de torcedores se precipitou sobre nós. Eles não esmagaram Ronaldo. Eles o idolatravam. Queriam apenas estar mais perto dele, e de repente a frenética aproximação da massa se transformou em um momento de conexão humana.

Essa experiência influenciou meu enfoque das filmagens, e joguei fora o plano que havíamos levado conosco. Além de apresentar o time em fotografias em preto e branco de estilo documental, eu queria incluir imagens do povo brasileiro apaixonado, boa parte dele das áreas mais pobres do país. Minha ideia não foi recebida com entusiasmo pelos dirigentes da Confederação Brasileira de Futebol (CBF). Eles preferiam exibir o time por meio de imagens focadas apenas nos jogadores de maneira heroica, mas não me dei por vencido. O futebol brasileiro, argumentei, não se limitava apenas aos jogadores; tinha a ver com as pessoas que amavam o jogo, e toda a paixão, alma e cultura que circundavam a Seleção. Nenhum país do planeta mostrava o nível de devoção da torcida brasileira. Se nosso objetivo com a Turnê Mundial e as fotos e filmagens era apresentar ao mundo o "melhor time do mundo", tínhamos também que apresentar o que o time significava para seu próprio povo. No final das contas, recebi a aprovação e consegui filmar e fotografar a Seleção – e seus torcedores – de uma forma que contava a história dessa extraordinária equipe de indivíduos incríveis e o que ela significava para as pessoas que os amavam.

Minha experiência com a Turnê Mundial do Brasil, e principalmente a forma como lidamos com as sessões de fotos e filmagens em Goiânia, enfatizou o poder da empatia e da magia criativa encontradas em diversas equipes. Depois de superar meu próprio medo no momento, pude reconhecer o verdadeiro significado desse time e constatar que ele representava as esperanças e os sonhos de um país inteiro de uma maneira que poucas equipes esportivas são capazes. Esse foi o insight; foi o momento em que nossa empatia transformou as imagens de um time esportivo na celebração de um povo e de uma cultura. Ao mesmo tempo, também fui levado pela experiência de testemunhar um time como a Seleção Brasileira, com sua incomparável combinação de indivíduos, todos remando na mesma direção, e me perguntando como isso poderia explicar o sucesso da própria Nike na área de colaboração criativa. A Nike nem sempre era perfeita quando se tratava da composição de suas equipes e da interação dentro de cada equipe e entre elas, mas a empresa certamente descobriu um processo que adotava a estratégia de riscos e resultados, e que tirava o máximo proveito de sua diversidade de habilidades e talentos individuais. Eu levaria alguns anos para conseguir implementar totalmente essas ideias, e outros tantos antes que eu pudesse olhar para trás e entender, com o benefício da retrospectiva, por que razão meu método funcionou, mas o fato é que começou no Brasil, e com um estilo de jogo bonito conhecido como *ginga*.

Um novo papel, uma nova maneira de trabalhar

Quando me tornei vice-presidente de criação de marca global da Nike em 2010, fui encarregado da tarefa de comandar e reestruturar as funções de brand marketing responsáveis por criar histórias e experiências. O cargo e o trabalho eram inteiramente novos. Combinamos publicidade, marketing digital, mídia de marca, design de marca, marketing de varejo e marketing de eventos sob um único guarda-chuva. Eu era quem segurava o guarda-chuva. O motivo da reestruturação era bastante simples no propósito, se não na prática: queríamos reunir todas as equipes de modo a ter um enfoque mais unificado para a nossa produção criativa. Nosso esforço foi no sentido de fazer com que as equipes trabalhassem juntas desde o início. Ao alavancarmos as perspectivas e experiências uns dos outros, poderíamos iniciar um conceito ou campanha trabalhando a partir da mesma ideia central – o insight profundo – e do mesmo *branding*. Nosso objetivo era obter esse alinhamento criativo desde o início, o que nos permitiria liberar maior energia criativa em diferentes plataformas e canais por meio dos quais a ideia ganharia vida. Esse era o plano, pelo menos no longo prazo. Nossos objetivos imediatos eram tirar todos os departamentos dos silos de isolamento em que vinham trabalhando e reduzir a tendência entre departamentos separados de sucumbir ao protecionismo e aos comportamentos herdados.

Essa nova organização inaugurou uma era moderna de marketing na empresa, definida pelo lema "o digital em primeiro lugar". Isso nos permitiu integrar nossa identidade de marca e nossa voz em nossa rede on-line, canais sociais e aplicativos, por meio de direção de arte, *branding* e narrativas de nível internacional. Nós nos encaminhávamos para uma realidade em que a televisão, a mídia impressa e os painéis e outdoors já não eram mais os veículos dominantes por meio dos quais obtínhamos o engajamento dos consumidores. Agora tínhamos entrado oficialmente numa realidade em que as plataformas digitais – e, para ser mais específico, o telefone celular – dominavam o cenário do marketing de marca, numa velocidade ainda maior do que aconteceu com a televisão nas décadas de 1950 e 1960. Precisávamos de uma estrutura que fosse capaz de se movimentar com a mesma rapidez que os olhos dos consumidores e que ao mesmo tempo permanecesse ágil o suficiente para dar conta da incrível taxa de consumo que esses novos canais estimulavam. Houve uma época em que era possível controlar a rapidez com que os consumidores visualizavam o conteúdo que lhes era oferecido – um comercial era veiculado em intervalos específicos em horários específicos em canais específicos. Um anúncio impresso era veiculado numa revista ou num jornal específicos que tinham um número específico de assinantes. Mas um filme on-line? Poderia se tornar viral no início do dia e, ao fim do mesmo dia, ser notícia velha. O jogo havia mudado, e o marketing da Nike precisava liderar a mudança também. Ao longo dos oito anos seguintes, as receitas da Nike dobrariam.

Mas o grande número de ferramentas que a nova era digital nos proporcionou era e continua sendo vasto. Com essa aceleração, aumentou nossa capacidade de convidar novos consumidores para nossa marca e conectá-los uns aos outros entre uma gama de plataformas, criando assim uma paixão compartilhada numa escala global. Embora cada departamento continuasse a se concentrar em suas especialidades, havia uma ênfase maior em uma causa comum. Poderíamos contar e produzir histórias como nunca antes, de maneiras mais íntimas e pessoais, e capturar a imaginação em uma escala capaz de unir nações e culturas em torno do esporte.

Uma equipe criativa dos sonhos

Quando me aposentei da Nike no início de 2020, fiz um discurso para meus amigos e colegas de longa data, enfatizando o incrível valor de cada membro individual de uma equipe. Para mim, essa foi a razão de eu ter encontrado o sucesso na Nike. Se a equipe não funcionasse, nada mais funcionaria. Tudo dependia de maximizar os pontos fortes de cada membro individual sem que nenhum deles dominasse o processo ou fosse deixado para trás. Não é um equilíbrio fácil de alcançar, até porque os ingredientes que compõem a receita da equipe criativa certa parecem muito contraintuitivos. Todavia, assim como a Seleção Brasileira de Futebol, se você conseguir acertar, a mágica acontecerá. Ninguém conseguirá apreciar as histórias nas páginas que se seguem sem primeiro entender que tudo começa com a equipe certa. Meu discurso naquela noite apresentou os três elementos que, acabei aprendendo, produzem não apenas os melhores resultados criativos mas também as mais gratificantes culturas de trabalho criativo.

Acolha os sonhadores: Dei início ao meu discurso com um apelo para acolher de braços abertos os "sonhadores", termo com o qual me refiro aos pensadores criativos da sua equipe, pessoas que usam mais o hemisfério direito do cérebro[14] e têm propensão a deixar você e todos os outros um pouco loucos. Tradicionalmente, as pessoas cujo comportamento é dominado pelo hemisfério direito do cérebro – aquelas que perguntam "E se...?" ou dizem "Por que não...?" e evitam o processo e a ordem – nem sempre se sentiram bem-vindas no mundo corporativo dos EUA, que muitas vezes privilegiou as mentes analíticas em

---

14. Segundo a crença comum de que os dois hemisférios cerebrais são entidades separadas, o esquerdo tende a ser identificado como a morada da lógica e da racionalidade, e o direito a ser descrito como a fonte da intuição, emoção, imaginação e criatividade. Portanto, pessoas mais lógicas e analíticas usariam mais o lado esquerdo; pessoas mais sensíveis e artísticas, o lado direito. (N. T.)

detrimento das criativas, sobretudo porque as primeiras se encaixam bem dentro de uma estrutura hierárquica. E, sim, os idealistas e os que sonham acordados nem sempre são fáceis, mas uma marca que deseja valorizar a inovação deve incluí-los. Uma cultura criativa, na qual o risco e a quebra de paradigmas são colocados à frente do *status quo*, pode se tornar a vantagem competitiva de uma marca.

Permita que as vozes mais baixas falem mais alto: Em seguida, falei sobre os "quietos". Em muitas organizações existe uma crença lamentável de que as vozes mais barulhentas são também as mais inteligentes, quando, em muitos casos, são apenas estridentes. Os introvertidos representam de um terço a metade da população, de acordo com Susan Cain, autora de *O poder dos quietos: como os tímidos e introvertidos podem mudar um mundo que não para de falar*.[15] Se esse número parece muito elevado, é porque a maioria dos introvertidos, afirma Cain, esconde esse lado de si mesmo – eles desaparecem em segundo plano, onde passam despercebidos, ou se esforçando para dizer algo, qualquer coisa, apenas para se entrosar com os mais barulhentos. Muitas vezes, os quietos são os indivíduos que gastam menos tempo no momento presente e, em vez disso, estão sonhando com um futuro novo e melhor, o que é uma habilidade incrível para se ter em equipes de alto desempenho. Steven Spielberg, Larry Page e até Albert Einstein são notórios introvertidos, cujas contribuições para o cinema, a tecnologia e a ciência, respectivamente, transformaram o mundo. Portanto, dê ao introvertido o tempo e o espaço de que

---

15. Título original: *Quiet: The Power of Introverts in a World That Can't Stop Talking*; no Brasil, há duas edições, ambas com tradução de Ana Carolina Bento Ribeiro: Rio de Janeiro, HarperCollins, 2017; Rio de Janeiro, Sextante, 2019. (N. T.)

ele precisa para fazer o que faz de melhor, que é pensar bem antes de entrar em ação.

Diversidade é oxigênio: Desnecessário dizer que a diversidade no local de trabalho continua sendo uma meta para a nossa profissão. Uma pesquisa sobre carreiras e salários do site Marketing Week de 2020 constatou que 88% dos 3.883 entrevistados se identificavam como brancos, 4% como mestiços, 5% como asiáticos e 2% como negros.[16] Assim, não é surpresa nenhuma eu ter insistido com meus colegas para que continuassem a lutar para recrutar vozes externas, aquelas que estavam menos representadas no escritório e nas salas de reuniões. Diversidade tem a ver com justiça na força de trabalho e dar aos sub-representados oportunidades que historicamente lhes foram negadas. Mas a diversidade tem outro lado. Estamos falando da "vantagem da visão" do Treinador K, a capacidade de ver o que os outros não veem. Uma equipe homogênea provavelmente não tem as experiências de vida ou mesmo o conhecimento para descobrir os insights que podem levar a uma verdade mais profunda. E, se você e sua equipe não puderem "ver" o insight, então não terão condições de criar uma história ou uma experiência que se conecte emocionalmente com o público. A diversidade é o oxigênio que dá vida ao processo criativo. Se alguém quiser criar uma equipe de marketing dos sonhos em que a inovação flua livre e solta, deve enfatizar o preenchimento de uma lista com diversos conjuntos de habilidades, experiências de vida e perspectivas que muitas vezes são forjadas pela etnia e gênero do indivíduo.

---

16. https://www.marketingweek.com/career-salary-survey-2020-marketing-diversity-crisis/.

Com demasiada frequência, as marcas começam a promover uma cultura de mesmice. Muitas vezes sem perceber, elas impõem limitações a si mesmas ao construir uma equipe em torno das personalidades dos líderes e dos membros mais estabelecidos. Evitam os sonhadores que usam o lado direito do cérebro, que, a seu ver, não se dão bem com os outros. Ignoram os quietos porque presumem que a timidez é um sinal de fraqueza ou ignorância. E, por uma questão de conforto e familiaridade, procuram os que se parecem consigo mesmos. Sem um esforço consciente para construir uma equipe em torno das qualidades que acabo de mencionar, as marcas descambam para a complacência e a apatia criativa.

Em vez disso, você deve *ativamente* construir sua equipe a fim de obter os melhores resultados. Você deve se desafiar a incluir aqueles que não pensam como você, não falam como você nem se parecem com você. A jornada criativa não começa quando a equipe se reúne e começa a imaginar; começa quando você monta essa equipe.

62 passes

Em abril de 2021, em partida contra o Athletic Bilbao, a equipe do Futbol Club Barcelona, que já vencia por 3 a 0, passou a bola 62 duas vezes em uma sequência de dois minutos em meio, resultando em um gol espetacular de Lionel Messi. Esse tipo de jogada não era raridade para o esquadrão catalão, que em partidas anteriores já havia registrado números superiores de passes trocados. E isso porque o FC Barcelona adotou um estilo de jogo conhecido como *tiki-taka*, que foi desenvolvido na Espanha e se caracterizava por uma troca de passes curtos, manutenção da posse de bola até a abertura de lacunas na defesa adversária. Em suma, o Barcelona exibia a química do trabalho coletivo em seu melhor estado, todos os membros da equipe trabalhando juntos para um fim específico, lendo os pensamentos uns dos outros, antecipando suas ações e alcançando o sucesso final.

Passar a bola para a frente e para trás, dividir a energia em campo – até mesmo construir a energia pela manipulação consciente da defesa adversária –, cada toque na bola levando a algo maior, talvez imperceptível no início, mas cada vez mais nítido com o decorrer do tempo, até chegar o momento certo, e então... goooool!

Às vezes, um ambiente de trabalho competitivo pode resultar em falta de compartilhamento. Seja numa equipe pequena ou numa equipe que se espalha por diferentes cidades e regiões, pode vir à tona uma síndrome de "se não foi inventado aqui, não vai acontecer aqui" que se infiltra na cultura criativa. Em outras palavras, inovações que ocorrem em outros lugares não são bem-vindas, mas refutadas. Então, em vez de passar a bola, alguns times interrompem o *tiki-taka* e levam a bola embora para casa. Nenhum ímpeto de inovação, nada para construir, nada para se trabalhar em conjunto. Apenas pequenos bolsões de jogadores individualistas e fominhas, pedindo a bola para que *eles* possam marcar o gol.

Era exatamente essa mentalidade que eu queria evitar quando, por volta de 2014, começamos a procurar aprimorar a experiência do consumidor com nossos eventos ao vivo usando tecnologia digital emergente. No início do processo, enfatizei a todas as equipes que estavam trabalhando nesses futuros conceitos para que não fossem territorialistas em relação às ideias. Compartilhar e desenvolver as ideias de outras equipes não era apenas bom, era uma postura que eu incentivava. Afinal, estávamos no mesmo time, no mesmo barco. Se um companheiro de equipe executa uma jogada milagrosa, você não reclama. Você se posiciona para fazer a próxima jogada acontecer. O que ocorreu nos quatro anos seguintes em todo o mundo foi um fluxo contínuo de inéditas experiências de marca imersivas, cada uma baseada na ideia anterior. A bola sendo passada de um time para o outro, usando esse ímpeto, mas também construindo energia inovadora. O resultado foi uma perfeita ilustração do poder de compartilhamento e colaboração criativa radical em fusos horários internacionais.

Começamos com o Ginásio de Basquete de LED House of Mamba [Casa do Mamba], que a Nike construiu em Xangai em 2014 numa parceria com a agência de comunicação e design digital AKQA. Dotada de tecnologia de rastreamento, sensores sincronizados à movimentação individual dos jogadores e piso formado inteiramente por iluminação de LEDs que permitia a visualização responsiva dos posicionamentos dos atletas reproduzidos na superfície (essencialmente, a própria quadra era sensível ao toque e funcionava mais ou menos como um enorme iPad), a quadra era um espetáculo visual incrível e uma revolucionária inovação em termos de treinamento. O próprio Kobe Bryant, o "Mamba Negra",[17] desempenhou um papel ativo na programação da quadra para que ela usasse as mesmas lições e técnicas de treinamento que o time Los Angeles Lakers utilizava em seus treinos. De fato, durante a abertura da quadra, Bryant esteve presente para ajudar a treinar e motivar jogadores de toda a China.

17. Kobe Bryant adotou o apelido Black Mamba [Mamba Negra] em 2003, depois de assistir ao filme *Kill Bill*, de Quentin Tarantino, em que "Black Mamba" é o codinome de Beatrix Kiddo (Uma Thurman), personagem cuja agilidade e crueldade o encantaram. A mamba-negra é uma cobra conhecida pelo veneno, velocidade e precisão, características que, de acordo com Kobe, eram ideais para seu jogo na NBA. (N. T.)

Em seguida, em 2015, a bola foi passada de volta para os Estados Unidos com a inauguração da "Last Shot" [Último arremesso], uma meia quadra de LED totalmente imersiva e interativa que permitia aos jogadores reencenarem três grandes momentos da carreira de Michael Jordan. Lançada durante o NBA All-Star Weekend[18] em Nova York, a experiência "Last Shot" transformou o Penn Pavilion em uma máquina do tempo, com 10 milhões de luzes de LED e exibições visuais mostrando as plateias reais que estavam presentes durante esses momentos icônicos de Jordan. Os jogadores podiam reproduzir os movimentos de Jordan na quadra, enquanto o relógio fazia a contagem regressiva, para ver se também conseguiam acertar a bola que decidiu o jogo, como Jordan havia feito. Apelidada pela revista *Wired* de "a quadra de basquete mais legal do mundo", a "Last Shot", também construída em parceria com a AKQA, aprimorou as inovações vistas pela primeira vez em Xangai, resultando em uma experiência ainda mais imersiva para os consumidores.

De lá a bola viajou pelo mundo até Manila, para a pista de corrida Nike Unlimited [Sem limites], inaugurada em 2017. Criamos na capital das Filipinas a primeira pista de corrida de LED por meio de uma parceria criativa com a agência de publicidade BBH Singapore. Ocupando o espaço de um quarteirão inteiro, o desenho da pista "Unlimited Stadium" [Estádio sem limites] derivou da pegada do modelo de tênis de corrida Nike LunarEpic. A pista tem duzentos metros de extensão, em formato de oito, e é revestida, por todo o percurso, de uma parede de telas de LED, com capacidade para até trinta atletas correndo

---

18. O fim de semana festivo das estrelas da NBA com uma série de eventos, como desafio de habilidades, competição de arremesso de três pontos, torneio de enterradas, jogo das celebridades e o All-Star Game, partida que reúne os principais jogadores da liga. (N. T.)

contra si mesmos. Depois que o corredor completa uma volta e registra um tempo inicial, um sensor é conectado a seu tênis. A parede de LED da pista gera um avatar digital do atleta, representando seu tempo anterior. Esse avatar virtual corre pelas telas ao lado do atleta, o que permite ao corredor competir contra si mesmo. Imagine disputar uma corrida literalmente contra si mesmo em tempo real. Uma motivação e tanto.

E, por fim, também em 2017, a bola quicou e atravessou o mundo de volta ao lugar onde começamos, Xangai. Em parceria com nossa agência criativa Wieden+Kennedy, adquirimos o Metro City, um edifício em formato esférico, e o transformamos em um globo giratório interativo, como parte do lançamento da linha de tênis Nike React. A ilusão que criamos era simples, mas extremamente eficaz. Do lado de fora, o observador tinha a impressão de que um atleta estava correndo no topo do mundo, a silhueta projetada contra o horizonte de Xangai, o globo maciço girando sob seus pés, como se estivesse literalmente girando a Terra enquanto corria. Na verdade, o corredor estava embaixo do prédio numa esteira, e sua imagem era projetada no topo do globo sobre uma tela invisível de cinco metros. A campanha foi apropriadamente chamada de "Correr faz o mundo girar",[19] e o globo do tamanho de um prédio ia girando cada vez mais rápido quanto maior a velocidade do corredor. Uma maravilha para quem testemunhava de perto, mas também um momento viral global nas mídias sociais.

Aos olhos do mundo exterior, essas experiências individuais pareciam inovações singulares. Não houve campanha externa que ligasse cada um desses eventos de consumidor ao outro. Mas, internamente, todos faziam parte de uma jornada evolutiva, em que as inovações de cada evento alimentavam a

---

19. "Running Makes the World Go Round", no original em inglês. (N. T.)

construção das inovações seguintes, cada uma mais incrível que a anterior. O *tiki-taka* das diferentes equipes produziu uma bela sequência de embalo crescente, à medida que as ideias de um time alimentavam as do outro, criando toda uma série de gooools! A linha do tempo que acabei de compartilhar é apenas uma parte de uma sequência maior e contínua em que cada equipe passa a bola para a frente e para trás, construindo a energia inovadora, apoiando-se nos ombros da equipe anterior, de modo que ninguém pode querer reivindicar o posto de criador da ideia. E este, é claro, é o cerne da colaboração criativa radical: somos uma equipe e jogamos como uma equipe.

Porém, até mesmo as equipes mais bem dirigidas e treinadas, com química superior entre os jogadores, exigem um fluxo constante de inspiração para conservar sua mentalidade de "ataque primeiro" e se manter à frente da concorrência.

O catalisador da curiosidade

Levou um tempo para todos nós percebermos que o cara estava falando sério. Ele realmente acreditava no Pé-grande e vinha caçando a furtiva criatura havia anos. Ele era, em suma, um caçador de Pé-grande. E inclusive se vestia a caráter, com um colete cáqui, uma faixa, um cinto de utilidades e um chapéu combinando – uma mistura de Frank Lloyd Wright e Crocodilo Dundee. De início, os duzentos e poucos designers que estavam sentados lá ouvindo o sujeito falar sobre suas façanhas na caçada ao Pé-grande ficaram perplexos por alguém ter colocado o cara na programação. Mas a perplexidade se transformou em risadas, que rapidamente se transformaram em fascínio. Sim. O cara estava falando sério, e era impossível parar de ouvi-lo.

Era o segundo dia de um retiro da equipe de design na densa mata do estado de Washington, ao longo do rio Columbia. Esse chamado "programa de treinamento em design" foi uma forma de construirmos uma forte identidade e cultura de equipe, ao mesmo tempo que servia também para educar alguns dos novatos (era 1993, e eu havia chegado à Nike menos de um ano antes). Entre muitas atividades esportivas ao ar livre, estávamos lá para aprender mais sobre a direção da marca, bem como para encontrar inspiração de maneiras não convencionais. A programação previa palestras de pessoas inovadoras em seus respectivos campos de atuação, convidados que foram trazidos para nos desafiar e inspirar. O "caçador de Pé-grande" era, para dizer o mínimo, uma figura pouco convencional.

Horas depois, um veterano designer da empresa, conhecido por suas brincadeiras e pegadinhas, achou que seria engraçado alugar uma fantasia do Pé-grande para tirar uma onda. Enquanto jantávamos, esse Pé-grande fajuto saiu da floresta coberto de pelos castanhos espessos da cabeça aos pés, atravessou a estrada – por pouco não foi atropelado pela caminhonete de um residente local – e se arrastou até a área de jantar ao ar livre, assustando todo mundo. Felizmente, o caçador de Pé--grande não estava por perto – já tinha ido para sua próxima tarefa de pesquisa, aparentemente –, caso contrário, poderia ter havido um confronto.

Na época, eu não entendia direito a importância da inspiração e do processo de encontrá-la. Mas, ao longo dos anos, e olhando para trás, para esse episódio específico do início da minha carreira, agora posso entender por que nos sentamos para ouvir o caçador de Pé-grande. O objetivo não era rir (mas é claro que rimos); o objetivo era abrir nossos olhos – de uma maneira divertida – para algo que de outra forma nunca teríamos encontrado. Não posso dizer que o caçador de Pé-grande inspirou algo específico em minha própria jornada criativa, mas posso dizer que, ao longo da minha carreira como designer e depois como chefe de marketing, muitas vezes pensei nele quando entendia que precisava procurar inspiração criativa em lugares inusitados.

A curiosidade é o catalisador da criatividade. É o que permite que você veja oportunidades e utilize a inspiração para tirar proveito delas. Encontrar inspiração, por mais infinita, pode ser difícil. Então, em vez de esperar que ela encontre você, crie um plano que permita que ela flua naturalmente através de você e em seu trabalho. Traga o mundo exterior para dentro do seu mundo por meio de hábitos e rituais e, por sua vez, capacite a si mesmo e à sua equipe para alcançar maiores resultados criativos.

Deixar a inspiração para o acaso, de modo que ela chegue de supetão em um momento aleatório, não é uma receita para o sucesso de longo prazo no mundo criativo. Você tem que sair e encontrá-la. Alguns podem nascer com a mentalidade de um caçador; outros podem aprender a ser mais curiosos. A curiosidade é um músculo, e os músculos precisam ser treinados. Saber disso permitiu que a Nike alimentasse de modo constante sua imaginação e construísse uma cultura de curiosidade criativa.

O "programa de treinamento em design" (e o próprio caçador de Pé-grande) foi um dos momentos em que nos pediram para fomentar nossos músculos da curiosidade. Mas, ao longo dos anos, houve muitas outras ocasiões que ensinaram a mim – e a outros – alguns modos de construir a química da equipe, incentivar a iniciativa de correr riscos e, acima de tudo, buscar inspiração. Os exemplos a seguir são apenas uma amostra do tipo de maneiras pelas quais tentamos sinergizar a ideia da construção de equipe com a inspiração.

Cadeiras de papelão

Em um dos "Dias de Design" mais memoráveis de todos os tempos, nós nos dividimos em equipes, e cada uma recebeu grandes pedaços de papelão. Nossa instrução era simples: construir uma cadeira capaz de suportar o peso de uma pessoa. A pontuação também seria concedida segundo um critério de estilo – o design era descolado e inovador? E a seleção dos jurados para o "Grande concurso da cadeira de papelão" mostrou que se tratava de um negócio sério: o designer galês Ross Lovegrove e o já falecido designer industrial estadunidense Niels Diffrient, ambos titãs da indústria de design de cadeiras.

Como em todos os projetos de formação de equipes da Nike, havia um porém: ao final do tempo previsto, brincaríamos de dança das cadeiras com nossas criações de papelão. Em outras palavras, alguém definitivamente acabaria no chão. E assim pusemos a mão na massa, um punhado de designers que dominavam círculos cromáticos e sabiam lidar com calçados, mas não eram exatamente especialistas na arte e na física do design de cadeiras. Várias horas depois, todas as equipes já tinham concluído a construção de sua cadeira de papelão. Algumas davam a impressão de que se esfacelariam ao primeiro espirro. De maneira surpreendente, porém, outras pareciam estar prontas para a produção em massa. Algumas tinham o visual de clássicos do design instantâneos. Foi uma impressionante demonstração de desenvoltura sob pressão, já que esses exercícios sempre tinham um limite de tempo que impedia o excesso de planejamento e, em vez disso, recompensava o rápido encadeamento de ideias.

Após a pausa para o happy hour, o jogo começou. À medida que a música tocava, parava e tocava de novo, os competidores andavam em volta do círculo, e uma a uma as cadeiras desmoronavam sob o peso dos membros da equipe rival. Acho que houve reclamações legítimas sobre as disparidades de peso entre os integrantes das equipes; se fosse uma competição oficial, creio que as regras sobre esse quesito poderiam ter sido mais rígidas. Infelizmente, o jogo continuou, até que restou uma única cadeira e o vencedor foi coroado. Não, a minha equipe não ganhou.

A questão, claro, é por quê. Por que isso foi um bom exercício para um monte de designers de imagem e produto? Duas razões. A primeira é que, no caso das cadeiras, assim como no caso dos calçados, a forma segue a função. Cadeiras e calçados precisam suportar peso, mas também precisam ser flexíveis para suportar muitos tipos diferentes de corpos e pés. Se você se concentrar demais na função, o resultado será uma cadeira feia; se exagerar na forma, terá uma cadeira de visual lindo, mas que é desconfortável. O mesmo vale para os calçados. A segunda razão é que o concurso alargou nossa imaginação, bem como os lados direito e esquerdo de nosso cérebro. E aplicar essas técnicas a um produto que não era calçado ou vestuário simplesmente desafiou nossas habilidades. Sim, às vezes uma brisa mais forte faz a cadeira se envergar, mas a prática em si é útil para expandir os músculos criativos e aplicá-los a algo totalmente diferente.

Trabalhe com o que você tem

De modo similar, muitas vezes nossas atividades de formação de equipe nos levavam a aventuras desvairadas, em que o objetivo da competição ou do jogo não era tão importante quanto o fato de estarmos fazendo isso como equipe. Por exemplo, vez por outra saíamos para "caças ao tesouro" em cidades grandes, à procura de locais escondidos que apenas os moradores locais conheciam – às vezes nem eles. Éramos incumbidos da tarefa de escrever e ilustrar um livro infantil. O que sabíamos sobre livros infantis? Não muito, mas tínhamos de encontrar inspiração jantando no zoológico de San Diego ao lado de rinocerontes e zebras. O desafio seguinte era projetar uma cidade, que no fim das contas mostrou ser o esporte coletivo supremo, pois o planejamento urbano exige a maior colaboração possível entre cada integrante da equipe. Em outra ocasião, escrevemos e dirigimos comerciais com um tema referente a Las Vegas, o que inevitavelmente resulta em um trabalho que deveria ter ficado em Vegas. O que fazia todos esses exercícios se destacarem era o período de tempo reduzido. Não dispúnhamos de semanas ou meses, mas horas, no máximo dias. O rápido processo de formação de ideias forçava a participação e a engenhosidade de todos. Éramos obrigados a trabalhar com o que tínhamos em mãos, em vez de reclamar que não tínhamos recebido o suficiente.

À medida que avançarmos neste livro, alguns leitores poderão se perguntar de que maneira sua pequena organização ou empresa, com uma equipe de uma dúzia de pessoas, talvez menos, pode ter a esperança de se equiparar às campanhas das quais fiz parte enquanto trabalhei na Nike. Sou muito sensível a essa questão, e é por isso que estou mencionando esses exercícios de formação de equipe agora, logo no início. Grandes orçamentos, a tecnologia mais recente, várias divisões trabalhando na mesma campanha são coisas maravilhosas para quem passa pela jornada criativa, mas o fato é que não são necessárias. Não aprendi isso depois que deixei a Nike; aprendi enquanto estava na Nike, graças a esses exercícios às vezes ridículos que nos levaram a desenhar uma cadeira de papelão ou escrever livros infantis. O outro elemento importante desses exercícios era que estávamos sempre trabalhando em equipes pequenas, nas quais muitas vezes cada integrante precisava se desdobrar e cumprir duas, três ou quatro funções diferentes ao mesmo tempo. Não havia espaço para queixas típicas como "bem, esse não é meu trabalho", que às vezes sufocam a colaboração. *Era o trabalho de todos nós.* Isso não apenas reforçava a química entre os membros das equipes pequenas mas também servia como um lembrete de que até uma equipe pouco numerosa focada na mesma tarefa era capaz de alcançar resultados extraordinários.

É também por essa razão que nunca se pode subestimar o poder da inspiração e o senso de curiosidade que nos leva a procurá-la em lugares inusitados.

Habilidade japonesa

Em 2015, quando eu era vice-presidente global de criação da Nike, e depois de já ter tido a oportunidade de organizar diversos eventos de formação de equipe e busca de inspiração ao longo de muitos anos, levei minha equipe de líderes ao Japão, cuja cultura aprendi a amar, onde a tradição da habilidade quase artesanal é mantida no mais elevado padrão. Minha equipe era formada por uma variada gama de lideranças responsáveis pela narrativa e experiências da marca em todo o mundo. Poucos lugares no planeta são tão bonitos quanto Kyoto em outubro, época do ano em que as cores dos jardins são indescritíveis.

Organizei quatro experiências, cada uma com um tema específico e o resultado almejado. Na primeira, levei o grupo para ver a família de fabricantes de espadas mais antiga do país em ação. Observar o espadeiro Yoshindo Yoshihara era testemunhar a perícia no mais alto nível. Cada espada é uma criação única; não existem duas iguais. Também observamos a colaboração criativa radical entre os membros da própria equipe de Yoshindo, cada um com um papel definido a desempenhar, mas todos trabalhando perfeitamente em conjunto para garantir que cada espada fabricada atendesse a um padrão de excelência. Em seguida, fizemos uma viagem à Tsuen Tea, a casa de chá mais antiga do mundo, construída em 1160. A arte não está apenas em imagens estáticas ou em movimento; a cultura japonesa exemplifica que a arte também se encontra no ritual, cada movimento e cada momento da cerimônia do chá tendo sido meticulosamente cultivados ao longo dos séculos para produzir algo que é de uma beleza sublime. Isso é o "design thinking" em seu estado mais sublime – a arte e a ciência de considerar cada momento de uma jornada. De lá, fizemos um passeio acompanhados por um dos mais importantes arquitetos de jardins japoneses e testemunhamos a forma como a natureza, via design e organização, tem a capacidade de suscitar emoções e contar uma história. A experiência final foi convidar Marie Kondo, autora do tremendo best-seller *A mágica da arrumação*,[20] para vir falar conosco. As mensagens claras de Marie e sua fórmula para livrar a vida das pessoas de bagunça desnecessária – "Isso me traz alegria?" – tiveram ampla relevância para uma equipe que quase sempre precisa encontrar maneiras de simplificar sua mensagem e aprimorar as percepções mais profundas e poderosas.

---

20. Título original: *Jinsei Ga Tokimeku Katazuke No Maho*; título em inglês: *The Life-Changing Magic of Tidying Up*. Edição brasileira: *A mágica da arrumação: a arte japonesa de colocar ordem na sua casa e na sua vida*. Tradução de Marcia Oliveira. Rio de Janeiro, Sextante, 2015. (N. T.)

Mad Men

Certa vez, convidamos Matthew Weiner, o criador da série *Mad Men: Inventando verdades*, do canal a cabo AMC, para falar sobre a arte da "construção de mundos". Na Nike, muitas vezes procuramos criar mundos imersivos em nossos espaços de varejo. Weiner falou sobre a importância da autenticidade dos detalhes dentro dos ambientes imaginários, tanto para os atores como para a narrativa da série. "Cada objeto é uma oportunidade a mais de contar a história", afirmou. Fiquei impressionado com o fato de que até mesmo as gavetas fechadas da escrivaninha do escritório do protagonista da série, Don Draper, estavam repletas de peças reais e antigas da época: canetas, papéis e pastas. Não importava que o espectador nunca visse esses incríveis detalhes; o que importava era que o ator os visse e, ao vê-los, ao tocá-los, ao senti-los, também fosse transportado de volta para aquela época específica. Isso os ajudava a mergulhar nesse mundo e na natureza de seu personagem.

No que diz respeito ao processo de obtenção desses resultados, Weiner fez duas observações profundas. "Menos dinheiro é igual a mais criatividade." Cada episódio de *Mad Men* tinha um orçamento muito menor do que, digamos, o outro carro-chefe da AMC, a série *The Walking Dead*. Longe de ser uma desvantagem, esse orçamento apertado forçava a equipe criativa a fazer mais do que o esperado e ir além na construção de um mundo por meio de locações e ambientes autênticos, espremendo cada gota de energia criativa a fim de maximizar a credibilidade. Logicamente, o processo não era nada fácil para a equipe. "Ficávamos exaustos, mas satisfeitos do ponto de vista criativo", Weiner disse. Mas, quando o resultado condiz com o objetivo, às vezes aceitamos o fato de que a exaustão é o preço da realização artística. Cada detalhe da produção, fosse pequeno ou imperceptível, contribuiu para uma história mais profunda.

No campo

Nossa equipe já teve um escritório de marketing em Chicago, e certa vez fiquei intrigado ao ver na agenda uma "Experiência no Estádio Soldier Field". Como um fã de longa data do time de futebol americano Minnesota Vikings, esse campo – casa dos rivais Chicago Bears – era, sem dúvida, território inimigo. Pegamos um ônibus para o Soldier Field e fomos levados ao vestiário dos jogadores. Foi aí que os organizadores fizeram a surpresa. Todo mundo tinha seu próprio armário, com uniforme completo, ombreiras, protetores de costelas, coxas, quadris, joelhos e virilhas, capacete e uma camisa do Bears com seu nome escrito nas costas. Depois de nos trocarmos, era hora de entrar em campo.

Uma vez lá dentro, rodeados pela grandiosidade e história do estádio, a equipe de treinamento do Bears nos submeteu a uma série de exercícios num calor de 32 graus. Você pode até pensar que eles pegaram leve conosco, mas não tiveram misericórdia. Por fim, quando o dia já estava terminando, realizamos uma disputa de *field goals*. Felizmente, ainda fui capaz de acionar minhas minguadas habilidades de futebol americano e acertei um chute que meteu a bola entre as traves.

Em outra ocasião, tivemos aulas de tiro com arco em Champagne, na França, com instrutores que descendiam de uma antiga linhagem de arqueiros. Em outro momento, disputamos em Buenos Aires uma partida de futebol contra um time argentino da terceira divisão. No Soldier Field, na Argentina ou na França, esses momentos foram pensados para nos ensinar a crescer juntos como equipe e compartilhar experiências incomparáveis. Todos éramos obrigados a sair de nossas zonas de conforto e tentar nos colocar no lugar de quem praticava regularmente essas atividades, o que ampliou nosso campo de visão e nos proporcionou a empatia tão necessária ao nosso trabalho.

Vamos cozinhar!

Um dos exercícios mais habituais de formação de equipe era simplesmente fazermos as refeições juntos. Claro, sempre havia um objetivo maior além de apenas passar tempo com os integrantes da equipe, e é por isso que muitas vezes organizávamos incursões em restaurantes cujos chefs estavam dispostos a nos levar aos bastidores de seu próprio ofício. A culinária, atividade que muitos apreciam, é uma forma artística à sua maneira, e os melhores chefs usam a comida que preparam para levar os clientes em uma viagem. Em outras palavras, eles contam uma história, assim como fazemos com nossas campanhas de marca. Compreender o modo como outras pessoas criativas usam seu ofício para criar suas próprias histórias e comunicar suas próprias ideias é inestimável. Procurávamos inspiração nesses chefs, e não apenas na comida que eles preparavam para nós, mas na maneira como apresentavam a comida. Como falavam sobre cada prato que era trazido à mesa? Quais ingredientes se destacavam? Assim como atletas e produtos são os meios pelos quais a Nike contava suas histórias, esses especialistas em comida usavam seus próprios pontos focais para criar momentos fascinantes com suas refeições.

Por esses métodos e momentos, nós, enquanto equipe, conseguíamos sair de nós mesmos. Podíamos explorar o mundo ao nosso redor, obtendo inspiração e aprendendo como outros especialistas faziam seu trabalho. Em alguns casos, encontrávamos a inspiração que daria consistência à nossa própria narrativa; em outros, simplesmente nos tornamos mais próximos como equipe. Independentemente do resultado, você não pode esperar construir o nível de química de que precisamos em nosso trabalho, nem a inspiração necessária, se permanecer confinado aos limites do escritório virtual ou físico. Uma equipe criativa dos sonhos funciona como um "time dos sonhos" apenas quando é testada, quando sai junta para explorar e se aventurar, quando todos os seus integrantes saem à luz do dia e, juntos, compartilham momentos como uma equipe. Só então é possível levar para o escritório o que se aprendeu.

Outside in

O que os capacetes de astronauta projetados pela NASA[21] têm em comum com a tecnologia Nike Air? Bem, sem os capacetes da NASA não existiria tecnologia Nike Air. Embora isso tenha acontecido antes da minha passagem pela marca, a história conta que um ex-engenheiro da NASA ofereceu à Nike uma técnica conhecida como "moldagem de borracha por sopro", que havia sido empregada no design dos capacetes espaciais, para criar solas ocas que poderiam ser preenchidas com ar denso, melhorando assim a absorção de choque do tênis. A Nike adorou a ideia e aplicou as ideias do engenheiro para criar o primeiro solado Nike Air.[22]

21. National Aeronautics and Space Administration (Administração Nacional da Aeronáutica e Espaço), a agência estadunidense que tem por função o desenvolvimento de tecnologias aeronáuticas e a exploração espacial. (N. T.)
22. https://www.nasa.gov/missions/science/f_apollo_11_spinoff.html.

Quando você olha para muitos tênis icônicos da história da Nike, pode identificar pontos de inspiração muito diretos. Além disso, as linhas aerodinâmicas do design dos carros há muito são uma fonte de inspiração para os tênis. Para destacar isso, convidamos Jay Mays, que na época era chefe de design da montadora Ford Motor Company, para conversar conosco. Mays deixou sua marca pela primeira vez na história do automóvel ao redesenhar o Volkswagen Beetle, carro cuja fonte de inspiração está em seu próprio nome – uma alusão a seu formato de besouro. Ele chegou à Ford com a missão de redefinir a trajetória da marca, que vinha em decadência havia décadas, e instituiu uma filosofia de design conhecida como retrofuturismo – em essência, imaginar o futuro com dicas de design do passado. Havia o New Beetle da Volkswagen, que lembrava o design do Fusca original, mas Mays também olhou para o passado para remodelar o Ford Thunderbird 2002, que se baseava fortemente no modelo de 1955, bem como para redesenhar o icônico Mustang. O modelo de 2005 era mais parecido com a versão clássica de 1967 que os cinéfilos viram Steve McQueen dirigir no filme *Bullitt* do que com seus antecessores mais recentes. Mays falou sobre conceber emoção, criar carros com uma história e uma promessa de realização de um sonho. Nós nos conectamos à sua mensagem porque o design de automóveis tem sido uma inspiração onipresente para os tênis da Nike, com foco na velocidade, formatos aerodinâmicos e elegância da forma.

Mas talvez a maior fonte de inspiração do design de produtos seja a própria natureza, por meio da prática da biomimética, que é a arte de se inspirar na natureza e aplicá-la a fim de projetar soluções para as pessoas. Às vezes, isso exige a adoção de sugestões de design encontradas em plantas, animais e até insetos. Outras vezes, significa desenhar diretamente a partir do corpo humano e da paisagem circundante, como a Nike fez com o modelo de tênis de corrida Air Rift. O dedão do pé separado, que favorece a articulação entre os dedos do usuário, foi projetado com a contribuição dos corredores descalços do Quênia, de longe os melhores fundistas do mundo. O nome "Rift" [rachadura] e o design do dedo dividido – inspirados no Grande Vale do Rifte da África oriental ou Vale da Grande Fenda no Quênia – foram criados para permitir uma melhor articulação entre o primeiro e o segundo artelhos, o que estimula um movimento mais natural ao correr.

Recorremos até mesmo a outras fontes artísticas, como a arte japonesa do origami, para nos inspirar. O Nike City Knife 2 tem um exterior de formas triangulares que lembram as criações de dobradura de artistas nipônicos. Mas a surpresa é que o tênis em si é dobrável quando não está sendo usado.

Esses exemplos de produtos são o resultado do que pode acontecer depois que você sai de si mesmo. Você pega a inspiração que descobriu além das margens de sua visão limitada e a aplica ao seu trabalho. Implementar o *Outside in* não é tão simples quanto empregar a técnica do origami ou usar os contornos do design de carros para criar modelos de tênis. Seu enfoque deve ser muito mais deliberado, a partir do reconhecimento de que a maior parte da inspiração que você traz de fora para dentro não irá a lugar nenhum. Ou, em muitos casos, talvez vá a um lugar que você nunca imaginou, depois de anos trancado em uma pasta de ideias em algum lugar.

Nas páginas a seguir, apresento alguns exemplos e ideias para ajudar os leitores a levar a inspiração externa para seu trabalho.

Mantenha um diário visual

Da última vez que verifiquei, eu tinha 79 mil fotos na minha biblioteca de fotos do iCloud. Tá legal, eu sei, é um pouco obsessivo, mas, dentro desse número, havia mais de 5 mil capturas de tela. São recortes congelados de imagens do meu telefone e computador que achei inspiradores o suficiente para salvá-los. A maioria dessas imagens nunca levará a nada, mas algumas certamente despertaram minha imaginação e geraram ideias. Hoje em dia está mais fácil do que nunca usar a câmera do seu celular como um diário visual, capturando o mundo ao seu redor – ou o que você vê ao deslizar a tela enquanto vai navegando pela internet – em uma fração de segundo. A tecnologia existe, então por que não aproveitá-la ao máximo? Seu diário visual, seja físico ou digital, pode ser tão organizado ou bagunçado quanto você quiser, desde que você consiga acessar a inspiração quando necessário. Eu sou um pouco obsessivo, então organizei pastas para natureza, arquitetura, *branding* e imagens, citações inspiradoras, design de produtos e novas tecnologias.

Passe dever de casa a si mesmo

Aonde você pode ir, o que você pode ver e quem você pode encontrar? Essas são as perguntas a serem feitas antes de você embarcar em uma viagem de trabalho ou pessoal. Faça anotações e crie um plano. No começo pode até parecer dever de casa, mas com o tempo se torna algo automático. Sempre que viajava para alguma outra cidade, fosse Tóquio ou Tacoma, eu criava um plano para expandir a mente e encontrar inspiração – supondo que eu tivesse algum tempo livre para fazer isso.

Até mesmo quando viajamos em família nas férias, faço questão de encontrar algum exemplo de arquitetura moderna que tenha relevância histórica e depois arrasto todo mundo para vê-lo. Meus familiares fazem a minha vontade, mas também sinto que apreciam as construções inovadoras e os arquitetos visionários e revolucionários por trás delas.

Compartilhe a riqueza

Toda vez que um membro da minha equipe viajava para um projeto relacionado ao trabalho, eu pedia que, ao voltar, compartilhasse conosco as coisas que viu, as pessoas com quem interagiu e o que vivenciou nas ruas. Eu chamava essas sessões de *Outside in*. Eu as via como oportunidades para toda a equipe se unir e obter uma dose de energia criativa (e talvez inspiração), partilhando as viagens de outras pessoas. Como não havíamos acompanhado o indivíduo na viagem, a apresentação servia como uma transferência de conhecimento, alimentando continuamente nossa curiosidade e expandindo nossos horizontes. Se alguém tivesse ido a uma palestra TED, obteríamos um download das cinco principais palestras. Se outro fosse à Consumer Electronics Show [exposição de eletrônicos de consumo] em Las Vegas, descobriríamos quais setores de negócios tiveram os maiores avanços em tecnologia. Não podíamos estar em todos os lugares ao mesmo tempo, mas, por meio da equipe, dava para ficar sabendo um bocado de coisas.

A curiosidade de Kobe

Se há uma pessoa com quem trabalhei ao longo dos anos que exemplificou essa busca constante por inspiração, que viveu um *éthos* de descoberta e curiosidade e compartilhou com outras pessoas o que havia aprendido ou descoberto, essa pessoa foi Kobe Bryant.

A curiosidade de Kobe era famosa entre outros jogadores profissionais de basquete. Ao relembrar como, ainda iniciante, ele teve a coragem de pedir conselhos a Michael Jordan, Kobe disse: "Você não pode aprender se não perguntar". Mas também houve uma história envolvendo Hakeem Olajuwon, pivô do Houston Rockets eleito para o Hall da Fama. Olajuwon era conhecido por trabalhar com os jogadores, ajudando-os a aprimorar suas habilidades, sobretudo no garrafão. Mais tarde, Kobe passou um dia inteiro com Olajuwon para aprender a jogada que era a marca registrada do ex-Rocket: o movimento Dream Shake.[23] Depois de uma partida em 2016, com a presença de Olajuwon na plateia, as câmeras flagraram Kobe apertando a mão de seu professor. Quando perguntado sobre isso na coletiva de imprensa pós-jogo, Kobe disse: "Quando eu era jovem, assisti a muitos jogos do Hakeem – eu o vi jogar muitas e muitas vezes. E depois poder vir aqui, e ele ter sido tão generoso ao me ceder seu tempo, e eu ter passado o dia inteiro na casa dele, aperfeiçoando meu trabalho com os pés, repassando cada detalhe no garrafão... eu só queria agradecer-lhe". Quanto a Olajuwon, quando perguntado sobre seus melhores alunos,

---

23. Movimento em que o jogador utilizava giros do corpo para fingir se aproximar da cesta duas vezes, antes de dar dois passos para trás e arremessar. (N. T.)

ele disse simplesmente: "Já trabalhei com muitos jogadores, mas quem realmente aproveitou foi Kobe Bryant".[24]

Ninguém nunca é velho demais – ou bom demais – para parar de aprender.

Quanto ao meu próprio momento de "curiosidade" com Kobe, foi durante nossa reunião anual de negócios e marca, em que ele não conseguia parar de falar sobre a novidade que havia encontrado. Sua paixão por essa inovação era evidente, mas ele não nos contava o que era. Ele nos deixou esperando, até que convidou para entrar na sala um dos inovadores por trás do tal "algo especial", que o ajudaria a fazer uma apresentação para todos nós. O que deixou Kobe tão empolgado era a "realidade aumentada", uma experiência interativa em que um objeto do mundo real é aprimorado ao ser observado por meio de um dispositivo, como um smartphone, que revela informações e gráficos úteis e inspiradores. Hoje em dia o conceito de RA é implantado em todos os lugares, sobretudo em telefones celulares, e a Nike há muito inclui a tecnologia em seu kit de ferramentas de marketing. Mas, naquela época, a maior parte da indústria não tinha nem sequer ideia do que era RA, nem como poderíamos usá-la em nosso próprio trabalho.

Mas lá estava um jogador de basquete, cinco vezes campeão da NBA, dando a todos nós uma lição sobre uma tecnologia recentíssima que estava prestes a adicionar uma nova e empolgante dimensão à experiência do consumidor. Kobe chegou até mesmo a fazer uma demonstração da tecnologia, segurando o celular na frente do próprio tênis, que fez as vezes de um comutador, para exibir um mundo de informações e imagens. Isso não estava em nossa agenda do dia, nem fazia parte do trabalho de

---

24. https://rocketswire.usatoday.com/2020/01/29/hakeem-olajuwon-said-kobe-bryant-was-his-best-low-post-student/.

Kobe com a Nike. Era simplesmente Kobe, um homem cuja capacidade de curiosidade e obsessão pela descoberta servia de fonte de inspiração (e admiração) para todas as pessoas que trabalharam com ele.

Saindo de mim mesmo

Lidere pelo exemplo. Pratique o que você prega. Bem, aqui vai. Em minha carreira, tive sorte por contar com oportunidades de impulsionar a inovação de marketing de marca. Desde os meus primeiros dias na equipe de design de imagem na Nike, quando era livre para criar minhas próprias ideias, até chegar a diretor-executivo de marketing e apostar todas as fichas em impulsionar rumo ao futuro as narrativas e experiências de marca. A inovação é, pode-se dizer, uma das minhas paixões. Eu adorava olhar para o horizonte e perguntar, junto com a minha equipe: "E se...?".

Mas durante o período em que atuei como diretor global de inovação eu realmente vivi um *estilo de vida* baseado na curiosidade que resultou em ideias inestimáveis que impulsionaram a inovação. E estou falando de *viver literalmente* nesse estilo. O que isso quer dizer? Bem, tive que me tornar minha própria cobaia e, vez por outra, talvez eu tenha ido longe demais. Sempre fui fascinado por inovações tecnológicas que se esforçam para melhorar o condicionamento físico das pessoas e torná-las mais saudáveis. Meu objetivo nesses autoexperimentos era encontrar as interseções entre o mundo do esporte e esses produtos – de que maneira fortaleciam o atleta? Diminuíam ou aumentavam as barreiras entre um atleta e seu esporte? Eu queria descobrir. A certa altura, estava usando quatro dessas inovações por dia até que, bem, extrapolei. Deixe-me explicar.

Começou de maneira bastante simples. Alguns anos atrás, a pulseira Whoop Strap chegou ao mercado e estava tendo uma boa repercussão entre os consumidores como um poderoso monitor de frequência cardíaca. Resolvi experimentar a versão mais antiga. Com o dispositivo, eu conseguia monitorar minha atividade, horas de sono e recuperação com uma quantidade de dados com a qual jamais poderia sonhar. Bastante fácil. Além disso, o uso desse rastreador de condicionamento físico levou a mudanças comportamentais, e eu alterava meu ritual diário a fim de melhorar minha pontuação e meu bem-estar geral. Fiquei obcecado.

Resolvi dar um passo adiante. Eu estava trabalhando no meu corpo, por que não na minha mente? Eu tinha ouvido falar do programa Neuropeak Pro, que melhora a função e o desempenho do cérebro por meio de treinamento mental. É comercializado especificamente para atletas, como uma forma de manter o foco sob intensa pressão. Decidi convidar o fundador da marca, o dr. Tim Royer, para falar em meu evento anual de inovação de marca. Na manhã de sua apresentação, ele chegou bem cedo, enquanto todos ainda estavam pegando café e comida. Tim fez questão de cumprimentar todos os presentes, a maioria preocupada com o café da manhã e ainda esfregando os olhos de sono. Ao iniciar sua palestra, Tim citou o nome de todo mundo, um por um. Eram vinte pessoas. "Que bruxaria é essa?", eu me perguntei. Para aqueles que, como eu, não são bons com nomes, foi um feito incrível. A plateia também ficou surpresa. Provavelmente foi a melhor publicidade que Tim poderia ter produzido para me convencer a experimentar o Neuropeak Pro.

Então, comecei o programa: algumas vezes por semana, eu conectava um visor futurista com sensores à minha cabeça, depois jogava no meu smartphone alguns jogos especificamente projetados para treinar minha mente a permanecer no momento durante situações estressantes. O dispositivo registrava pontuações e fornecia uma linha-base, que eu poderia tentar melhorar fazendo mais sessões. Eu já estava cuidando da mente e do corpo, e depois?

Depois eu me voltei ao Flow, da Plume Labs, um dispositivo que se prende a uma mochila ou bolsa que se conecta ao seu celular e mede a qualidade do ar ao seu redor. A ideia é que o Flow permita ao usuário planejar suas viagens – caminhadas, ciclismo, passeios de carro – seguindo uma rota com a menor poluição do ar, o que resulta em pulmões mais saudáveis. O Flow realmente abriu meus olhos para a maneira como o ar "se move" em um ambiente urbano e muitas vezes se acumula em locais específicos. Comecei a ficar obcecado com minhas rotas de viagem para não passar por bolsões de ar impuros.

Por fim, decidi usar o Skydio, drone autônomo que grava em vídeo a rota percorrida. O drone é sincronizado com o celular do usuário, que funciona como uma espécie de transmissor de localização. Aonde quer que você vá, o drone também vai, filmando todo o caminho. Pense nisso como uma câmera GoPro aérea. Comecei a usar o drone para me acompanhar e me filmar enquanto corria e logo descobri que, quanto mais rápido eu corria, melhor a filmagem funcionava. Bem, concluí que estava velho demais para isso. Comecei então a usar o drone Skydio para me seguir no mountain bike. Durante uma sessão de pedalada, me distraí um pouco, olhando para o drone e não para o caminho à minha frente. Em dado momento, meu pneu dianteiro atingiu um obstáculo e voei por cima do guidom, aterrissando de ombro. Sim, tudo isso foi captado pela câmera do drone. E, sim, postei no Instagram. Mas foi o fim. No entanto, apesar do meu próprio momento de erro do usuário com o Skydio, percebi o tremendo potencial que o produto tinha como ferramenta para a criação de conteúdo de vídeos de atletas, sejam eles corredores, ciclistas ou esquiadores, de maneiras nunca vistas antes.

Compartilho essas experiências com os leitores como uma forma de ilustrar o papel que a paixão e a curiosidade desempenham na inovação. Todo o mantra de "Saia de si mesmo" às vezes significa experimentar por conta própria novos produtos e sentir na pele as experiências. A ideia é ver se de alguma forma essas inovações se entrecruzam com o que você e sua equipe estão fazendo. Às vezes sim, às vezes não. Mas você não sabe até sair de si mesmo e tentar. Para mim, somente depois de testar essas inovações é que pude apreciar seu valor para o consumidor e ver de que maneira capacitam uma pessoa a melhorar sua própria vida. A ideia de posicionar um produto como uma ferramenta de empoderamento – não como a geringonça mais recente acionada pela melhor tecnologia disponível – sempre formou o cerne de como encarei o marketing de produtos e marcas. Compartilho esses produtos também porque foram criados com um enfoque de arte e ciência. São experiências físicas impulsionadas por plataformas e capacidades digitais. Para usar esses produtos, você deve primeiro viver a vida. O futuro é humano; simplesmente acontece de receber uma ajudinha da tecnologia alimentada por seus dados pessoais.

A "vantagem da visão"

Quando o Treinador K conversou conosco naquele dia na sede da Nike, ele enfatizou duas coisas: já de saída, afirmou que os profissionais de marketing de marca veem coisas que os outros não veem. Em segundo lugar, disse que essa "vantagem da visão" é o que nos diferencia da concorrência. Usando as palavras do Treinador K como minha própria inspiração, passei a acreditar que a razão pela qual nós, enquanto líderes de criação e gestão de marca, somos capazes de enxergar coisas que os outros não veem é porque valorizamos as características gêmeas de empatia e curiosidade. A empatia nos permite ver o mundo da perspectiva de outra pessoa. Somos capazes de sair de nossas próprias experiências limitantes e encampar a visão através dos olhos de outra pessoa. Isso nos fornece uma percepção que, de outra forma, talvez deixássemos passar despercebida, e são esses insights que impulsionam nossas soluções.

Mas a empatia por si só não é suficiente para manter essa "vantagem da visão". Devemos constantemente nos colocar em posições para ver algo que nunca vimos antes. Este é o propósito da curiosidade: a vontade e a disposição de perguntar o que está além do horizonte de nossa visão estreita. Em vez de imaginarmos o que existe lá fora, devemos procurar de maneira ativa. Devemos nos colocar em situações novas, por vezes desconfortáveis, como forma de ampliar nosso conhecimento e buscar inspiração em lugares improváveis. A amplitude dos exercícios e atividades que minha equipe e eu realizamos era tão importante quanto as coisas que efetivamente produzimos. Não estou dizendo que você também tem que convidar um caçador de Pé-grande para falar com sua equipe. Mas estou dizendo que você deve procurar esses momentos excêntricos e desvairados para despertar em sua equipe um senso de admiração.

Somos rodeados de arte e histórias, que são a força vital da nossa existência neste planeta. Elas existem em todos os cantos do mundo, contanto que tenhamos curiosidade suficiente para procurá-las. E, quando as encontramos, talvez também possamos usá-las para inspirar nossas próprias histórias e nossa própria arte.

PRINCÍPIOS PARA A CRIATIVIDADE SER UM ESPORTE COLETIVO

1. Monte a equipe criativa dos sonhos
Acolha os sonhadores. Capacite as vozes mais baixas a falarem mais alto. Deixe a diversidade ser o oxigênio que dá vida à busca criativa.

2. Saia de si mesmo
A complacência é inimiga da criatividade. Não espere a inspiração chegar até você. Faça um plano para sair e encontrá-la. Aonde você pode ir, o que você pode ver e quem você pode encontrar? Desperte sua imaginação trazendo o mundo exterior para dentro do seu.

3. Veja o que os outros veem, encontre o que os outros não veem
A empatia é o que transforma boas marcas em marcas excelentes. Use sua visão mais ampla para adquirir uma compreensão mais abrangente do mundo e das pessoas além de sua experiência. Por meio dessa "vantagem da visão", você descobrirá insights mais profundos que os que vê diretamente na sua frente.

4. Permita que a espontaneidade revele a oportunidade
Você não consegue planejar seu caminho para todos os avanços criativos. A rigidez pode sufocar a criatividade. Permita que a estrutura de sua equipe faça desabrochar momentos de autoexpressão.

5. O talento dá o pontapé inicial do jogo, a química vence o jogo
Passe a bola. Crie uma cultura na qual tanto as pessoas que usam mais o hemisfério direito do cérebro quanto as pessoas que usam mais o lado esquerdo multipliquem as habilidades umas das outras. Promova uma colaboração criativa radical entre as mentes, habilidades e sonhos.

3 > NUNCA JOGUE COM CAUTELA, JOGUE PARA GANHAR

A filmagem de um chute de bicicleta do jogador de futebol sueco Zlatan Ibrahimović é pausada no meio do ataque, enquanto um homem de paletó (com malha de gola rulê, nada menos) caminha no palco. Ele aponta para a imagem suspensa de Ibrahimović no ar e diz em um tom de voz que respinga arrogância: "Setenta e seis por cento de probabilidade de errar o alvo. Irresponsável". O público invisível ri.

    O homem continua como se estivesse dando uma palestra TED, a tela atrás dele exibindo imagens dos maiores jogadores de futebol do mundo, como o português Cristiano Ronaldo, o próprio Ibrahimović e o inglês Wayne Rooney: "Até mesmo os maiores jogadores do momento cometem erros. Eles arriscam demais! Afinal, eles são apenas... humanos". O homem faz uma breve pausa enquanto a palavra "humano" paira no ar, permitindo que o público aprecie toda a fragilidade e o potencial de fracasso dessas criaturas. "Mas e se não fossem?"

Assim começa a épica animação *O último jogo*,[25] de 2014, da Nike, criada em parceria com a agência de publicidade Wieden+ Kennedy e a produtora Passion Pictures, e que levou mais de um ano para ser concluída. "O último jogo" foi não somente a mais longa de todas as produções de comunicação de marca na história da Nike como também o comercial mais longo da Nike até então, com tempo de duração ultrapassando a casa dos cinco minutos.

O filme conta a história dos maiores jogadores do mundo em uma missão para salvar o futebol das mãos do Cientista, um gênio do mal, e seus Clones. "O futuro do futebol!", o Cientista vilão anuncia. "Tomadas de decisão impecáveis. Resultados garantidos. É isso o que o povo quer." Os Clones foram programados para eliminar do jogo toda possibilidade de risco e substituir toda probabilidade de insucesso pela eficiência implacável. A princípio, os Clones vencem de goleada.

À medida que o filme avança, mostrando cenas rápidas dos Clones desmantelando time a time, a multidão vai lentamente desaparecendo dos estádios, até que o último torcedor se levanta da arquibancada, desgostoso, e sai do estádio. Numa tela de TV mostra-se o Cientista conversando com uma repórter e apresentando seu plano de fazer com o basquete o mesmo que fez com o futebol e criar o clone do "LeBron perfeito". A jornalista pergunta o que aconteceu com os jogadores originais, ao que o Cientista responde: "Quem se importa?".

Então vemos a lenda brasileira Ronaldo Fenômeno reunir os "originais", como Cristiano Ronaldo, Rooney e Ibrahimović – que a essa altura já estão trabalhando em outros empregos – para "salvar o futebol".

"Lembrem-se do que faz vocês serem grandes, os melhores", o Fenômeno argumenta. "Vocês não têm medo de arriscar!

---

25. "The Last Game", no original em inglês. (N. T.)

Vocês jogam como se fosse um jogo; eles [os Clones] jogam como se fosse um trabalho. Vocês arriscam tudo... pra vencer! Não há risco maior do que jogar sem arriscar."

Com um elenco emocionante, os "originais" desafiam os Clones para uma partida de morte súbita (quem marcar o gol primeiro ganha), em que o vencedor leva tudo. No dia do jogo, o estádio está mais uma vez lotado – até um astronauta numa caminhada espacial está assistindo com um iPad – e a partida começa...

Uma cultura de correr riscos

O último jogo foi o terceiro dos três filmes da campanha "Arrisque tudo"[26] da Nike, lançada para coincidir com a Copa do Mundo de 2014. Foi um momento decisivo para a Nike e uma oportunidade de se tornar a marca número 1 nos negócios globais do futebol. O momento era propício para um esforço arriscado e total com o intuito de assumir a liderança. A fim de concretizar nosso objetivo de domínio da marca de futebol, precisávamos de mais do que apenas uma campanha global; precisávamos de uma experiência de entretenimento planetária que mudasse a forma como o consumidor interagia com a Nike durante a Copa do Mundo. Era um plano extremamente ambicioso, mas sabíamos o que estava em jogo. Para a campanha "Arrisque tudo", a Nike teve que viver essas palavras ao pé da letra.

Não que fosse um território novo para a Nike. Tive a sorte de trabalhar para uma marca que entendia e cultivava o risco em tudo o que fazia. Especialmente à medida que a Nike crescia e se expandia para novos mercados – por exemplo, o futebol

---

26. "Risk Everything", no original em inglês. (N. T.)

internacional –, a cultura de correr riscos cresceu junto com ela. Essa continuação de um *éthos* que fazia parte da marca desde os primeiros dias é provavelmente uma das coisas mais extraordinárias em relação ao sucesso da Nike. Muitas marcas estabelecidas podem começar com ações ousadas e experimentais, mas, assim que atingem certo ápice, passam da estratégia ofensiva para a defesa. Quando uma marca atinge determinado grau de domínio em um mercado específico, pode entrar em cena certo receio, conforme o foco da preocupação muda da conquista para a proteção. Correr riscos de repente se torna... muito arriscado.

O desafio, seja uma marca antiga ou recente, é: de que maneira se pode, primeiro, estabelecer uma cultura de correr riscos criativos e, depois, protegê-la das forças naturais que tentam destruí-la? Dentro de uma organização ou empresa, sempre haverá aqueles que são a voz da razão, os que tentam manter os sonhadores confinados dentro de grades de proteção. É bom contar com essas vozes, e não quero sugerir que, para manter uma estratégia criativa ofensiva, uma marca deva abrir mão de toda espécie de cautela. Mas uma marca pode permanecer fiel a seu propósito e voz e, ao mesmo tempo, incentivar os sonhadores a criar novas maneiras de chegar aos consumidores. Uma cultura de correr riscos se resume ao incentivo. Uma organização recompensa ativamente as ideias ousadas? A equipe de liderança reserva tempo para ouvir essas ideias? Se uma ideia não convencional não funciona, os criadores são estimulados a tentar novamente? Em suma, o modo como uma marca lida com novas ideias e as incorpora a seu processo de negócios diz muito sobre se essa marca incentiva a estratégia de correr riscos.

Também quero deixar bem claro o que quero dizer com "correr riscos" ou mesmo "jogar para ganhar". Muitas vezes, os termos são usados de maneira vaga para representar algum nível de ruptura. Quer se trate de inovações de produto ou de marketing, "ruptura" é o termo genérico para o que você está tentando realizar. E, com certeza, é mesmo. Mas podemos fazer melhor que isso. Simplificando, o objetivo de correr riscos no marketing é criar uma nova maneira de se envolver com os consumidores. Você está tentando chegar até eles em um nível que nunca foi feito antes, mas, assim que isso acontece, muda o jogo para sempre (e muitas vezes abre novas oportunidades de lucro). Alguns chamam isso de ruptura ou "disrupção"; eu chamo de inovação.

Tive a sorte de fazer parte de uma cultura que promovia a ideia de correr riscos em todos os níveis, começando com inovações não digitais de tecnologia muito baixa e percorrendo um longo caminho até chegar à revolução digital. Tive a oportunidade de estar presente na Nike durante esses anos de transformação, que incluíram animação por captura de movimento, lançamento de diversos aplicativos e uma estratégia de mídia social que aproximou os consumidores da marca. Contudo, independentemente da tecnologia que a Nike empregava, cada passo nessa jornada criativa começava com uma conversa entre uma pequena equipe de pessoas criativas que tinham permissão para sonhar grande e fazer a pergunta: "E se...?".

Mantenha-se móvel e ágil

Jason Cohn, meu colaborador criativo, não estava nada ansioso pela jornada que tinha pela frente. Ele teve que ir de Beaverton, no Oregon, até Sarasota, na Flórida, dirigindo uma velha perua de carga Ford 1981 para trabalhar no treinamento de primavera do time de beisebol Chicago White Sox. Eram meados da década de 1990, e o Sox tinha um novo jogador em seu elenco: Michael Jordan. Foi uma época emocionante para o beisebol, e a

Nike estaria lá. No entanto, para Jason não foi nada empolgante a viagem de carro de sessenta horas, percorrendo o país de costa a costa com um colega de trabalho numa perua apelidada de "Fedorenta", porque já havia sido usada para transportar lixo. Sem ar-condicionado, um rádio AM/FM que funcionava muito mal e um odor desagradável que impregnava o interior do veículo, a Fedorenta estava longe de ser o tipo de carro que se esperaria ver em um evento da Nike. Mas, quando Jason finalmente chegou ao campo, ele abriu as portas e começou a se misturar à multidão de torcedores que se apinharam para assistir ao treinamento do White Sox em contingentes nunca antes vistos – principalmente por causa de Michael Jordan.

Relembrando a viagem quase vinte anos depois, Jason me disse: "Vendemos milhares de dólares de produtos em trinta dias, o que também significou que criamos milhares de momentos de interação direta com as pessoas no campo de jogo. E é *esse* tipo de marketing que é inestimável para uma marca. Chegamos até à revista *Sports Illustrated*!".

A Fedorenta foi o carro-chefe da "SWAT" – ou Equipe de Ataque do Mundo de Esportes, na sigla em inglês –, uma parte de nossos esforços de marketing de eventos da Nike que lançamos no início dos anos 1990. Jason e eu integramos a equipe que desenvolveu a ideia para a Copa do Mundo de 1994. Nesse ano o evento esportivo mais popular do mundo seria realizado pela primeira vez nos Estados Unidos, com partidas em nove cidades diferentes. Alguns anos antes, eu tinha me oferecido (ou tinha sido escolhido) para chefiar os esforços de design de imagens de futebol da Nike, que na época eram tão discretos que beiravam o anonimato. A Nike ainda não havia se empenhado totalmente no mercado internacional de futebol, e dava para ver que seu envolvimento era mínimo. Para a Copa do Mundo de 1994, recebemos um orçamento de 10 mil dólares, um valor baixo mesmo para os padrões de 1994. Jason e eu nos perguntávamos como a marca poderia ter a expectativa de engajar consumidores em todo o país por um mês inteiro com esse orçamento irrisório. Mas na verdade a falta de recursos provou ser o combustível criativo de que precisávamos.

Nossa resposta foi um veículo parecido com o furgão que meus pais me emprestaram para o estágio da Nike. Em vez de comprar uma perua usada, o chefe do departamento disse que tinha uma velha perua de carga da Ford no estacionamento juntando poeira. Foi assim que a Fedorenta se uniu à equipe. A primeira tarefa prioritária foi incrementar o nível do veículo. Para tanto, pintamos a lataria de preto e decoramos o capô com um Swoosh cromado personalizado. Pintamos as laterais com um novo logotipo da Nike Futebol e convertemos o interior para que, quando aberta, a perua se tornasse uma vitrine de produtos, com banners do nosso rol de atletas patrocinados como pano de fundo. Como gastamos os 10 mil dólares iniciais na reforma da Fedorenta, não tínhamos dinheiro extra disponível para pagar alguém para dirigir a perua, então Jason foi incumbido da indesejável tarefa de pilotá-la pelo país naquele verão quente. Embora não fôssemos patrocinadores oficiais desses eventos, íamos para a porta dos estádios, na surdina, com a missão de evangelizar as pessoas e difundir a marca de futebol da Nike. Enquanto os patrocinadores gastaram bem mais de 10 mil dólares em sinalização, palcos, painéis, outdoors, bufê e sei lá mais o quê, nós marcamos presença em todos os locais de jogos, conversando cara a cara com os torcedores. A premissa toda era servir como a experiência "antigrandes eventos" – a experiência voltada para as pessoas.

Queríamos nos aproximar do consumidor, remover a barreira que tantas vezes separava a marca das pessoas que tínhamos que alcançar. Era como se estivéssemos mostrando um comercial, mas ao mesmo tempo coletando o feedback vital (e as boas ideias) dos consumidores. Mas – e aqui está a chave – o consumidor não tinha a sensação de que estava assistindo a um comercial, tampouco achava que fazia parte de algum enfadonho grupo de foco.

À medida que a Grande Turnê da Fedorenta se desenrolava, rapidamente percebemos que, recorrendo à mobilidade e fincando o pé onde a energia estava, nós poderíamos, como marca, ser quase onipresentes. Em seguida, expandimos além da Copa do Mundo para incluir outros esportes, como beisebol e basquete. Poderíamos trabalhar em vários bairros, visitando lojas, varejistas e eventos esportivos locais. Todos os dias poderiam ser diferentes... Um dia, poderíamos visitar uma unidade local do Clube Boys & Girls; no dia seguinte, levaríamos um atleta da Nike para uma clínica; e, no outro, disputaríamos desafios de basquete de rua no parque local. Quem vencesse a nossa dupla ganharia um par de tênis da linha Nike Basquete!

Jason e eu nos reuníamos semanalmente para um jantar de brainstorming no Café Vista Springs, em Portland. A regra era começar pela sobremesa e fazer o nosso trabalho, depois passar para o jantar propriamente dito. Devorando sundaes, rabiscávamos ideias em guardanapos, passando-as de um para o outro. Fosse qual fosse o lugar onde realizávamos essas sessões de apresentação de soluções criativas, o brainstorming sempre começava com uma pergunta simples: "E se?".

Foi assim que demos vida ao programa que viria a ser formalizado sob o nome SWAT. Que época incrível para o pessoal da equipe criativa! Nosso orçamento quase inexistente nos obrigava a cogitar as ideias mais inusitadas. Felizmente, recebíamos sinal verde em quase todas as nossas iniciativas criativas.

Em alguns eventos nos quais aparecemos com a Fedorenta, os consumidores locais pensavam que a Nike era o patrocinador oficial só porque éramos os caras falando com eles. Enquanto as marcas com uma parceria oficial com o evento simplesmente estampavam seu logotipo em tudo – de placas e painéis nas laterais das quadras e campos a xícaras de café –, empregávamos nosso tempo e nossos recursos interagindo diretamente com as pessoas.

Ao longo dos dois anos seguintes, a frota de veículos da SWAT cresceu e passou a incluir, além da Fedorenta, um Fusca – modificado e adornado para parecer uma bola de beisebol, com uma luva de beisebol gigante como assento –, uma perua Kombi para eventos de esportes de aventura ao ar livre e, finalmente, um par de Humvees pretos. Cheguei até a apresentar a ideia de um dirigível e um trem, mas a equipe foi contra, já que isso era o oposto da discrição. Velocidade e agilidade eram a verdadeira vantagem da SWAT, pois buscávamos conquistar os corações e mentes dos consumidores em eventos esportivos por meio de nossos esforços de marketing ambulante. Não se tratava de gerar lucro; era uma maneira pessoal de interagir com as pessoas que, assim como nós, amavam esportes.

Uma vez que nossos primeiros esforços com a Fedorenta foram realizados quase sem orçamento, você poderia argumentar que a coisa toda não foi tão arriscada assim. Se Jason e eu fracassássemos, tudo bem. Pelo menos a Nike não perderia milhões de dólares. Mas há o outro lado do risco: deixar sua equipe correr riscos. Não apenas isso, mas dar à sua equipe espaço e liberdade para improvisar. Nem tudo precisa ser orquestrado, gerenciado ou discutido à exaustão em grupos de foco para alcançar a máxima eficácia da mensagem. Uma produção burilada e meticulosamente ensaiada tem seu lugar, porque você vai em frente sabendo que atingirá as emoções desejadas. Mas algumas das minhas melhores lembranças na Nike vieram de nossos esforços de marketing em campo, em que eu podia fazer meu trabalho cara a cara com o consumidor. Geralmente existe um muro entre as pessoas que compõem a marca e as pessoas que a marca está tentando alcançar. Quase nunca apertamos as mãos. Nossas interações se dão por meio de uma tela, ou de um painel ou outdoor, ou por meio de um embaixador da marca, como um atleta, por exemplo. E, no entanto, os momentos que tive com os consumidores foram momentos humanos verdadeiros. Nós – Jason, eu e todos os outros que vieram para a SWAT – éramos a marca; nós éramos a Nike.

O programa SWAT da Nike não foi o primeiro esforço de marketing de base que a marca fez (Phil Knight já punha isso em prática nos primeiros tempos da empresa), nem foi o único. Mas a história de sua criação, uma história da qual fiz parte, continua sendo aquela em que correr um risco levou a uma inovação de marketing. Enquanto os concorrentes tentavam se superar uns aos outros ostentando extravagantes campanhas corporativas, demos um passo para trás e fizemos o oposto. Na tentativa de nos aproximarmos do consumidor, promovemos uma forma inovadora de a Nike viver seu lema de "atletas servindo atletas". Vimos que mobilidade e agilidade eram as chaves para atender os consumidores onde eles estavam e trazê-los para perto de quem éramos.

Concebendo uma revolução no varejo

As luzes se apagam e as pessoas viram a cabeça para olhar. Os clientes da loja veem descer do teto do enorme átrio de cinco andares um telão que cobre uma parede inteira, feito uma tela de cinema. As compras são imediatamente interrompidas quando a tela se acende para exibir um filme da Nike. Talvez seja um filme sobre um dos maiores atletas do planeta. Talvez seja sobre todos nós. De qualquer forma, o filme fala diretamente com o atleta, com a pessoa dentro da loja. Por que as pessoas estão ali? O que as fez entrar por aquelas portas da Quinta Avenida em Nova York? Foi apenas para comprar pares de tênis novos e lustrosos? Não, o filme faz questão de lembrá-las: elas estão ali porque são atletas. O curta-metragem termina, as luzes se acendem e a tela sobe os cinco andares. Há um momento de silêncio enquanto os consumidores – os atletas – digerem o que acabaram de ver, aplaudem em uníssono, e o gigantesco relógio – semelhante ao que se vê no placar de uma moderna arena – começa a contagem regressiva para o filme seguinte. Agora as compras continuam, e os calçados que as pessoas estão experimentando ou a camiseta esportiva que estão segurando nas mãos parecem diferentes. Não são apenas produtos; são as ferramentas que os ajudarão a acionar seu potencial como atletas.

Em 1996, a Nike decidiu mudar a experiência de compra no varejo, e eu fiz parte disso. O que se tornaria a megaloja Niketown NYC, na rua 57, perto da Quinta Avenida, foi fruto da imaginação de dois de meus primeiros mentores, Gordon Thompson e John Hoke. Gordon, na época o chefe da Nike Design, foi o idealizador da primeira Niketown em Portland. John era seu pupilo e um designer incrivelmente talentoso, dotado de uma imaginação dinâmica e uma capacidade de esboçar qualquer coisa. Juntos, tiveram a ideia do "navio na garrafa" para a loja carro-chefe de Nova York: o exterior dessa loja-conceito teria o aspecto de um antigo ginásio de esportes, ao passo que o interior seria uma visão inovadora do futuro do esporte. O velho e o novo.

A Niketown NYC não seria apenas uma loja; era um "teatro de varejo" em seu mais formidável estado, uma experiência de marca verdadeiramente épica como nenhuma outra. Fui encarregado de projetar muitos dos detalhes da temática do ginásio antigo, na fachada e no interior do edifício. Mas não nos limitaríamos a construir algo que parecesse um velho ginásio; não há nada de especialmente inovador nisso. Queríamos dar vida a esse ginásio de outrora; ele teria um passado, um lugar onde as marcas dos tênis dos jogadores haviam deixado manchas no piso da quadra. Até lhe demos uma designação própria de uma escola de Nova York da década de 1930: P.S. 6453 (a palavra "Nike" escrita no teclado do seu telefone).

É claro que qualquer coisa com esse grau de inovação apresenta novos desafios. Uma das primeiras dificuldades que enfrentamos foi encontrar a agência de design certa para transformar nossa visão em realidade. Havia um punhado de empresas que seriam capazes de criar a aparência de um antigo ginásio de esportes. Mas não queríamos apenas que o ginásio parecesse velho; queríamos que ele *transmitisse a sensação* de ser velho. Então, em vez disso, recorremos aos mestres da narrativa visual, a Broadway. Contratamos uma equipe de design de cenários de teatro para nos ajudar a criar o ginásio no estilo dos anos 1930 que teria o poder de contar uma história entre o antigo e o novo. Ao caminhar pela "antiga" fachada de tijolos, pelas arquibancadas de madeira que se dobravam parede adentro e em meio a uma visão do futuro do esporte, o consumidor sentia o contraste imediato, mas também a continuidade, uma época fluindo para a outra.

Mais do que isso, eu queria criar uma história ainda mais profunda para esse ginásio de esportes, uma história de fundo visual que incluísse a equipe real que um dia havia chamado essa quadra de casa. Escolhi os "Bowerman Knights" ("Cavaleiros Bowerman"), brincadeira em homenagem aos dois cofundadores da Nike: Phil Knight e Bill Bowerman, o lendário treinador de atletismo de Phil na Universidade do Oregon. Passei horas desenhando e renderizando os capacetes dos Cavaleiros, com base na mascote da equipe, que adornava a parte externa do prédio junto às palavras "Honra", "Coragem", "Vitória" e "Trabalho em Equipe", os valores inerentes aos esportes. A equipe de cenografia da Broadway ajudou a dar a autenticidade necessária. Por meio de uma extensa pesquisa sobre o período, vários artesãos – pintores, escultores e designers – foram capazes de recriar com realismo quase perfeito o passado. Por exemplo, trataram o couro utilizado em todo o ginásio para que parecesse ter décadas de desgaste. Cheguei a desenhar, como um presente para o próprio Phil na festa de lançamento da loja, uma jaqueta especial dos Knights, com as iniciais do time, que o melhor jogador da equipe teria usado na década de 1930.

No interior da loja, na proposta de ambiente futurista, também foi minha responsabilidade desenhar o andar dos esportes coletivos, incluindo um conjunto de estantes de troféus cujo exterior servia também como parede de exposição de calçados. Isso permitiria aos consumidores fazerem suas compras ao mesmo tempo que viam de perto provavelmente a maior coleção de troféus profissionais jamais reunida em um só lugar. Durante o fim de semana de abertura, exibimos numa única vitrine a Stanley Cup, o Troféu Vince Lombardi e o troféu da World Series[27] – a primeira vez na história que isso aconteceu. A Stanley Cup chegou com sua própria guarda armada, que sempre tinha que estar à vista do troféu. Os seguranças ficaram ao lado da estante de troféus durante todo o fim de semana inaugural, para o caso de alguém ter a terrível ideia de roubar a taça.

27. A Stanley Cup, disputada desde 1893, é o troféu dado à equipe vencedora da National Hockey League (NHL), principal liga de hóquei no gelo do mundo; o Troféu Vince Lombardi é entregue anualmente ao time vencedor do Super Bowl, o confronto que decide o campeão da NFL, principal liga de futebol americano profissional; a World Series é a série de play-offs que decidem o campeão da Major League Baseball (MLB). (N. T.)

Para levar as coisas um passo adiante, eu estava de olho em um troféu de um tipo diferente: Lil 'Penny, a marionete que o ator Chris Rock dublou nos comerciais da Nike com Penny Hardaway, armador do time de basquete Orlando Magic, em meados da década de 1990. Por intermédio de alguns contatos alternativos do escritório, consegui levar o boneco Lil' Penny para a Niketown NYC e criei uma exposição especial para ele ao lado das estantes de troféus. Mas o fantoche Lil' Penny não é Lil' Penny sem a voz que é sua marca registrada. O que significa que também projetei alto-falantes no expositor para que, quando os clientes passassem, ouvissem a voz de Chris Rock falando todo tipo de besteira. Não tenho certeza se os insultos foram apreciados, mas ver Lil' Penny ao vivo foi uma delícia.

Para cada grande ideia que chegou ao design final da loja, três outras ficaram pelo caminho. Para mim foi uma grande experiência de aprendizado no que diz respeito ao processo de inovação. Quando você realmente se esforça para romper barreiras e ser inovador, existe um "índice de sucesso de ideias" que se estabelece – meio que parecido com a média de rebatidas de um jogador de beisebol. Os compradores experimentaram os novíssimos dispositivos interativos de ajuste dos calçados nos pés por radiação infravermelha; viram de perto os "tubos de tênis", sistema de tubulação pneumática transparente que disparava tênis cinco andares acima do depósito até os clientes; e admiraram uma exposição especial com as sapatilhas douradas que o lendário corredor norte-americano Michael Johnson, campeão das arrancadas, usou em seus triunfos olímpicos.[28] Por trás de todos esses conceitos audaciosos havia literalmente centenas de outras ideias que

---

28. O primeiro competidor do mundo a vencer os 200 e 400 metros rasos nos mesmos Jogos Olímpicos, feito que Johnson alcançou em Atlanta em 1996. Foi detentor do recorde mundial dos 200 metros

nunca chegaram a ser concretizadas. Se você só se sentia confortável trabalhando em projetos que tinham 100% de completude, então a Nike não era um lugar para você. Você não poderia ter medo do fracasso. Porque não era fracasso. Era o preço da inovação. E, ao longo dos anos seguintes, eu aprenderia que quase todas as ideias, mesmo quando descartadas, aparecem e influenciam conceitos futuros, de maneiras pequenas ou grandes.

No final, a Niketown NYC foi um risco inerente, porque edifícios são permanentes, mas valeu a pena. Tínhamos a intenção de construir uma experiência de varejo que transformasse uma loja numa experiência completa para o consumidor, que abarcasse todos os sentidos e provocasse múltiplas respostas emocionais. Do ambiente de ginásio antigo às inovações tecnológicas no interior e à tela de cinco andares, toda a loja-conceito foi projetada para envolver o cliente em uma avalanche de emoções. Até mesmo a maneira como exibíamos os produtos fazia parte da experiência imersiva. Tênis com a tecnologia Air eram apresentados em uma parede de "ar". Nada era simplesmente colocado num rack ou numa prateleira uniforme. Em vez disso, havia um esforço consciente para projetar acessórios de varejo diretamente inspirados nos designs de produtos que estavam exibindo. Só de andar pela loja, os consumidores saberiam qual atleta usava qual tênis ou peça de vestuário e aprenderiam de que modo um pouco de tecnologia os capacitava a serem atletas melhores. A loja não era um museu no qual os consumidores liam sobre a história; era um lugar onde as pessoas mergulhavam dentro da história e recebiam as ferramentas para se tornarem, elas próprias, parte da história.

rasos entre 1996 e 2008 (a marca de 19,32 segundos foi superada somente em 2008 por Usain Bolt). (N. T.)

E o que conseguimos mostrar com essa inovação é que um espaço de varejo pode ser uma oportunidade incrível para contar a história de uma marca de forma brilhante, detalhada e imaginativa. Olhando para o cenário de hoje, com um setor de varejo físico que muitas vezes não tem diferenciação, é um desafio oferecer aos consumidores uma razão para saírem de seus ambientes digitais e entrarem em lojas físicas (desafio ainda maior por conta dos efeitos da covid-19). Um ponto de varejo físico deve ter um fator de distinção, uma razão de ser, além das compras tradicionais. A Niketown NYC – e suas muitas irmãs ao redor do mundo – eram destinos em si, lugares que as pessoas queriam visitar, mesmo que às vezes saíssem de lá sem comprar nada.

Trabalhando com o que você tem

Uma filmadora portátil – lembra delas? – flagra o astro do futebol do FC Barcelona, Ronaldinho Gaúcho, fazendo alguns exercícios de aquecimento antes do início do treino. Em seguida, um homem aparece trazendo uma maleta, dentro da qual há um par de chuteiras brancas e douradas da Nike novinhas em folha. Ronaldinho calça e amarra as chuteiras e volta correndo para o campo. A câmera o segue enquanto ele começa a fazer embaixadinhas e malabarismos com uma bola de futebol, o tipo de truque que os grandes jogadores fazem parecer fácil, mas que exige anos de prática. Com sua chuteira nova, Ronaldinho lança a bola no ar e depois, na meia-lua, chuta a bola na direção do gol, a cerca de trinta metros de distância. A bola acerta em cheio no travessão e depois volta para Ronaldinho, que a mata no peito, a equilibra com o corpo e faz mais malabarismos, antes de chutá-la contra o travessão, acertando com perfeição novamente. Sem cair no chão, a bola volta para Ronaldinho, que, depois de acertar mais duas vezes o travessão, brinca com ela antes de voltar para a linha lateral, até que a filmadora para de gravar. O espectador leva um segundo para perceber que, além de todas as outras coisas impossíveis a que acabou de assistir, em momento nenhum a bola tocou a grama.

No outono de 2005, com a nova temporada de futebol em andamento, a Nike planejava lançar uma linha exclusiva de chuteiras brancas e douradas para o Ronaldinho. O marketing coube ao então gerente de conteúdo europeu da Nike, Ean Lensch, baseado na Holanda. Ean teve um mês para criar e apresentar um conceito de lançamento para a nova chuteira, sem muito espaço para erros – ou extravagâncias.

Ean recebeu ordens para encontrar uma maneira "disruptiva" de criar alguma energia e chamar a atenção para a nova chuteira de Ronaldinho, para roubar um pouco a cena da nossa concorrência. Lembre-se de que isso aconteceu bem antes de o termo "inovação disruptiva" ser um conceito predominante no marketing. O orçamento com o qual Ean e sua equipe tiveram que trabalhar não foi especificado, mas presumia-se que não seria muito alto, e que eles precisariam ser engenhosos. Simplesmente não havia tempo e dinheiro suficientes para montar um conceito que estivesse à altura dos filmes bem produzidos, visualmente impressionantes e lindamente dirigidos pelos quais a Nike se tornou famosa. Mas, como meu empresário costumava dizer, citando a música da banda de rock AC/DC, "Dirty deeds, done dirt cheap" [trabalho sujo feito de forma barata]. Barato, sim, mas não havia nenhuma sujeira envolvida.

Trancada em seus escritórios na Holanda, a equipe de Ean acabou tendo a ideia de usar como tema central a brincadeira do travessão, em que, durante os treinos, os jogadores se posicionam a certa distância da grande área e se revezam tentando acertar a bola no travessão. O primeiro a atingir a trave que une as balizas laterais do gol vence. Não é uma façanha impossível, mas até mesmo os melhores jogadores de futebol do mundo podem precisar de algumas tentativas para conseguir. Certamente seria legal usar a brincadeira do travessão como um "momento uau" para o anúncio, mas isso nem de longe seria inovador. *E se* Ronaldinho acertasse duas vezes? Melhorou um pouco. Ainda assim, como a bola precisaria ser trazida de volta para Ronaldinho, seriam necessários muitos cortes e edições, e isso poderia matar a energia e a empolgação que Ean e a equipe queriam gerar. *E se* não houvesse montagem? *E se* fosse um único take, em que, após o primeiro chute, a bola *quica* no travessão e volta para Ronaldinho, o que lhe permite chutar outras vezes?

Agora, sim! Mas havia apenas um problema. A tomada única que a equipe tinha em mente não era exatamente *possível* no mundo físico. Em outras palavras, era até provável que Ronaldinho conseguisse acertar o travessão depois de algumas tentativas, mas fazer a bola voltar para ele no ar fora da área do goleiro era basicamente impossível. E refazer tudo de novo era apenas tornar a façanha impossível duas vezes. Mas todos adoraram a ideia e sabiam que renderia uma cena incrível... Então o que fazer? Bem, a primeira coisa que Ean fez foi convocar a agência digital parceira da Nike, a Framfab, que imediatamente viu o potencial da ideia e quis ajudar. A equipe da agência colocou na jogada um ótimo diretor e um ótimo profissional de efeitos visuais, que foram fundamentais para o sucesso das filmagens. Depois de acrescentados os efeitos, o filme parecia um momento espontâneo captado por uma câmera de mão.

O anúncio *Travessão*[29] foi um ponto de virada no compartilhamento de conteúdo e nas mídias sociais. O YouTube entrou

---

29. "Crossbar", no original em inglês. (N. T.)

no ar em fevereiro de 2005, mas ainda não havia se tornado a plataforma dominante de compartilhamento de conteúdo de vídeo. Isso ainda demoraria alguns anos. O conceito de "vídeo viral" ainda não existia, pelo menos não no que diz respeito ao marketing. Na época, a maior parte do conteúdo se espalhava por e-mail. Amigos compartilhavam fotos ou até mesmo sequências de e-mail que achavam interessantes. Mas, quando a Nike colocou *Travessão* no YouTube, o vídeo explodiu e se tornou o primeiro filme da marca a atingir 1 milhão de visualizações na história da jovem plataforma. Ora, alguém chegaria à marca de 1 milhão de visualizações mais cedo ou mais tarde, mas, para uma marca estabelecida como a Nike, com os recursos para comprar qualquer espaço publicitário que quisesse, lançar um filme no YouTube, cujo visual "amador" era um afastamento tão grande de sua produção cinematográfica normal, foi uma prova da cultura de correr riscos embutida no DNA da empresa. O filme não apenas inovou o uso de computação gráfica para os anunciantes mas também viu um enorme valor em um meio de conteúdo ainda não testado. Depois do filme *Travessão*, o mundo do marketing nunca mais foi o mesmo (e em dado momento o YouTube por fim acabou com o conteúdo publicitário de marcas não pago).

Adotamos um enfoque muito semelhante no vídeo viral de 2008 protagonizado por Kobe Bryant. Quando a cena se inicia, parece que Kobe acabou de configurar seu telefone com câmera para captar um pequeno momento: exibir seus novos tênis de basquete. Um amigo está com ele, rindo, mas pede a Kobe que não tente fazer o que ele está prestes a fazer. O espectador, é claro, não tem ideia do que está por vir (e isso é a chave nos dois diferentes vídeos virais). Kobe se posiciona de lado, de frente para a esquerda da cena, e então, OH, MEU DEUS! ISSO É UM CARRO? Em uma fração de segundo, Kobe decola e salta no exato instante em que um carro, um Aston Martin, acelera para passar debaixo dele. Aos gritos, Kobe comemora com o amigo a façanha, depois encara a câmera e diz: "É assim que se faz!".

Ambos os vídeos provocaram uma enxurrada de artigos e postagens na internet tentando responder à pergunta "Isso é real?", e não consigo pensar em nenhuma maneira melhor de avaliar o sucesso técnico (ou o grau de novidade) dos filmes. Claro que o objetivo não é enganar as pessoas para sempre; o objetivo é criar algo tão espetacular em termos visuais que, por apenas um único momento (ou dois), o espectador pense que o que acabou de ver é real. Eles batem na cabeça, dão risada, assistem de novo. Depois compartilham, e assim nasce uma maneira totalmente nova de distribuir conteúdo.

Pensar que *Travessão* surgiu porque Ean estava sem dinheiro e sem tempo deveria mostrar aos leitores que muitas vezes somos mais criativos quando nossos recursos são limitados. É isso o que temos em mãos; então, o que podemos fazer com esses recursos? Isso pode levar a um nível de inovação que talvez não consiga ofuscar os projetos de grande orçamento em termos de estilo ou talento, mas dá aos profissionais um incentivo para arriscar. E mais: como nenhum dos filmes seria lançado na mídia tradicional, os criadores foram estimulados a descobrir e entender o potencial de novos canais. Pense nisso como marketing digital de base no mundo da publicidade. *Travessão* atingiu os consumidores (tanto em conteúdo quanto em plataforma) em um nível que a maioria das marcas ainda nem sequer tinha levado em consideração. E, no entanto, depois disso, nenhuma marca poderia se dar ao luxo de ignorá-lo.

O poder da paixão

Você se lembra do seu quarto de infância? Você se lembra dos pôsteres que colava na parede, das fotos que cobriam sua escrivaninha, dos livros e objetos que enchiam as prateleiras? Entre no seu quarto agora, na sua imaginação, e pense no que você vê. Pense na sensação que você tinha quando pendurava na parede um pôster de seu atleta ou time favorito. Em que lugar do quarto você o colocava, e por quê? Pense no que essas imagens diziam sobre você e suas paixões. Ninguém teria qualquer dúvida sobre o que você amava. As imagens que forravam as paredes podem ter mudado ao longo dos anos, conforme uma paixão dava lugar a outra, mas projetar o quarto perfeito não é necessariamente algo em que um adolescente pensa. Em geral os adolescentes não levam em conta a composição de cores, não se importam se um pôster se sobrepuser a outro ou se uma imagem não combinar com a outra. O que movia você era a natureza eclética da apresentação; a sensação de estar sozinho em seu quarto e rodeado por imagens, recordações e ideias, e isso lhe dava alegria.

Em maio de 2007, a Nike abriu a primeira loja Foot Locker House of Hoops [Casa do Basquete da Foot Locker][30] na rua 125, no Harlem. Era uma verdadeira meca do basquete, onde se reuniam todas as marcas do portfólio da Nike – Nike Basquete, Jordan Brand e Converse –, que exibia o passado, o presente e o futuro do jogo. A vitrine da loja apresentava uma meia quadra de basquete. Os consumidores entravam pela porta da frente e caminhavam ao longo de um corredor onde estavam em exposição imagens de lendas do basquete nova-iorquino. Viravam uma

---

30. A Foot Locker Retail é a maior rede varejista de roupas e calçados esportivos dos EUA, com sede em Manhattan, Nova York, e filiais em 28 países. (N. T.)

esquina e deparavam com manequins realistas de LeBron e Kobe em tamanho real, incluindo as tatuagens, que foram retocadas por um artista. Um enorme mural de Patrick Ewing, ex-jogador do New York Knicks, composto de azulejos do metrô, decorava a parede. O papel de parede, em estilo vitoriano, mostrava complexos desenhos de elementos do jogo, e os tênis eram iluminados e exibidos em plataformas de madeira entalhada. Os visitantes podiam entrar na área da butique de calçados, onde se expunham tênis como se fossem troféus, colocados sobre pedestais de couro. A iluminação impactante lançava um brilho reverente sobre os painéis de madeira escura, enfatizando a ideia de que esses tênis são objetos sagrados. Todo o projeto foi um exercício de paixão e uma representação de um dos princípios criativos mais importantes: manter até mesmo os mínimos detalhes no mais alto padrão. A primeira House of Hoops foi apenas a primeira unidade do que, no decorrer dos três anos seguintes, se tornaria uma rede com mais de uma centena de destinos, incluindo filiais em outros países.

A origem desse conceito remonta a uma conversa que tive com Ray Butts, diretor criativo de basquete da Nike, cerca de um ano antes.

Nossa conversa era bastante simples na superfície. Estávamos discutindo a maneira como os jovens expressam seu amor pelo basquete nos ambientes em que vivem. Você entra no quarto de um adolescente e as paredes e prateleiras são decoradas com imagens, pôsteres, troféus e recordações que mostram sua paixão e contam as histórias favoritas sobre o jogo. De maneira geral, um adolescente não planeja a perfeição; ele segue uma intuição. Os adolescentes se deleitam no exercício da autoexpressão. Embora a ideia não precisasse ser unicamente sobre basquete, tanto Ray quanto eu estávamos nos inspirando em nossa própria infância, lembrando como usávamos nossos quartos como vitrines para exibir nossos jogadores e esportes favoritos.

Mas se é assim que os adolescentes escolhem celebrar o jogo, os produtos e jogadores que amam, então por que as lojas não representam o mesmo amor pelo jogo? As lojas de artigos esportivos, em sua maioria, estavam perdendo a rica cultura que cercava o basquete – muitas vezes tinham apenas fileiras de calçados em cima de mesas ou prateleiras, oferecendo muito pouco em termos de narrativa. Daí veio a sacada: e se o quarto do adolescente obcecado por basquete, com essa profundidade de narrativa, pudesse servir de inspiração para uma loja real? E se pegássemos essa mesma paixão e esse cuidado e criássemos um ambiente imersivo, com camadas de histórias e personagens? E se a loja fosse um tradicional apartamento geminado em Nova York, onde grande parte da cultura do basquete foi criada e cultivada por gerações de jogadores da cidade? A ideia começou a ganhar fôlego: do lado de fora, a loja teria o aspecto de apartamento, mas quem entrasse encontraria a expressão máxima da paixão pelo basquete.

A partir dessa ideia inicial, nossa intenção agora era criar uma jornada ilustrada de como seria a experiência do consumidor e colocá-la nas mãos dos líderes focados no crescimento do negócio do basquete. Nesse ponto do processo criativo eles veriam uma jornada que tinha a ver menos com precisão e mais com imaginação. Queríamos provocar no íntimo deles uma sensação de admiração, enquanto os conduzíamos virtualmente porta da frente adentro e pelos diferentes espaços. Embalamos nosso conceito e ideias em um conjunto de livros de apresentação embrulhados em camisas de times da NBA. Nosso objetivo era produzir um livro que fosse quase impossível de não pegar e começar a folhear – em pouco tempo alcançamos esse objetivo.

Um mês depois, Ray e eu estávamos diante do presidente da Nike e do CEO da Foot Locker. Recebemos permissão para falar e demos uma explicação pormenorizada do conceito à equipe, utilizando os livros como guias visuais. Durante nossa explicação, notei com um sorriso que nossa pequena plateia estava meio que *brigando* pelos livros, já que não havíamos criado exemplares em número suficiente para todos. Isso sempre foi um bom sinal, e prenunciou o sucesso que se seguiu a essa reunião.

Deixando de lado os livros conceituais deslumbrantes do ponto de vista gráfico, a velocidade com que Ray e eu passamos da ideia para a visualização foi fundamental para transformar o conceito de uma conversa em algo real. Quantas e quantas vezes você e sua equipe de trabalho se pegam conversando sobre uma ideia numa reunião, depois saem da sala e só voltam a falar dela um mês ou até um ano depois? "Ei, lembra daquela ideia que a gente discutiu? O que aconteceu com ela?" Geralmente isso acontece porque ninguém pegou a essência da conversa e a visualizou. Comparo isso à criação de um "pôster de filme da ideia". De que maneira é possível refinar a história, extrair o conceito, convertendo-a numa imagem singular que imediatamente leva o espectador para dentro da ideia? Meu mantra era: seja rápido e visual. Não perca tempo falando sobre uma ideia em inúmeras reuniões; use esse tempo para tornar a ideia realidade. Uma imagem da ideia ou deixará todo mundo empolgado, engajado e disposto a pôr a mão na massa – ou não. Talvez a imagem revele as questões difíceis, as falhas que precisam ser resolvidas antes de avançar. De qualquer forma, você cria uma imagem mais clara da ideia. Junto com isso, você também está adotando a velocidade como uma característica de seu processo criativo. Isso é crucial. De maneira geral, há algum desconforto natural em mostrar uma ideia em suas formas iniciais. A menos que o visual ou protótipo da ideia seja impecável (é o que se costuma pensar), não ousamos apresentá-lo. Pois eu digo: não deixe que a perfeição seja inimiga do progresso.

A House of Hoops funciona tanto no conceito quanto na prática porque é um caso evidente de paixão em exibição. Se a Niketown forneceu um teatro de varejo em grande escala, um banquete para os sentidos e uma jornada pelo mundo do esporte a partir das lentes de uma única marca, então a House of Hoops é uma história íntima de paixão e basquete, talvez pequena em escala, mas não menos grandiosa. Aqui, nada de ostensivos telões de cinco andares. Assim como a paixão de uma criança por seu esporte favorito ganha vida dentro do quarto dela, também ganhou vida a paixão que colocamos na vibração dessa meca do varejo para o basquete. Muitas vezes as marcas evitam demonstrações escancaradas de paixão, por serem coisas muito difíceis de operacionalizar. O espaço que poderia ser usado para uma experiência mais imersiva é preenchido com mais produtos. Assim, essa paixão inicial que alimenta uma nova ideia é eliminada à medida que surgem preocupações mais práticas. No entanto, neste caso, a paixão em exibição era contagiante, e ter uma quantidade menor de produtos, dando-lhes espaço para respirar, permitiu que o consumidor se conectasse melhor às histórias. Essa paixão levou a conversões das pessoas, impulsionando a marca e os negócios da Nike Basquete.

A paixão é uma emoção arriscada porque exige que revelemos muito de nós mesmos aos outros. Se você já se viu numa conversa com uma pessoa sobre *a paixão dela*, então sabe o que quero dizer. Você pode sentir: a pessoa se deixa levar. E quando ela finalmente para de falar, pode até ficar um pouco constrangida. Mas *isso* é bom. Mostre isso ao seu público. Impregne sua marca, suas histórias e seus espaços com paixão desenfreada. Comece a falar sobre o que você ama e nunca pare.

A House of Hoops é a história sobre como uma simples conversa levou a uma inovação de varejo de grande sucesso. Uma conversa levou a um brainstorming, que levou a um conceito, que levou a uma loja, que, em pouco tempo, cresceu para se tornar uma rede de mais de cem lojas em todo o mundo. O conceito inicial que Ray e eu propusemos permaneceu intacto durante todo o processo, desde o momento em que nós imaginamos o quarto de um adolescente obcecado por basquete como o supremo refúgio, passando pela apresentação para aqueles que tinham o poder de apoiar ou impedir a ideia, até o momento em que aquelas portas se abriram e os consumidores puderam entrar na quadra da paixão pelo basquete. Ao longo dessa jornada, a ideia pôde prosperar, porque continuamos avançando – e fomos autorizados a seguir em frente. *Essa* é uma cultura que incentiva a ousadia de correr riscos. É *assim* que você incendeia um setor de varejo que passou por períodos de estagnação e cria algo que se torna uma franquia global. Deixe a ideia viver e construir por meio dos processos internos. Deixe a ideia revigorar um mercado e edificar uma relação mais forte entre uma marca e os consumidores, e entre os consumidores e o jogo que eles amam.

O último jogo

"Quem marcar o gol primeiro ganha. Sem segunda chance."
Assim anuncia o locutor, e assim começa *O último jogo*, em que os Clones perfeitamente eficientes enfrentam seus desafiantes, os superastros originais, falhos e afeitos ao risco. A partida começa mal para os jogadores humanos, que são facilmente dominados pelos Clones, cujo trabalho de pés é impecável – os humanos não conseguem driblar as versões clonadas. O chute

de Ibrahimović no canto superior do gol dos Clones, uma pancada quase impossível de defender, é facilmente agarrada pelo goleiro. Um Ibrahimović abatido e perplexo levanta as mãos, com um olhar de descrença estampado no rosto. Os Clones rapidamente contra-atacam, lançando a bola para perto da grande área dos originais. O atacante Clone chuta e manda a bola por cima do goleiro, em direção ao gol indefeso... mas o astro e zagueiro brasileiro David Luiz, de alguma forma, consegue parar a bola a centímetros de entrar.

Agora é a vez dos originais. Com passes extraordinários, jogo de cintura, talentoso jogo de pés e alegria nas pernas, os jogadores humanos vão deslocando a bola em direção à rede dos Clones – mesmo quando o furioso Cientista libera mais Clones no campo (um movimento provavelmente ilegal que de alguma forma o árbitro não assinalou...). Cristiano Ronaldo se vê com a bola na entrada da área adversária, de frente para o goleiro Clone. Olha para o número de defensores entre ele e o gol. "Não, assim é muito fácil", ele diz. Mais defensores avançam. "Assim é bem melhor." Depois começa o Show do Cristiano Ronaldo, que baila e rodopia com a bola em meio ao labirinto de zagueiros. O craque português constrange os Clones com movimentos imaginativos até ficar sozinho com a bola na linha do gol. Ele sorri para os Clones e, por fim, marca um gol de calcanhar. A multidão explode. A imaginação humana e a disposição de correr riscos vencem.

O último jogo é uma produção ousada em vários níveis – e também é enganosamente simples. O filme é tão bem-feito e conta tão bem a história que é fácil deixar passar despercebido o nível de inovação de toda a produção. Depois que os diretores criativos da Wieden+Kennedy, Alberto Ponte e Ryan O'Rourke, criaram o enredo geral, iniciaram um processo diferente de tudo o que a equipe criativa já havia feito.

A primeira providência foi criar uma sala de redatores, com a presença de escritores de todos os tipos: escritores de diálogos, escritores de histórias e escritores de piadas. A primeira versão do roteiro chegava a quarenta e cinco minutos – o que são quarenta e quatro minutos a mais do que um comercial padrão. Poderia ter sido um sinal de que a história que queríamos contar era simplesmente longa demais para o veículo no qual queríamos contá-la. Algumas equipes poderiam ter matado a ideia ali mesmo por ser impraticável. Em vez disso, decidimos nos perguntar se a história ainda poderia ser contada em cinco minutos. Isso levou à nossa segunda decisão: não poderíamos lançar um filme desse tamanho como um comercial de televisão normal, então o que fazer? Mais uma vez: muitas marcas teriam decidido que o projeto não valia a pena. Se você não pode lançá-lo como um comercial normal, então por que lançá-lo?

Resposta: porque a história merecia ser contada. Porque não ficaríamos presos aos métodos tradicionais, uma vez que todo o conceito nada tinha de tradicional. Se você está tentando alcançar os consumidores de uma nova maneira, precisa estar disposto a abrir mão de como as coisas normalmente funcionam. Essa é a razão básica da coisa toda, e é muito assustador quando você está no meio disso e não sabe como vai acabar. De qualquer forma, a sala de roteiristas voltou a trabalhar a fim de reduzir o filme para cinco minutos sem comprometer a qualidade da história (embora eu sempre tenha me perguntado como o roteiro original teria se saído no formato de um curta-metragem).

A partir daí, a equipe trouxe para a jogada a Passion Pictures, a casa de animação que desenvolveu o mundo visual e a personalidade de cada jogador. Não tínhamos certeza de como deveria ser o visual da animação, exceto que não poderia se parecer com o que já tinha sido feito antes. Tinha que ser diferente, mas ao mesmo tempo agradável. Além disso, o estilo tinha que encontrar o equilíbrio certo entre algo divertido, mas não muito infantil.

Somando-se às dificuldades da animação estava a aprovação dos atletas – uma complicação típica para qualquer peça criativa da Nike. Os atletas apresentados em uma comunicação de marca têm o direito de recusar sua inclusão. Mas o problema com *O último jogo* foi que se tratou da primeira vez em que atletas como Cristiano Ronaldo e Ibrahimović – que estavam habituados a aprovar ou recusar o uso de sua imagem – se viam em formato de desenho animado. O que quero dizer é que deu algum trabalho convencê-los. Nas primeiras rodadas de design de personagens, fiquei preocupado quando vi as primeiras animações brutas. Com tanta coisa em jogo, comecei a realmente questionar se aquilo funcionaria.

Se fizer a animação com o aspecto muito realista, você começará a limitar a expressão artística do meio de comunicação. Então, precisávamos encontrar um equilíbrio. Não haveria filme se algum dos jogadores estivesse desconfortável com seu visual. Felizmente encontrou-se o meio-termo, e os animadores representaram os jogadores fiéis à forma esperada, ainda que um tanto "super-heroicos".

Essas animações não nos serviram bem apenas no filme em si. Nossa ideia era fornecer conteúdo em tempo real (ou tão real quanto a tecnologia e a resistência humana permitissem), de modo a responder aos eventos da própria Copa do Mundo. O problema era que, por causa de acordos de direitos autorais, não podíamos simplesmente pegar grandes momentos em campo e usar esses lances geniais como nossos. E os jogadores tampouco estavam disponíveis para filmagens mais tradicionais, que nos dariam material oficial para usar. Foi por essa razão que focamos nossos esforços inovadores na animação. A animação nos libertou de todos esses problemas – mesmo que tenha gerado vários problemas novos. Isso nunca havia sido feito, e não somente porque a tecnologia necessária era tão nova. Simplesmente havia o fato de que as seleções estavam espalhadas pelo país – não havia a proximidade que era primordial para fazer as coisas acontecerem.

A solução foi construir no centro de Portland um Centro de Comando Nike Futebol, um espaço para duzentos profissionais que abrigava, em um único local, redatores, diretores de arte e parceiros de agências, trabalhando lado a lado para entregar conteúdos com velocidade e agilidade. O Centro de Comando funcionou vinte e quatro horas por dia durante trinta dias seguidos, atendendo em 22 idiomas. Se Cristiano Ronaldo fizesse algo incrível no campo de jogo, a equipe tinha condições de criar rapidamente uma postagem nas redes sociais mostrando a versão de CR7 em animação e uma manchete que reforçava o mantra "Arrisque tudo". Ao todo, criamos mais de duzentas peças de conteúdo exclusivo em tempo real, distribuídas em plataformas digitais globais. Mais uma vez, isso nunca havia sido feito.

Parte da magia e do sucesso do Centro de Comando foi o próprio espaço em si. Em vez de apenas passar pelos canais normais e recorrer à equipe de instalações corporativas, em que se utiliza o estoque de móveis para reaproveitar um espaço existente, o Centro de Comando foi projetado para um propósito: cultivar o processo mais criativo e colaborativo possível. As obras de arte, a decoração, as frases nas paredes, a fotografia e a iluminação, tudo foi intencionalmente planejado, adaptado e supervisionado para entranhar a equipe na missão, inspirar e motivar a imaginação de todos. Quando você sente orgulho do espaço em que está – e estávamos orgulhosos –, você faz jus a ele. O próprio espaço era uma representação viva da empreitada.

No Centro de Comando prevalecia um sentimento de família. Feito raro, considerando que essas agências viviam competindo umas com as outras por negócios e reconhecimento. O chefe de mídia social da Nike na época, Musa Tariq, disse: "Comíamos juntos, assistíamos juntos aos jogos da Copa do Mundo e juntos construímos uma comunidade". Como não existia hierarquia e separação entre as agências, todas estavam no mesmo nível. No final, "Arrisque tudo" ficou maior que a Nike. O propósito superou a marca. Todos haviam comprado a ideia de entregar o primeiro ataque de marketing global em tempo real no maior palco do mundo. "A Nike nos deu permissão para sonhar", Musa disse. "E tínhamos as melhores pessoas do mundo para concretizar o sonho, todos sob o mesmo teto."

Zlatan Ibrahimović, um dos jogadores em destaque no filme, não foi para a Copa do Mundo porque a seleção sueca não se classificou. No entanto, a personalidade – *peculiar*, digamos – de Zlatan foi decisiva tanto para *O último jogo* quanto para nossos outros esforços de marketing. Tivemos que descobrir como trazer Ibrahimović para a experiência da campanha, mesmo com seu time fora do evento.

Felizmente, a mesma característica que fez de Ibrahimović um favorito dos fãs de futebol – ele é basicamente um falastrão ambulante – forneceu nossa resposta. Com sua propensão a falar na terceira pessoa e sua confiança ilimitada, Zlatan se tornaria o porta-voz não oficial do torneio. Quero dizer, eu me refiro a um jogador que certa vez declarou: "Sou tão perfeito que não consigo parar de rir quando penso a respeito". Você entendeu do que estou falando.

Para fazer isso, criamos o coração pulsante do Centro de Comando, que era um revolucionário estúdio de animação e de marionetes digitais. Um ator vestindo um traje de captura de movimentos e um marionetista digital que criava gestos faciais deram vida à versão cartunesca de Zlatan, e o toque final foi a animação por cima disso. Esse processo inovador permitiu que o atacante sueco respondesse às perguntas dos fãs na ferramenta Hangouts do Google,[31] enviadas pelas mídias sociais por meio da hashtag #AskZlatan [pergunte a Zlatan], com uma animação curta.

Para dar uma ideia de como eram esses bate-papos, quando o moderador perguntava ao Ibrahimović animado se ele conseguia ouvi-lo, o craque respondia: "Zlatan já podia te ouvir antes mesmo de você começar a falar".

Moderador: "Zlatan, temos aqui pessoas do mundo inteiro prontas para lhe fazer algumas perguntas".

Zlatan: "Que bom, porque Zlatan tem todas as respostas".

Além disso, o Ibrahimović animado em tempo real aparecia todas as noites no programa *SportsCenter* da ESPN em um segmento chamado "A jogada de risco do dia, segundo Zlatan Ibrahimović". Conseguimos ir do roteiro inicial à animação completa em menos de seis horas.

Quando todos esses elementos se combinaram – quase por milagre, considerando o grande número de partes móveis –, a campanha superou as expectativas. O filme em si foi um tremendo sucesso; os vídeos animados em tempo real respondendo aos eventos da Copa do Mundo deram aos consumidores algo que eles nunca haviam experimentado; e Ibrahimović provou mais uma vez por que era tão amado. O sucesso da campanha criou um novo padrão sobre como uma marca é capaz de oferecer uma experiência em nível global, mantendo-se relevante em âmbito local. Esse é o poder das revoluções.

Não apenas a Nike foi a marca mais vista da Copa do Mundo como também a campanha foi a mais vista da história da Nike. Podemos avaliar o impacto da campanha com apenas alguns

---

31. Plataforma gratuita de mensagens instantâneas e chat de vídeo, utilizada para fazer videoconferências ou enviar áudio ou texto. (N. T.)

números: mais de 400 milhões de visualizações dos três filmes da campanha "Arrisque tudo" em plataformas digitais, 23 milhões de pessoas engajadas com o conteúdo curtindo, retuitando ou comentando a campanha. E o filme *O último jogo* foi um dos vídeos mais compartilhados do Facebook de todos os tempos.

Nunca jogue com cautela, jogue para ganhar

Avanços de inovação raramente são criados com cautela. Seja no campo da ciência ou no marketing de marca, esses novos conceitos exigem correr riscos de maneira ousada, quase destemida. Não corremos riscos simplesmente porque queremos tentar algo novo. Corremos riscos porque queremos criar novos modos de pensamento, de comunicação, de engajamento. Corremos riscos porque o mundo nunca para de girar e as expectativas do consumidor nunca param de se expandir.

Mas a busca pela inovação da marca não deve ocorrer em detrimento das estratégias e processos bem gerenciados que aproximem a marca de seu consumidor. As marcas hoje têm uma capacidade extraordinária de interagir com seus consumidores em tempo real, tornando-os parte da história. Isso leva tempo – e consome recursos. O truque é encontrar o equilíbrio entre atender às necessidades dos consumidores nas mídias sociais e em outros canais digitais e, ao mesmo tempo, instigar a imaginação deles e expandir sua compreensão do que a marca pode alcançar. Se realmente acreditamos em uma abordagem que valoriza mais os relacionamentos do que as transações comerciais, isso significa que precisamos estar ao lado dos consumidores quando eles mais precisam de nós, ao mesmo tempo que abrimos a mente deles para novas aspirações. Para conseguir isso, é necessário alcançar um equilíbrio entre arte e ciência. Quando atuam em harmonia, arte e ciência – dados e imaginação – conduzem o resultado final e criam o sucesso.

É fácil ser engolido pelo ritmo de trabalho e acreditar que manter a constância já está de bom tamanho. Mas, enquanto marcas, nunca devemos nos esquecer de que uma de nossas principais tarefas é mexer com as emoções dos consumidores de maneira a aproximá-los de nós e nos aproximarmos deles. Permita que sua imaginação defina o ritmo do envolvimento do consumidor, junto com a tecnologia que impulsiona esse envolvimento. Faça isso de uma maneira que teste seus limites e exija que se corram riscos. Como disse certa vez o lendário diretor de arte em publicidade George Lois: "Você pode ser cauteloso ou pode ser criativo (mas não existe um único criativo que seja cauteloso)".

PRINCÍPIOS PARA JOGAR PARA GANHAR

1. Não peça permissão
A maneira mais rápida de sugar a imaginação da cultura da sua marca é exigir que a equipe peça permissão para usar a imaginação. Transforme o devaneio em um hábito diário, reservando tempo para isso.

2. Arrisque grandes tacadas
O jogador mediano da liga principal no Hall da Fama do Beisebol tem uma média de rebatidas de 0,301 na carreira, o que significa que eles ficam mais fora da base [são eliminados] do que na base, mas ainda assim são considerados os melhores de todos os tempos. Arrisque tacadas grandes e inovadoras. Até mesmo os fracassos levarão ao sucesso no futuro.

3. Faça o pôster de filme
O que é o pôster de filme da sua ideia? Como você pode contar sua história condensada numa imagem em um instante? Falar sobre uma ideia é algo limitado, vai apenas até certo ponto. Seja visual, o quanto antes, para incutir sua ideia na equipe e a ideia no consumidor.

4. Abrace as limitações
Às vezes é melhor ter menos tempo e menos dinheiro. A pressão do tempo e as restrições orçamentárias podem ser uma dádiva para a imaginação. Deixe a urgência gerar engenhosidade.

5. Construa a arena
É difícil criar emoção se o seu espaço for desprovido de sentimento. Seja um espaço físico ou virtual, a expectativa de obter brilhantismo em um cubo branco e rígido é efêmera. Torne o ambiente tão inovador quanto as soluções que você busca criar.

4 > COM A VITÓRIA ESTAMPADA NO ROSTO, RUMO À GRANDEZA

Nenhum pássaro voa demasiado alto se voa apenas com as próprias asas.

— William Blake

Para uma porcentagem significativa da população, William Blake é apenas um nome em um pôster de Michael Jordan chamado "Asas". O poeta e pintor britânico dos séculos XVIII e XIX está longe de evocar imagens de grandeza atlética, mas ele teve a grande sorte de um de seus versos ter sido escolhido para figurar naquele que se tornaria possivelmente o pôster mais popular de todos os tempos – destronou a atriz Farrah Fawcett andando de skate para chegar ao primeiro lugar no início dos anos 1990. É provável que o próprio Jordan, de braços estendidos, com uma das mãos empalmando uma bola de basquete, tenha ajudado a elevar Blake à consciência nacional e associar para sempre o poeta – ou pelo menos suas palavras – aos esportes e à Nike.

O designer do pôster em preto e branco "Asas", Ron Dumas, declarou que a seu ver as palavras de Blake eram "ousadas e atemporais" e emprestavam um grau de "belas-artes" a um meio que basicamente apresentava os astros do esporte envoltos em glória multicolorida, em geral no processo de fazer algo excepcional. Os elementos artísticos incomuns provavelmente explicam também por que eu, então estudante na Faculdade de Arte e Design de Minneapolis (MCAD), tinha um exemplar de "Asas" pendurado com destaque na parede do meu dormitório. Como milhares de outras crianças e adolescentes da década de 1990, eu adorava esse pôster e ainda o considero o maior pôster esportivo de todos os tempos. E eu amo "Asas" porque ele não é um pôster esportivo normal e nunca teve a intenção de ser.

Fui trabalhar para Dumas, à época o diretor criativo da equipe de design de imagem da Nike, não muito depois de ele ter concebido "Asas". Dumas já tinha tido a oportunidade de trabalhar em alguns pôsteres de Jordan nos anos 1980 e início dos anos 1990, dos quais o mais extraordinário trazia a clássica imagem de MJ saltando da linha de lances livres para dar a cravada vencedora no Concurso de Enterradas de 1988. O outro famoso pôster de Jordan de alguns anos antes, criado pela lenda da Nike Design Peter Moore, foi tirado de uma filmagem encenada e mostrava o astro em sua icônica pose de "homem que pula". Na verdade, esse pôster influenciou o que se tornaria o logotipo Jordan Jumpman, também fruto da direção criativa de Moore.

Diante desse histórico, você pode ver por que a ideia de Dumas para criar um novo pôster de Jordan foi surpreendente e suscitou algumas preocupações. Era uma mudança muito grande em relação aos cartazes anteriores (e populares) do jogador – e não mostraria o homem fazendo nada além de segurar uma bola de basquete! "A boa notícia foi que Jordan e o marketing esportivo adoraram a ideia, e por isso seguimos em frente", Dumas me contou mais tarde.

Desde o início, Dumas queria fazer algo "requintado, de luxo", de acordo com o que ele me disse. A essa altura, as imagens de Jordan protagonizando incríveis façanhas atléticas já eram um terreno bem trilhado. A Nike já havia encabeçado essa frente com o pôster "Jumpman" e o pôster "Concurso de enterradas". Embora essas imagens tenham seu incrível mérito artístico – e sem dúvida venderam bem –, repetir sucessos passados simplesmente não é o que Dumas faz. Um pôster seria capaz de alcançar um propósito mais profundo, uma camada de significado e percepção que se encontra nas belas-artes? Pode-se argumentar que a extrema habilidade técnica que atletas como Jordan exibem nas quadras e campos eleva-se a um nível artístico, à antiga ideia grega de beleza em movimento. Ademais, a defesa que a Nike faz dos esportes como uma esfera de atividade que integra a tradição humanista tanto quanto as artes ou a literatura significa que apresentar como obra artística o atleta mais famoso do mundo em seu tempo se encaixa absolutamente dentro da marca – e até mesmo expande essa marca para novos territórios.

De fato, "Asas" sobressai porque é mais uma expressão de arte do que de exuberância atlética. "Quando esbocei a ideia, de imediato estabeleci que seria uma imagem em preto e branco, como uma fotografia de belas-artes", Dumas disse. Assim como o melhor da fotografia, a imagem funciona como uma pintura, com seu tema claro e destacado, mas cujo significado permanece aberto à interpretação. O próprio propósito dos braços estendidos de Jordan pode transmitir diferentes significados para diferentes públicos. Em outras palavras, vejo algo diferente do que você pode ver. E fiquei surpreso ao ouvir o que o próprio criador, Ron, viu quando teve a ideia da pose: a imagem o fez lembrar-se de "como as crianças adoram correr com os braços estendidos, fingindo voar". A citação de Blake parece se encaixar nessa ideia de inocência infantil, um chamado aos jovens para que sonhem grande, rompam barreiras, livrem-se dos pesos da dúvida e do medo e voem. Ao mesmo tempo, a expressão de Jordan, assim como a extensão quase ritualística de seus braços, lembra uma pessoa em estado meditativo. Ele não está se elevando; está imaginando. A quietude da imagem reflete a maneira pela qual a *mente* humana comanda o corpo.

"Asas", então, não é tanto uma celebração do atleta Jordan, mas do espírito humano, no qual Jordan serve como símbolo da grandeza dentro dos jovens. Visto dessa forma, o pôster faz muito mais do que mostrar outro formidável atleta; ele refina e sintetiza numa única imagem o próprio propósito da Nike, o núcleo de sua marca: você também é um atleta capaz de alcançar a grandeza. O apelo do pôster transcende o fã de basquete. Talvez seja por isso que vendeu tão bem, decorando as paredes dos quartos de pessoas que nunca tinham segurado uma bola de basquete. O que também explica a atemporalidade de "Asas". É uma imagem que transmite um conjunto de valores e uma força de propósito que despertam no observador a mais sublime das emoções. Nada no mundo é capaz de limitar você, exceto você mesmo. Abra suas asas e você voará longe, alcançando píncaros inimagináveis.

Bem, Blake disse isso de um jeito melhor.

A imagem e a moldura

Alguns podem pensar que "Asas" é apenas um pôster muito popular – incomparável em termos de estilo, talvez, mas não muito significativo numa discussão mais ampla sobre a identidade de marca Nike. Quando as pessoas pensam na Nike, pensam no Swoosh. Pensam em um logotipo. Quando pensam em

Michael Jordan ou em qualquer um dos atletas cuja marca está vinculada à da Nike, também podem pensar em um logotipo – o "Jumpman", por exemplo. Neste capítulo discutiremos logotipos, e não quero diminuir sua importância geral numa discussão sobre identidade de marca. Mas os logotipos são apenas um dos elementos da caixa de ferramentas que uma marca usa para transmitir identidade. "Asas" – e outros designs que discutiremos – também são criados tendo-se em mente uma identidade muito firme e deliberada.

A identidade de marca em si é muitas vezes uma parte negligenciada do marketing. Quando converso com startups e empreendedores, eles às vezes acabam por subestimar a importância de apresentar sua empresa ou organização por meio de um visual que represente um conjunto de valores e signifique um propósito. Isso é negligenciar o vínculo emocional que as marcas mais fortes estabeleceram com seus consumidores, o que os deixa orgulhosos de usar seu produto ou serviço. É claro, antes que possa ocorrer a fidelidade à marca, ela deve em primeiro lugar construir capital com uma base de consumidores, mas isso começa com uma linguagem visual forte que transmite o *éthos* e a imagem da marca.

Pense na assinatura de alguém. Há uma razão pela qual a assinatura é (e sempre foi) uma marca de individualidade e distinção. Não existem duas assinaturas idênticas, e cada uma possui um estilo e um aspecto característicos que representam a pessoa. A identidade da sua marca deve ser tão inconfundível quanto uma assinatura. Seus clientes devem reconhecer imediatamente que essa identidade sinaliza os valores e o propósito da sua marca, bem como as qualidades únicas que a diferenciam dos concorrentes. A sua identidade conta a história da sua marca, como faz qualquer declaração de missão ou comunicação escrita? A sua marca tem uma personalidade que se espelha nessa identidade, um conjunto de características que se manifestam com força em cada identificador que cruza o campo de visão do consumidor?

Em termos mais claros, a identidade de uma marca é demonstrada por seu logotipo, mas devemos ir além dessa definição restrita e adotar uma visão muito mais ampla. Quando falo com meu público sobre identidade de marca, geralmente uso a metáfora da moldura de uma fotografia. A identidade da sua marca é o modo como você emoldura cada imagem, cada produto, cada resultado da sua marca. A moldura jamais deve ofuscar a imagem – ou o que você está tentando mostrar –, mas tem de conter elementos reconhecíveis que digam a qualquer pessoa que essa imagem pertence à sua marca. As molduras não precisam ser idênticas. Brincar com seus elementos identificadores faz parte da diversão (e do desafio) de construir uma identidade de marca forte e consistente. Mas essas molduras devem ser suficientemente semelhantes em forma, cor e estilo, de modo a informar de imediato ao espectador que pertencem à sua marca. "Asas" é um pôster de Michael Jordan. O "maior e melhor de todos os tempos" é a imagem; mas a forma como Jordan é enquadrado, o uso do preto e branco, a pungente austeridade da imagem, a palavra "asas" na parte superior, a forma alongada, a mensagem que o pôster está tentando transmitir – tudo isso faz parte da moldura da marca Nike. Tudo isso identifica o pôster como uma criação da Nike, pois a moldura representa os valores e o propósito da marca Nike: inspirar outros a alcançar a grandeza. O esporte é um estado de espírito, e a excelência exige um estado mental que alcance uma sensação de quietude em meio a um turbilhão de emoções. E isso começa com a vontade de sonhar.

A moldura, visivelmente, não domina a imagem. No final das contas, "Asas" é um pôster de Jordan, e não poderia ter sido realizado com mais ninguém. A marca Nike não está assumindo esse propósito específico, mas ainda está lá, como parte do pano de fundo, fornecendo ao consumidor o necessário vínculo emocional que eleva o pôster a algo que vai além de apenas mais uma imagem de Michael Jordan. Não estou dizendo que isso é uma coisa fácil de conseguir – e tenho plena consciência de que usar o pôster esportivo mais popular de todos os tempos pode parecer um pouco injusto. Mas, contanto que agora você veja "Asas" como mais do que um pôster, se agora você entender que o pôster cumpre uma infinidade de propósitos e gera uma variedade de emoções, então você é capaz de começar a ver como a identidade de marca pode ser usada das menores e maiores maneiras. A maioria das marcas, admito, não se preocupa com esse nível de detalhe, mas as melhores se preocupam, sim, porque entendem e valorizam profundamente a importância de criar em múltiplas plataformas uma identidade de marca que diz uma coisa: *isso* é quem somos.

A moldura: a linguagem visual de uma marca

Agora pense em algumas de suas marcas favoritas. Aposto que você é capaz de descrever alguns elementos da linguagem visual delas sem muita dificuldade. Uma cor distinta. Um tipo de fonte. Um logotipo. Não cometa o erro de pensar que alguns desses elementos são acidentes felizes, que a própria marca meio que topou por acaso em um visual que todo mundo conhece agora. As empresas que construíram identidades fortes para suas marcas fizeram isso com comprometimento intransigente. Por mais de 170 anos, o identificador de marca da Tiffany tem sido a característica cor azul. Quando foi introduzida pela primeira vez, era apenas a cor azul-turquesa. Contudo, mais de um século de construção de capital de marca junto aos consumidores transformou aquele simples azul no "azul Tiffany". A cor e a marca são inseparáveis. Outra marca de luxo, a Burberry, usou uma icônica estampa xadrez – um tartã[32] – em suas roupas mais cobiçadas. Quando você vê a padronagem, sabe que é da Burberry. Ou tenha em mente a maneira como uma marca de tecnologia como o Google brinca consistentemente com as versões de seu logotipo para representar o que está acontecendo no mundo em um determinado dia. Ou a forma como uma empresa de mídia como a Netflix usa a cor vermelha à guisa de uma moldura reconhecível para suas experiências de marca. Seja no segmento do luxo, da tecnologia, da indústria automobilística ou das roupas esportivas, o empenho e o investimento na identidade visual de uma marca exercem um impacto direto no resultado final. Essas deixas visuais nunca são arbitrárias; são sempre intencionais.

Ao longo dos anos, muitas vezes colaborei com a equipe de design de marca da Apple, em especial com Hiroki Asai, o então diretor criativo de comunicações de marketing da Apple. Sob a liderança criativa de Hiroki, a empresa incorporou o *éthos* da "Emoção sob medida" por meio de sua obsessão por detalhes e sua plena compreensão do poder de uma identidade visual forte. O que há de recorrente na maior parte das embalagens, imagens de produtos, sinalização nas lojas e presença na web da Apple – quero dizer, além do logotipo da marca? O uso do espaço em branco e a ausência de desordem. A identidade de marca é construída com base no poder da simplicidade, na brancura que

---

32. Em bege, branco, preto e vermelho, a padronagem foi criada e patenteada pela Burberry em 1924. Aparecia, principalmente, no forro dos famosos casacos da marca, sobretudo no *trench coat*. Com o tempo, a estampa se tornou identidade da grife e ganhou espaço em cachecóis, guarda-chuvas e outros acessórios. (N. T.)

serve como uma espécie de folha em branco ou tábua rasa para mostrar os heróis da história, os próprios produtos, colocando-os no centro do palco. Em outras palavras, o que não existe é tão importante quanto o que existe.

Há décadas, o uso que a Apple faz do espaço em branco tem sido um identificador para sua marca. A cor, ou ausência de cor, pode ser vista em todo o ecossistema da marca. Não há como assegurar o direito de propriedade de uma cor como marca registrada, mas a Apple se apropria do branco com a mesma certeza com que é dona de seu logotipo. O branco emoldura o produto ou material de uma forma que deixa claro para qualquer um que se trata da Apple. A "moldura" – o identificador de marca da Apple – não domina a imagem dentro dela, o produto, mas sua presença é sentida pelo consumidor, tanto que a primeira impressão do cliente é que se trata de um produto Apple. Embora a simplicidade devesse ser a marca registrada de qualquer moldura, o uso de designs limpos e minimalistas da Apple tornou-se tão indissociável da marca quanto o próprio logotipo da maçã mordida. Isso não apenas define a Apple; também gera uma resposta emocional no consumidor, que associa a simplicidade à sua afeição pela empresa, da mesma maneira como um cheiro pode desencadear memórias.

Mas se estamos falando sobre a embalagem característica da Apple ou, digamos, sobre a maneira como a gigante varejista Target usa com criatividade seu icônico logotipo como uma pontuação visual em sua comunicação, essas marcas se esforçam incansavelmente para transmitir sua identidade singular e inconfundível, desde o momento em que o consumidor entra na loja física (ou loja on-line) até o momento em que abre o produto. Esse zelo deliberado e a compreensão do propósito da marca permitiram a essas marcas icônicas construir e aumentar sua identidade ao longo do tempo, conquistando a fidelidade de seus clientes. Em outras palavras, não se trata de algo que se faz uma única vez e basta; uma marca está constantemente construindo e desenvolvendo essa identidade, e o tempo todo precisa refletir com máxima atenção sobre a questão, a fim de assegurar que sua identidade seja representada em todos os aspectos da marca. A mensagem crucial é que essas marcas têm uma cultura interna que desenvolveu um profundo respeito pelos padrões da marca. Suas equipes entendem perfeitamente que cada detalhe visual é uma oportunidade para contar a história da marca.

Entretanto, startups e empreendedores podem deixar passar a oportunidade de, desde o início, se debruçarem com rigor obsessivo sobre a identidade de sua marca. Eles me ouvem mencionar as marcas mais icônicas do mundo e acham que isso não pode se aplicar a eles. Ademais, estão ocupados lançando empresas, levando produtos ao mercado. Não têm tempo para definir sua marca além de um mero logotipo. Eu me solidarizo com essa mentalidade. No mundo atual da cultura de startups, nós nos movemos a uma velocidade vertiginosa para levar uma ideia ao mercado. O dia tem apenas 24 horas, é o pensamento corrente, e não se pode reservar nenhuma delas que seja para trabalhar na criação de um palco visual para o produto que não forneça um resultado tangível imediato. "Mais tarde a gente trata disso" talvez seja o refrão. Mas a identidade de marca é mais do que um conjunto de cores, modelos e imagens usados para distinguir sua empresa. Para dizer com simplicidade: a identidade da sua marca é a base sobre a qual você construirá uma empresa no longo prazo. Ela evoluirá e crescerá, mas raras vezes uma marca consegue refazer sua imagem. Assim que o público forma uma impressão – boa ou ruim – a respeito da sua marca, é muito difícil alterar essa impressão inicial. Portanto, comece a trabalhar de maneira lenta e planejada na construção da impressão que você quer que as pessoas tenham. Não deixe isso ao acaso e não pense que pode "tratar disso mais tarde". Comece agora, e você desenvolverá sua identidade na forma e no estilo que melhor representam sua marca. De início a recompensa talvez não seja discernível, mas os benefícios no longo prazo são inegáveis.

Um retorno do Swoosh

No verão de 2000, recebi a notícia de que o chefe do departamento de design de imagem da Nike, meu gerente, deixaria a empresa. Agora era a hora de dar um passo adiante e declarar que eu estava pronto para subir ao palco. Eu estava pronto para passar de designer a líder. Entrei no escritório do meu gerente e garanti que estava pronto para sucedê-lo. No início ele ficou surpreso, pois ainda não havia saído, mas disse que colocaria meu nome na lista de nomes a serem considerados para o cargo. No final do verão, enquanto o mundo assistia aos Jogos Olímpicos de Sydney, tornei-me o novo diretor de design de imagem da Nike, responsável por criar e gerenciar a identidade e as experiências da marca em todo o mundo.

Um desafio que enfrentei de imediato foi o fato de que, apenas oito anos antes, eu era estagiário de algumas das mesmas pessoas que agora eu gerenciava diretamente. Para alguns veteranos, isso foi difícil de aceitar. Resolver essa dinâmica levaria algum tempo. Como em todas as áreas da vida, respeito é algo que se conquista, não que se ganha de mão beijada. Mas assumi o novo trabalho com um propósito e um plano. Minha primeira ordem do dia foi mudar o nome do departamento. "Design de imagem" parecia ser limitante em termos da responsabilidade que a equipe carregava em relação à marca.

Então sugeri "design de marca" (muito antes de ser uma nomenclatura dentro da indústria do design). E o nome pegou. Saiu a "imagem", entrou a "marca".

Meu novo papel de liderança trouxe consigo o que se tornaria uma responsabilidade de vinte anos – supervisionar os logotipos das inovações da Nike, atletas e, acima de tudo, o Swoosh.

Sim, passei a ser responsável pela integridade e aplicação de um dos logos de marca mais icônicos do mundo.

Sem pressão.

Por acaso, uma das minhas primeiras tarefas foi ajudar a trazer de volta o Swoosh. Desde meados da década de 1990, a Nike usava apenas o Swoosh como seu ícone principal, tendo abandonado a marca nominativa NIKE, grafada na fonte Futura, que costumava ficar por cima do próprio Swoosh. Por um breve período em 2000, decidimos, por vários motivos, recuar no tempo ainda mais no nosso legado de marca e trazer de volta o logotipo Nike Script, que havia sido apresentado na embalagem da Nike no início da década de 1970. O Swoosh vinha sendo usado em excesso – às vezes chegava a aparecer doze vezes em um único par de tênis – e precisava ser reduzido. Ao usarmos o logotipo retrô Nike Script – o nome "Nike" escrito com letra cursiva por cima do Swoosh –, acreditávamos que seria possível diminuir nossa dependência do Swoosh e trazer outros identificadores para a marca. Porém, rapidamente percebemos, faltava ao logotipo Script o poder emotivo e o valor da marca de seu antecessor. Deixou de ser uma marca que era limpa, simples e, acima de tudo, icônica, e complicou as coisas. O Swoosh é a Nike; a Nike é o Swoosh. O nome da marca em si é redundante.

No entanto, a folga que demos ao Swoosh teve sua relevância; havíamos dado um respiro, mas agora era hora de chamá-lo de volta. Ao devolvermos o Swoosh a seu papel essencial como nossa assinatura de marca, instituímos um novo conjunto de padrões de marca. Reuni a equipe criativa a fim de discutir a melhor maneira de sinalizar para o resto da empresa a mudança. Isso se materializou na forma de um livreto metálico prateado com um Swoosh em relevo na capa. Essa "bíblia do *branding*" não se destinava apenas a designers e profissionais de marketing; seu público-alvo eram todos os funcionários da Nike, e sua intenção era para apontar o tamanho da importância da nossa marca. No livrinho, definimos as regras para o Swoosh, estabelecendo limites em torno de seu uso, os prós e os contras, os quandos e os ondes. A ideia toda era elevar o Swoosh ao reino do sagrado, e as regras eram nossa forma de protegê-lo. Pode-se chamar isso de "renascimento do Swoosh". Queríamos criar entusiasmo com o retorno à simplicidade do icônico logotipo (sem a palavra "Nike") na sede da empresa em Beaverton, antes de lançar o novo (antigo) logotipo para o mundo – mais uma vez, sinalizando para todos os funcionários que nenhum detalhe era pequeno demais. A importância da marca estava enraizada na cultura da Nike, tanto quanto a publicidade.

Tudo isso pode parecer muito barulho por nada. Quero dizer, com ou sem o logotipo vintage Nike Script, o Swoosh não era a marca da empresa havia quase trinta anos? Poucas marcas têm a sorte de contar com um ícone de beleza tão simples e eficaz quanto o design criado por Carolyn Davidson. (A lendária resposta de Phil Knight ao ver o Swoosh pela primeira vez: "Não amei. Mas talvez me acostume e passe a gostar".) Não se pode considerar que esse tipo de sorte seja algo corriqueiro, e sempre enfatizei para minhas equipes o quanto devíamos ser gratos ao Swoosh, que era e continua sendo a inveja dos profissionais de marketing de marca em todos os lugares.

No fim das contas, que diferença o logotipo Nike Script realmente fez? O Swoosh autônomo não apareceu na lateral dos tênis da Nike durante décadas a fio? Bem, para entender a importância da decisão, primeiro temos que entender o momento em que o Swoosh se tornou a marca da empresa. Alguns podem pensar – levando-se em conta o lugar que esse logo ocupa como uma das marcas mais reconhecidas do mundo, e que adorna os perfis dos tênis da Nike desde o início da empresa – que o Swoosh sempre foi a marca registrada e a assinatura da Nike para tudo. Todavia, antes de 1994, na verdade o logotipo Nike em fonte Futura era a forma como assinávamos todas as comunicações de marketing, desde comerciais de televisão e anúncios impressos a painéis, outdoors e caixas de tênis. Então o que aconteceu?

O efeito Agassi

Em 1994, Ron Dumas e um grupo de líderes de marca tiveram uma ideia. Em junho, eles assistiram ao Torneio de Wimbledon, quando Andre Agassi competiu vestindo roupas da linha Nike Tênis totalmente brancas. Mais importante: o boné Nike de Agassi era todo branco, com um simples Swoosh preto na frente. Nada de "Nike" escrito na fonte Futura. A resposta do público ao boné de Agassi foi imediata. Na sede em Beaverton, o logotipo simples e elegante foi um sucesso.

"O burburinho em torno da pureza do símbolo em uma peça de vestuário usada no palco mundial – e o entusiasmo geral interno na própria empresa – acabou levando à questão de como a Nike poderia traduzir o design simples para todas as áreas de comunicação e identidade de marca", Dumas me disse.

Mas não foi tão simples quanto deixar para trás o logotipo Nike Script anos depois. É preciso avaliar o quanto a marca da Nike era usada em cada parte do *branding* e da comunicação corporativa, sem mencionar o capital que a marca havia construído junto aos consumidores. Dumas e a equipe tiveram que trabalhar na identificação de todos os aspectos aos quais a nova identidade Swoosh se aplicaria, incluindo publicidade, embalagem, varejo e materiais impressos – mas, é claro, sem se limitar a eles. Em suma, era uma empreitada gigantesca.

Havia também outras considerações que Dumas precisava ter em mente. O que o novo design Swoosh – sem o nome da empresa e nenhum texto, apenas o emblema – *dizia* sobre a marca da Nike? O que mudou? Por que mudou? Não se pega uma marca amada e apaga metade dela sem esperar alguma resposta, positiva ou negativa. Poucas pessoas defenderiam a decisão dizendo "Mas que diferença faz?". Pequenas mudanças, mas diferenças transformacionais.

A partir daí, Dumas preparou um discurso de convencimento para vender a ideia à equipe executiva e o apresentou no Edifício John McEnroe, no campus-sede. Montou enormes cartazes e painéis que se estendiam por toda a sala de conferências, mostrando todas as aplicações propostas de uma identidade baseada no uso exclusivo do Swoosh, sem a necessidade de acrescentar o nome da empresa. Pelos cálculos de Dumas, a apresentação durou cerca de uma hora, e os altos escalões pareciam satisfeitos, embora evasivos, acerca das mudanças propostas.

"Apesar de ter adorado o que criamos e de achar muito original, eu ainda estava um pouco nervoso, pois nossa proposta era mudar toda a identidade de marca de uma empresa global para apenas um símbolo", Dumas relembra. "Na época, acho que não havia no mundo inteiro nenhuma empresa listada na *Fortune 500* que tivesse feito esse movimento. Eu pensei: 'Ótimo, serei o diretor criativo que arruinou uma grande marca!'."

No dia seguinte, Ron recebeu a ligação dizendo que as mudanças tinham sido aprovadas. Sem grupos de foco. Nada de pesquisas com consumidores. A equipe de liderança julgou que o design novo e simples era o caminho a seguir. Mas, para Ron, o trabalho estava apenas começando.

"Na época, foi provavelmente o projeto de maior escala da minha carreira", ele disse. "Passamos os seis meses seguintes trabalhando nos detalhes."

Havia a necessidade de elaborar um programa abrangente para implementar o novo design em todas as embalagens e produtos da Nike. Somente na primavera de 1996 a nova identidade de marca Swoosh foi oficialmente colocada em prática no mundo todo.

A reação geral de nossos consumidores e da indústria foi bastante positiva. "Algo muito novo e icônico acabou de acontecer, e acredito que isso contribuirá para o crescimento contínuo e a força da marca da Nike nos próximos anos", Ron concluiu.

Então, sim, mudar seu logotipo é meio que algo de tremendo impacto...

Mas o aspecto importante de entender não é que mudamos o logotipo da Nike (e de novo, e de novo), mas *por que* o alteramos. Para Ron e outros, ver o Swoosh simples e sozinho no boné de Agassi – uma decisão de design que na época ninguém imaginou que resultaria em uma reforma corporativa – forneceu a inspiração para lançar um novo olhar sobre algo que nós e o mundo havíamos impregnado de um significado incrível. Transcorre uma jornada entre o momento em que uma marca projeta pela primeira vez seu logotipo – sua assinatura – até quando esse mesmo logotipo se torna sagrado e a mera menção de mudá-lo parece uma heresia. Você vai de Phil Knight dando de ombros e dizendo "talvez me acostume e passe a gostar do Swoosh" para Ron embarcando no maior projeto de sua carreira (que foi recheada de grandes projetos). Os anos intermediários – de 1971 a 1994 – foram um período em que a Nike teve a capacidade de incorporar capital de marca à sua identidade e, por extensão, seu logotipo. O que começa como um símbolo bacana que – assim você espera – ajudará seu produto a se destacar dos demais torna-se algo que enche você e sua equipe de imenso orgulho. Se você fizer a coisa certa, também encherá seus clientes de orgulho e de um sentimento de pertencimento e confiança na própria marca. Um logotipo sem esses valores e propósito é apenas uma imagem. Não significa nada, a menos que represente algo.

Primeiros instintos

O retorno do Swoosh não foi o único momento memorável do meu primeiro ano como chefe do departamento de design de marca. Estávamos nos preparando para lançar a nova plataforma de calçados Nike Shox, uma grande inovação no design da entressola. As colunas circulares Shox embaixo do tênis funcionavam como molas, primeiro amortecendo e absorvendo o impacto do calcanhar na pisada, depois liberando a energia armazenada quando a mola era ativada. Era um calçado para o futuro. O tênis perfeito para o novo século.

Mark Parker, à época o chefe de toda a criação de produtos, me pediu para liderar o trabalho de identidade de marca para a inovação da linha Nike Shox, que significava essencialmente projetar um logotipo tão inovador quanto a nova linha de tênis. Os logotipos eram meu ganha-pão, embora eu entendesse que, na minha nova função, eu desenharia menos logos. Agora eu encabeçava uma equipe criativa e precisava capacitá-la. No entanto, enquanto ele falava, não pude deixar de fazer algumas anotações e desenhar um rápido esboço para um logotipo do Shox, com base nas palavras de Mark. Era um rabisco, apenas meu cérebro conceituando o propósito e a identidade do tênis em um design simples. Novamente, coisas do meu ganha-pão. O esboço tinha um S que parecia uma letra Z invertida, com um traço na parte superior e outro na parte inferior, basicamente uma mola. Fechei meu caderno de anotações e esqueci. Segui tocando o verdadeiro trabalho de design.

    Durante esse período não era incomum a minha equipe gastar recursos significativos no desenvolvimento de logotipos para inovações. Era um pequeno preço a pagar por uma marca que seria vista nos pés de milhões de atletas no mundo inteiro. Contratei duas empresas de design diferentes, que voltaram com oitenta sugestões de logotipos Shox em potencial. Parece muito, mas quando se tratava de *branding* não poupávamos esforços. À medida que revisávamos e editávamos os logotipos, nenhum deles parecia um vencedor incontestável. Eu me lembrei do velho esboço que eu havia tracejado às pressas e saquei meu caderno. A meu ver ainda era apenas uma diretriz para julgar os outros designs. Porém, à medida que trabalhávamos nas diferentes propostas, continuei voltando à simplicidade daquele esboço inicial que eu tinha desenhado por cima. Por fim, admiti para mim mesmo que meu esboço rudimentar era mais do que um esboço. Era um dos concorrentes na disputa, e eu o adicionei aos demais. Mark e eu revisávamos todos os logotipos e continuávamos voltando ao meu. Talvez eu o tivesse descartado no início porque era um pouco literal demais. Duas empresas de design diferentes seriam capazes de apresentar algo melhor do que um Z invertido, certo? Ao mesmo tempo, eu me lembrei do motivo pelo qual os melhores logotipos são considerados os melhores: são simples, visualmente marcantes e contam uma história. Mark olhou para mim e disse que o meu era o escolhido.

    Às vezes você pega uma rota longa e circular de volta para o lugar onde começou, um lugar onde seus primeiros instintos são os instintos certos. E, assim, meu Z invertido se tornou o logotipo do novo Nike Shox. O logotipo funcionou porque atendia a todos os requisitos que definem um símbolo de sucesso: tinha o visual de uma inovação (uma mola), tinha uma qualidade cinética que chamava a atenção para a própria inovação (quase como se a mola estivesse saltando da página) e incluía um elemento fonético (o Z invertido era na verdade um S de "Shox"). É raro que um único logotipo consiga satisfazer a todos os requisitos. Nada mal para terminar meus dias de designer de logotipos na Nike.

Mas ainda não tínhamos acabado. A tarefa seguinte foi criar um slogan para o Nike Shox que expressasse sua inovação de uma maneira divertida e memorável. Assim, surgiu o *"Boing!"*, onomatopeia simulando o barulho do acionamento das molas. Perfeito. Brincalhão, simples e descritivo. Claro, brotou da mente do pessoal criativo da agência Wieden+Kennedy. Não precisávamos de mais nada. Sem dúvida, naquele verão, nossa campanha foi ajudada durante os Jogos Olímpicos de Sydney, em que Vince Carter, que jogava na seleção masculina de basquete dos EUA, calçou Nike Shox. Já conhecido como um craque das enterradas, Carter interceptou um passe durante uma partida contra a seleção francesa. Deu dois dribles, depois se lançou (*"Boing!"*) no ar, em um movimento impossível passando por cima da cabeça do pivô francês Frédéric Weis, de 2,2 metros de altura, num voo para cravar a bola de maneira espetacular, como era seu estilo característico. Tínhamos criado um bom logotipo, um bom slogan. Mas nem todo o marketing do mundo consegue competir com um momento esportivo como esse.

Albert Einstein disse certa vez: "Faça as coisas o mais simples possível. Mas não as mais simples". Eu me lembro dessa frase quando penso em design de logotipos. A simplicidade do meu logotipo Nike Shox veio de um breve solavanco de inspiração. Mas isso é dar ao momento mais crédito do que ele merece.

Eu simplesmente ouvi o que Mark estava dizendo e anotei a primeira coisa que me veio (saltou feito uma mola?) à mente. Foi mais instinto do que inspiração. Além do mais, eu não estava *tentando* criar algo excepcional. Dei vazão a meus pensamentos e fui embora. Eu não tinha tempo para complicar, para me torturar de tanto esforço, para estragar tudo tornando as coisas muito mais complicadas do que o necessário. Foi simples porque foi instintivo.

Ao longo dos anos, demos asas à imaginação e mobilizamos nossos talentos para criar logotipos de tênis de basquete que dariam aos consumidores "Força" ou capacidade de "Voar".[33] Criamos logotipos para tênis de corrida que forneciam amortecimento "Max Air" ou "Zoom Air". Até tomamos o caminho do marketing enraizado na cultura de diferentes cidades – a "Nike Los Angeles" (Nike LA) versus "Nike Cidade de Nova York" (Nike NYC) – e projetamos logotipos de marca que sintetizavam a essência de atletas transcendentais como o golfista Tiger Woods e a tenista Serena Williams. O xis da questão é que, quer você consiga acertar na primeira tentativa, quer passe um ano obcecado com várias possíveis direções do logotipo, uma marca deve se comprometer totalmente com seu centro visual, a âncora que fundamenta todos os outros elementos em sua linguagem visual.

A imagem dentro da moldura

Na Nike, cada lançamento de produto era uma oportunidade de levar o consumidor a um lugar novo. Um mundo completo e

---

33. Referência às linhas de tênis Nike Air Force 1 e Nike Air Flight, respectivamente. (N. T.)

visceral, acessível, ambicioso, capaz de despertar desejos e aspirações. Para que a inovação se tornasse mais do que apenas um utensílio ou mercadoria, e para que os atletas de elite que validavam essas inovações nos motivassem e inspirassem, tínhamos que cercá-las e impregná-las de emoção. Falando de forma figurativa, criar a imagem da marca dentro da moldura diz respeito a construir um mundo emotivo de imagens que são repletas de imaginação e metáforas, inserem desejo nos produtos e comunicam seus benefícios de maneiras extraordinárias. Não se trata apenas de imagens; são histórias, e cada história incorpora um momento no tempo e simultaneamente contribui para a reflexão geral da marca da Nike.

Uma imagem pode comunicar muita coisa. Como afirma Heather Amuny-Dey, uma incrivelmente talentosa ex-vice-presidente de design da Nike: "Uma imagem sensacional tem o poder do mais grandioso set de filmagem, tudo reunido em um momento. Nós, como humanos, respondemos de uma maneira única quando vemos imagens de pessoas fazendo coisas extraordinárias".

Nesse sentido, acreditamos no poder da direção de arte e da fotografia para moldar a personalidade de uma marca e contar as histórias de nossos atletas e produtos – seja trabalhando com fotógrafos como Annie Leibovitz para captar a natureza heroica do atleta competitivo; Carlos Serrao, hábil em retratar atleticismo e movimento; ou John Huet, capaz de extrair a alma que existe no esporte. Cada colaboração trouxe uma dimensão diferente para a marca através das lentes desses talentosos artistas. Eles conseguiram adicionar sua própria assinatura à imagem que a Nike estava usando para transmitir ao mundo sua marca.

Os fotógrafos têm a desafiadora tarefa não apenas de captar tecnicamente uma imagem que revele algo profundo sobre o tema ou modelo como também de motivar o tema ou modelo a chegar a determinado lugar. Com isso me refiro a um lugar de autenticidade e um momento de magia que permitirá ao espectador se conectar emocionalmente com a imagem. Isso ficou mais evidente do que nunca quando tive a oportunidade de ajudar a fazer a campanha de marca da seleção feminina de futebol estadunidense a caminho da Copa do Mundo de Futebol Feminino de 1999, cuja final foi disputada em Pasadena, na Califórnia. Tarefa das mais difíceis, levando-se em conta o embalo com que o time dos Estados Unidos estava indo disputar o torneio.[34] Eu precisava criar uma campanha de âmbito nacional baseada em fotografias para promover a parceria entre a Nike e a equipe, em eventos, nas lojas da Nike e nas paredes dos quartos das crianças que aspiravam a ser as jogadoras. Escolhi o fotógrafo australiano Ben Watts para colaborar comigo. Ben não apenas desenvolvia um trabalho dotado de um excepcional estilo documental mas também tinha uma reserva de energia quase sobre-humana que trazia para cada sessão de fotos. Era contagiante, e era exatamente o que precisávamos para dar vida àquelas extraordinárias atletas.

Nosso trabalho – e a responsabilidade de Ben – era destacar as personalidades individuais das jogadoras e, ao mesmo tempo, construir a identidade geral da equipe. Passamos vários dias em diferentes locações acompanhando principalmente cinco atletas descomunais – Brandi Chastain, Mia Hamm, Tisha Venturini, Tiffeny Milbrett e Briana Scurry. Cada uma dessas jogadoras tinha uma personalidade ímpar e um papel específico no time. Precisávamos de ambas as qualidades.

34. Potência no futebol feminino, a seleção dos EUA já havia sido campeã da primeira Copa do Mundo (disputada na China em 1991). Na edição de 1999, a final foi entre a seleção estadunidense e a chinesa, com vitória das anfitriãs nos pênaltis. (N. T.)

Como realizávamos nossas sessões de fotos entre os períodos de treino, nem sempre se podia garantir a alta energia das jogadoras, então Ben precisava fornecer essa energia. E ele chegava a mil por hora. Assim conseguimos captar a determinação comovente de Mia, a vigorosa energia de Brandi e a discreta confiança de Briana. Tudo por meio de fotografias singulares.

Também complementamos os retratos individuais documentando os momentos dentro dos momentos: as atletas treinando juntas, fazendo juntas as refeições, interagindo com os torcedores, descansando e rindo, e assim por diante. Embora talvez menos impactantes do que a foto de uma jogadora marcando um gol, essas imagens deram aos espectadores uma janela com vislumbres de como era a vida dessas incríveis atletas fora do campo, o modo como elas viviam e jogavam juntas. Esperávamos que o público percorresse junto com o time a "Estrada rumo a Pasadena", de forma a estar presente tanto nos momentos mundanos como nos dramáticos. E, considerando que essa equipe específica é lembrada como uma das maiores da história esportiva dos EUA, digo que foi uma jornada que valeu a pena fazer.

Mas havia nesse projeto algo além de mulheres extraordinárias. Havia uma autenticidade que conseguimos traduzir fielmente, o que é a coisa mais rara nesse ramo. A capacidade de enxergar a pessoa real exige que essa pessoa decida se revelar a você. Até então, ao longo dos anos a seleção feminina de futebol se expressava apenas por meio de fotografias da ação durante o jogo, nas quais as jogadoras apareciam em momentos de tremendo vigor atlético ou heroísmo. Nossa intenção era mostrar essas jogadoras como indivíduos, revelar cada uma das pessoas que vestiam o uniforme e apresentá-las como *pessoas* incríveis, não apenas futebolistas. Ao mobilizarmos o tempo, os recursos e o talento necessários, pudemos celebrar o lado humano dessas estupendas atletas, seu lado palpável, com o qual as outras pessoas poderiam se identificar.

Dennie Wendt, redator da Nike que trabalhou nas sessões de fotos, me disse mais tarde: "Uma das razões pelas quais aquelas sessões – e muitas outras coisas que o time de futebol fez – funcionaram é porque foram baseadas em relacionamentos e autenticidade. Na verdade, nunca pareceu um exercício de marketing. Deu a impressão de que éramos os sortudos canais entre as jogadoras e as crianças que queriam conhecê-las melhor".

O que, no fim das contas, era o nosso propósito. Aproximar os torcedores – sobretudo as crianças, que admiravam aquelas atletas fenomenais – de suas heroínas. Este é o poder dos retratos e da fotografia: proporcionar ao consumidor um momento capturado no tempo e conectá-lo emocionalmente ao atleta.

A arte da metáfora

Sim, foi uma idiotice. Quero dizer, quem é que raspa a cabeça inteira e deixa apenas uma mecha oval de cabelo logo acima da testa? Pergunto como alguém que raspa a cabeça há décadas. Há um jeito certo e um jeito errado de fazer, e, durante a Copa do Mundo de 2002, o brasileiro Ronaldo Fenômeno, na época o jogador de futebol mais conhecido do planeta, fez *do jeito errado*. Contudo, por mais bizarro que possa ter parecido à primeira vista, o inusitado visual de Ronaldo não foi o resultado de um infeliz acidente com uma máquina de raspar cabelo. Ele sabia chamar a atenção das pessoas e, mais importante, sabia que tinha a capacidade de fazer jus aos holofotes por meio de seu jogo – ganhou a Chuteira de Ouro de artilheiro do torneio. Para os atletas, estilo sem desempenho pode ser algo fugaz e vazio. No mundo das marcas, um belo produto desprovido de utilidade simplesmente acumula poeira. Em meus dezoito anos comandando a imagem da marca Nike, seus atletas e produtos, preguei sobre o importante papel que a imagem desempenhava na multiplicação do desempenho atlético e dos benefícios de nossas inovações. Anos após o estiloso penteado de Ronaldo na Copa do Mundo de 2002, Enrico Balleri, uma força criativa no legado de comunicação de marca da Nike, usou o mantra "cortes de cabelo são importantes" como uma forma de enfatizar o argumento.

No final, a questão não é o corte de cabelo de Ronaldo; a questão é que Ronaldo entendeu, como Balleri também entendeu, que brincar com a própria imagem para causar sensação era apenas mais uma forma de preencher a "foto" na moldura. Para continuar com o tema da imagem do futebol: após a Copa do Mundo de 2006 na Alemanha, uma das maneiras pelas quais começamos a expandir o negócio de futebol da Nike foi tratar nossos principais jogadores de futebol e suas chuteiras exclusivas como marcas em si. A equipe criativa realizava exercícios (às vezes excêntricos) para chegar ao cerne de quem eles eram como jogadores e pessoas. Isso permitiria determinar diretamente quais deveriam ser suas identidades de marca e quais características deveriam transmitir: o que os jogadores sentiam, qual era seu melhor visual, como se expressar.

Para desencadear o processo, a equipe criativa criava "painéis semânticos" com metáforas às quais os jogadores deveriam reagir, associando-os a determinadas entidades. Por exemplo: no campo de futebol você é um carro esportivo ou uma moto? Você joga com velocidade linear ou lado a lado? Que tipo de animal você é: uma cobra, um falcão ou um tigre? Todos são predadores, mas todos têm diferentes métodos de ataque. Qual é o seu? Você é afiado como um diamante ou expressivo como o graffiti em termos de atitude?

Colocávamos esse exercício na frente dos atletas e obtínhamos a reação deles. Quase sempre positiva, às vezes engraçada, às vezes de discordância completa, mas sempre útil. De maneira geral, eles eram decisivos e sabiam exatamente qual era nossa intenção e quem eles eram. Mas provocar reação era essencial. Um atleta como Cristiano Ronaldo foi claro: ele era um diamante. Isso significava manter a personalidade visual de Cristiano simples, polida e refinada. Isso nos ajudou a construir diferenciais para a marca geral do futebol, ao mesmo tempo mantendo a fidelidade aos atributos dos jogadores. A equipe criativa transformava esses insights e conversas em personalidades visuais para os atletas e o calçado que usavam, para que se tornassem mais do que atletas e mais do que uma chuteira: tornavam-se extensões viscerais de suas personalidades e marcas. Os elementos de um diamante, uma viagem espacial e um supercarro foram combinados para criar uma identidade para a velocidade explosiva de Cristiano. Em outras palavras, não se tratava apenas de uma metáfora; eram várias imagens metafóricas que se combinavam para criar um mundo provocativo que definia o estilo de jogo e a marca do futebol do atleta.

A Mentalidade Mamba

E havia Kobe Bryant, um homem que não precisava de painéis semânticos para descobrir sua metáfora. Ao trabalharmos com Kobe para criar não apenas sua própria identidade de marca como também sua linha de tênis exclusiva, a Kobe VII, rapidamente percebemos que ele precisava de zero incentivo para buscar inspiração externa. Em especial, Kobe se inspirava muito na arte. Um artista que ele achava cativante era o pintor surrealista mexicano Octavio Ocampo, conhecido por criar obras com ilusões de óptica por meio de um estilo de pintura metamórfica, em que imagens pequenas e intrincadas se integram para criar uma imagem maior. Quanto mais fundo você olha para a pintura, mais aspectos se revelam.

Kobe comunicou à nossa equipe criativa que era fascinado pelo estilo "imagem dentro de uma imagem" de Ocampo. Ele dizia que esse tipo de arte tinha relação com a forma como via seu próprio jogo e mentalidade, e a percepção que as pessoas tinham a respeito dele e seu estilo de basquete. Tal qual a arte de Octavio, o jogo de Kobe podia parecer de um jeito para um oponente e totalmente diferente para outro. Esse insight levou diretamente à criação da campanha "Animal diferente, a mesma fera".[35] David Creech, ex-vice-presidente de design da Nike e da Brand Jordan, comandou a equipe na criação de três imagens dinâmicas. À primeira vista, cada uma se parece com um par de tênis, mas, depois de um olhar mais aprofundado, elas revelam ser as cabeças de uma cobra, um leopardo e um grande tubarão-branco. Assim, as imagens são uma metáfora da mentalidade e do estilo de jogo de Kobe dentro da quadra. O que começou com a mamba-negra agora incluía outros animais dotados do mesmo instinto assassino, as feras internas que assumem o controle em situações de jogo, o que dava ao consumidor uma visão da personalidade mamba por meio de "uma imagem dentro de uma imagem".

Claro, ainda tínhamos que dar um jeito de o consumidor saber qual era o benefício de usar o tênis de Kobe na quadra. Eu sempre lembrava à equipe criativa que, em última análise, tínhamos que atender às necessidades dos atletas que estavam comprando os produtos, neste caso, o Kobe VII. Esse foi e continua sendo o propósito da marca Nike. Como a narrativa

---

35. "Different Animal, Same Beast", no original em inglês. (N. T.)

poderia transmitir a ideia da fera interior que os *alter egos* de Kobe representavam e, ao mesmo tempo, mostrar a vantagem que os atletas teriam ao usar o produto? Para o jogador, usar o tênis lhe dava a vantagem de dois ângulos de ataque na quadra. Ataque rápido ou ataque forte. Assim como o Mamba.

Kobe nos levou mais longe do que qualquer outro atleta no que dizia respeito a usar nossa imaginação e ir além do marketing convencional. Firmamos uma parceria com o artista Christophe Roberts em uma exibição de galeria que transformou caixas de tênis usadas de Kobe em um grande tubarão-branco em tamanho real. Exibimos os tênis de Kobe em terrários, como se o próprio calçado fosse uma mamba-negra. Voltando ao enfoque "imagem dentro de uma imagem" de Ocampo, em cada um desses exemplos procuramos criar expressões da marca de Kobe que pudessem ser interpretadas de várias maneiras, dependendo da experiência e vivência do consumidor, assim como da experiência e vivência dos adversários de Kobe.

A obsessão de Kobe por incutir em cada parte de sua identidade de marca um significado mais profundo se estendeu também ao seu logotipo. À primeira vista, é um símbolo composto de seis formas, usando inspiração de design de guerreiros samurais japoneses. Mas, no âmbito da identidade de Kobe, os elementos de sua identidade de marca nunca foram levados apenas ao pé da letra, assim como ocorre com uma pintura de Ocampo. Kobe explicou à revista *Esquire* que o logotipo representava uma espada numa bainha. "A espada é o talento bruto. A bainha é o invólucro em que está guardado – todas as coisas pelas quais você passa, seus calos de esforço, sua história, o que você aprende."[36]

---

36. https://www.esquire.com/sports/a30668080/kobe-bryant-tribute-20-years-after-draft/.

Essa é a "Mentalidade Mamba".

O comprometimento de Kobe em comunicar sua fera interior facilitou a criação de conceitos porque ele sempre foi consistente no que estava tentando fazer. Em termos criativos, Kobe nos tornou melhores. Ele foi um professor que nos ensinou a ser mais curiosos e não se importava de ser um aluno para elevar ainda mais seu talento.

Projetando sonhos

Passamos do papel do *branding* para a criação de imagens, mas também devemos levar em consideração o ambiente, seja físico ou digital, ao falar sobre a importância da identidade de marca. Não existe melhor maneira de imbuir seu público dos valores da sua marca do que por meio de um espaço. Um lugar onde as pessoas possam mobilizar todos os sentidos e literalmente ver, ouvir e tocar sua marca.

Tenha em mente um exemplo. Você está andando por uma rua movimentada e passa pela fachada de uma loja com vitrines que exibem uma suntuosa exposição de itens selecionados com apuro: bandeiras, quadros emoldurados e troféus antigos. Graças ao pano de fundo de painéis de madeira escura, parece uma cena de filme. Você entra e vê paredes decoradas com o que parecem ser flâmulas universitárias, fotografias em preto e branco de times e móveis que combinam com a madeira das vitrines. Todos esses elementos contrastam com os manequins e destacam as cores em camadas das peças de seu vestuário. Elegante, mas não muito refinado, é um visual que define um estilo, mas não pertence a uma era específica. Não é algo que delimita uma época determinada; é atemporal. Conforme caminha pelo espaço, você encontra uma sucessão de cenas com ambientes que emanam um ar clássico e tradicional, e que provavelmente pareciam bonitos cinquenta anos atrás e continuarão bonitos daqui a cinquenta anos.

Desde a infância eu me interesso pela história da marca Ralph Lauren. O próprio Lauren disse certa vez: "Eu não crio produtos; eu crio sonhos". E é isso que a pessoa sente ao entrar numa loja Ralph Lauren; ela é atraída pela promessa de um estilo de vida baseado em clichês estadunidenses clássicos de lazer elegante, porque o que está sendo vendido não são roupas, mas aspirações. A camisa polo básica da Ralph Lauren não sofre alterações faz décadas (desde 1975, na verdade), e há uma razão para isso. Lauren também disse certa vez: "Eu não sou uma pessoa da moda. Eu sou antimoda. Estou interessado em longevidade, atemporalidade, estilo". Do logotipo do jogador de polo à vitrine, do interior das lojas às roupas em si, a Ralph Lauren é uma marca obcecada por uma identidade específica. Ou, em outras palavras, trata-se de criar uma cena, como se saísse de um filme, outra estratégia muito deliberada.

"Toda vez que desenho roupas, estou fazendo um filme."

Na verdade, o que a Ralph Lauren está vendendo é sua identidade. A atenção dada aos mínimos detalhes em cada cena é o motivo pelo qual a Ralph Lauren cresceu para se transformar de um estande de venda de gravatas dentro de uma loja de departamentos em uma das marcas de luxo mais reconhecidas do mundo.

Criando a identidade visual de Obama

Em 2010, tivemos uma reunião de marketing global em Seattle. Eu estava agora na novíssima função de vice-presidente de criação de marca global da Nike, responsável por conduzir a narrativa da marca da Nike e a parte criativa ligada à sua identidade, voz e experiências. O diretor-executivo de marketing da época, Davide Grasso, me pediu para apresentar a palestra "*Éthos* de *Branding* Criativo", que bolei com minha equipe de liderança para sintetizar as diferentes características da marca que precisávamos transmitir ao consumidor. Eu falaria depois do palestrante convidado, mas Davide não quis me dizer quem era. Pela empolgação dele, deduzi que o convidado misterioso seria alguém especial.

Muito bem. De repente, entra em cena Magic Johnson, surpreendendo a todos os presentes. Johnson passa então a esmiuçar seu histórico jogo de 42 pontos nas finais do campeonato da NBA em 1980. No jogo 6 dos play-offs entre Los Angeles Lakers e Philadelphia 76ers, quando Johnson substituiu o lesionado Kareem Abdul-Jabbar, nasceu a lenda do jogador "mágico". Nessa noite ele jogou em todas as posições e inventou sua própria versão do gancho, conhecido como "minigancho".[37] A mensagem de Magic foi clara: quando Kareem se machucou, todos pensaram que os Lakers estavam liquidados, mas ele não. Quando as apostas são altas, quando você tem de jogar contra tudo e contra todos e as probabilidades de vitória são mínimas, é aí que você precisa entregar o seu melhor.

Como diabos alguém sobe ao palco depois disso e consegue dar uma palestra melhor? Mas eu sabia que tinha meu próprio ás na manga. Para enfatizar o importante papel que o *branding* desempenharia no crescimento da marca e dos

---

37. A histórica partida ocorreu em 16 de maio de 1980. Por conta de uma lesão do pivô e astro do time, Kareem Abdul-Jabbar, o então novato armador Johnson entrou e comandou o time para a vitória. Johnson terminou o jogo com 42 pontos, 15 rebotes, 7 assistências, assegurou o título da NBA e o prêmio de Jogador Mais Valioso (MVP) das finais, numa das maiores exibições individuais que a liga já viu. (N. T.)

negócios da Nike, convidei Scott Thomas, diretor de design da campanha presidencial de Obama em 2008 e autor do livro *Designing Obama* [Criando a identidade visual de Obama], um portfólio da arte, do design e das histórias de bastidores da histórica campanha presidencial. Foi uma decisão um tanto arriscada, considerando que alguns poderiam entender que eu estava tentando levar a política para o local de trabalho, mas julguei que poderia estruturar a apresentação de uma maneira que mantivesse todos focados na história e na lição.

Nunca antes na história do país o *branding* e o design de comunicação visual desempenharam um papel tão decisivo numa campanha presidencial. A âncora de toda a campanha foi o logotipo de Obama: uma icônica letra O azul com uma bandeira vermelha e branca preenchendo a parte inferior da letra, inspirada em um sol nascente. Nunca antes nem desde então existiu um logotipo de candidato tão emblemático. O sucesso do símbolo não se explicou apenas por sua simplicidade e seu poder emocional, mas sua capacidade de ser personalizado para cada público. Scott e a equipe criaram versões do logotipo para doze diferentes grupos identitários e outras cinquenta versões para cada estado dos EUA.

Scott falou sobre o uso do design na criação de uma linguagem visual não apenas para combinar com a voz do candidato mas também para acentuá-la e amplificá-la. Utilizando uma combinação de cores, tipografia e formas gráficas, eles foram capazes de dar às pessoas uma sensação de esperança, otimismo e confiança. O ícone foi desenhado para ser uma representação do próprio candidato, em vez de um logotipo estiloso com o nome Obama ao lado de "2008". Scott e sua equipe entenderam a razão pela qual pessoas de todos os estratos sociais se identificavam com seu candidato, e o trabalho deles foi criar um ícone que incorporasse esse sentimento universal. Eles sabiam que, se fizessem bem o seu trabalho – e se o próprio Obama pudesse fornecer o significado necessário ao elemento visual –, criariam um ícone capaz de capturar o sentimento que surgia em seus correligionários.

No fim das contas, não se tratava de rivalizar com a emocionante história do jogo 6 de Magic Johnson (reconhecidamente, uma das maiores histórias do esporte de todos os tempos); tratava-se de mostrar o nível de habilidade e comprometimento necessário para criar algo lendário, fosse numa quadra de basquete ou numa campanha política.

Com a vitória estampada no rosto, rumo à grandeza

Atletas falam sobre entrar na quadra, no campo ou na pista com uma expressão de confiança no rosto. O foco, a determinação, o ímpeto no momento da competição. A singularidade do propósito. A imagem no rosto deles reflete o sentimento em seu coração. Eles estão prontos, e nada os deterá, nada os impedirá de alcançar o êxito. A identidade da sua marca – a imagem que você mostra ao mundo – é a vitória estampada no seu rosto. É o que seus clientes veem quando veem você. Nos bastidores, você pode trabalhar e se preparar com todo o esforço e foco que seus adversários exigirem, mas, se você não mostrar esse seu lado a seus clientes, eles verão apenas um competidor desfocado e desinteressado. A maneira como nos apresentamos ao mundo é importante. A forma como o mundo vê a nossa marca determina o apego das pessoas à nossa marca. A força desse apego deve crescer com o tempo – não se pode criá-la do zero –, mas é preciso haver uma representação visual, um símbolo, que sirva como seu padrão. Seja qual for o lugar onde seus consumidores interagem com sua marca – e seja qual for a maneira como fazem isso –, eles devem sentir esse padrão no momento. Devem saber que tudo o que a sua marca toca – cada resultado, cada comunicação, cada produto – traz impressa a sua marca registrada, a sua assinatura. Portanto, estampe a vitória no rosto e suba a esse nível de grandeza.

PRINCÍPIOS PARA SEGUIR RUMO À GRANDEZA COM A VITÓRIA ESTAMPADA NO ROSTO

1. Mais que um logotipo
No começo, seu logotipo pode até parecer apenas uma assinatura visual, mas trate-o como a parte mais importante do futuro da sua marca. Empenhe-se em acertar, e no longo prazo ele será capaz de carregar o peso das aspirações do seu consumidor.

2. A imagem e a moldura
Crie uma moldura de marca forte e identificável, mas não deixe essa moldura ofuscar a imagem dentro dela. O alicerce da sua marca é um palco para as histórias que você quer contar. Quanto mais forte a moldura, mais poderosas as histórias.

3. Cortes de cabelo são importantes
Estilo sem desempenho é efêmero e esquecível. Desempenho sem estilo pode ser respeitado, mas não transcende. Quando desempenho e estilo se multiplicam um ao outro, você obtém distinção de marca.

4. A imagem dentro de uma imagem
Forneça profundidade e descoberta no âmbito da imagem da sua marca. Crie camadas de significado. Quanto mais próximo o consumidor chegar de ver quem você é, mais profunda será a conexão dele com sua marca.

5. Definir a cena

Em qual filme o consumidor acabou de entrar e quais são as cenas das quais ele faz parte? Construa um mundo imersivo para a sua marca e seus produtos a fim de passar um filme que mobilize todos os sentidos e – mais importante – conte uma história em que o consumidor seja um dos personagens.

6. Simplifique sem comprometer

Às vezes, o que você não diz é tão importante quanto o que você diz. A identidade da sua marca é um exercício de adição e subtração. Revele o que é mais importante e deixe o resto desaparecer lentamente.

7. Seja obcecado pelos últimos 10%

Dê atenção até mesmo aos detalhes mais ínfimos, de modo que atendam aos mais elevados padrões. Cada um desses pormenores, por menores que sejam, é uma oportunidade de revelar mais sobre a história da sua marca e dizer: "*Isto* é quem somos". Com o tempo, seu respeito pela qualidade será retribuído na forma de respeito do consumidor por você.

5 > OUSE SER LEMBRADO

Momentos antes de eu subir ao palco com Phil Knight, o fundador da Nike, ele se virou para mim e disse que havia examinado as perguntas preparadas por mim para ele e os outros palestrantes, e que achava que teríamos que dançar um bocado. O que ele quis dizer foi que minhas perguntas não preencheriam todo o tempo reservado a nós.

Subimos ao palco improvisado sob os aplausos de centenas de funcionários da Nike que estavam esperando no átrio do Edifício Jerry Rice, sem mencionar os milhares que estariam assistindo virtualmente ao redor do mundo. Eu já havia feito muitas apresentações sobre o poder da voz da marca Nike, mas nada parecido e sem a presença de figuras tão grandiosas – profissionalmente falando – quanto Phil Knight, Dan Wieden (da Wieden+Kennedy) e Tom Clarke, veterano da Nike desde 1980 e presidente da Nike Inovação.

Então, sim, eu já estava sentindo a pressão mesmo antes das encorajadoras palavras de Phil. Agora, eu estava suando.

Em 2013, a Nike comemorou o aniversário de 25 anos do slogan *"Just do it"*, cunhado pelo próprio Dan décadas antes.

Como vice-presidente de criação de marca global, meu papel nas festividades era moderar um painel de discussão de quarenta minutos entre esses três titãs por trás da história da Nike e do sucesso da marca. Levando em conta a incrível importância do "*Just do it*" na publicidade da Nike ao longo das duas décadas e meia anteriores, eu sabia o quanto esse momento seria importante para honrar o passado a fim de ajudar a moldar o futuro. Embora sentisse o peso do momento, fiquei empolgado por estar em cima daquele palco e cheguei preparado para mediar um painel inspirador.

E aí Phil me disse, segundos antes de começarmos, que não estava exatamente impressionado com minhas sugestões de perguntas. Adeus, preparação.

Iniciamos o evento com o lançamento oficial do novo comercial "Simplesmente faça: Possibilidades",[38] em que os espectadores são inspirados a ultrapassar seus limites em uma variedade de cenários e situações com um elenco estelar de atletas e celebridades. O filme sintetizava com perfeição o conceito "*Just do it*" (e a marca Nike). Qual é, afinal, o sentido por trás do "simplesmente faça" se você não desafiar a si mesmo além do que acha que é possível (para você)? É claro que o filme tinha que contar a história de décadas do "*Just do it*" de uma maneira totalmente singular e relevante para a geração mais nova de espectadores. Muitas marcas aposentam slogans ou lemas mais antigos como forma de se manterem atuais e relevantes, mas o "*Just do it*" forma a base da marca da Nike há mais de trinta anos. Nesse sentido, é sinônimo de Nike tanto quanto o Swoosh. Em vez de substituí-lo, a Nike dobrou a aposta nele, reinventando a maneira como a história do "*Just do it*" é contada, mas não a história fundamental em si. Há uma razão pela

---

38. "Just do it: Possibilities", no original em inglês. (N. T.)

qual essas palavras são tão icônicas quanto o Swoosh, e não – como aconteceu com tantos lemas de marcas ao longo dos anos – uma mera frase que desperta a nostalgia do público acima de certa idade. O filho do leitor deste livro conhece o *"Just do it"* tanto quanto seus avós – e esse é o ponto.

O novo filme foi recebido com aplausos estrondosos, e em seguida emendei uma fieira de indagações iniciais para o painel. Com a profundidade e a amplitude das respostas e histórias, acabamos cobrindo todas as perguntas que eu tinha preparado, mas ainda faltava cumprir metade do tempo reservado ao painel.

Felizmente, para finalizar o programa preparei também meio que uma montagem com filmes de alguns anúncios icônicos do *"Just do it"*. Acabei tendo que começar essa parte do painel mais cedo do que esperava, mas pelo menos ganhei algum espaço para respirar e pensar nas minhas perguntas de encerramento. O primeiro comercial foi o lendário "Bo sabe", que apresentou ao mundo a modalidade do treinamento cruzado e foi o primeiro filme publicitário da Nike a terminar com a assinatura *"Just do it"*. Depois que mostrei esse comercial, Phil mencionou que estava em sua lista dos melhores anúncios da Nike de todos os tempos. Está na minha também. "Bo sabe" foi ao ar quando eu tinha 18 anos de idade e era obcecado por força e condicionamento físico. Mais do que qualquer outro anúncio da Nike da minha juventude, "Bo sabe" forjou em mim um forte (e, como se viu, inquebrantável) apego emocional pela marca.

O anúncio seguinte foi "Instant Karma", de 1992, protagonizado pela famosa canção de John Lennon por cima de imagens de atletas amadores e profissionais (com destaque para o corredor Michael Johnson, campeão olímpico) em suas rotinas de treinamento. O anúncio funciona porque a música, com sua poderosa batida de bateria e refrão – *"And we all shine on"*

("E todos nós seguimos brilhando") – se ajusta em perfeita sincronia com as imagens. Dan falou sobre o que precisou fazer para obter a aprovação da esposa de Lennon, Yoko Ono, quanto ao uso da canção.

Na verdade, foi a segunda vez que a equipe de Dan usou a obra de John Lennon em um anúncio da Nike. Da primeira vez, "Revolution", dos Beatles, tinha sido a música por trás do anúncio da Nike de mesmo nome em 1987. Os leitores de hoje talvez não se lembrem de que esse primeiro comercial causou um pequeno rebuliço (e uma batalha legal), que, mais de trinta anos depois, parece um pouco ridícula. A questão é que, antes de "Revolution", as marcas usavam apenas regravações e versões cover de canções famosas, não as músicas originais. A Nike rompeu essa tradição (e iniciou uma tendência que perdura até hoje), e foi por isso que, com "Instant Karma", a Nike meio que mexeu no vespeiro. Claro, a cultura havia mudado nesse intervalo de cinco anos entre 1987 e 1992, e "Instant Karma" tornou-se um clássico instantâneo.

Hoje eu relembro esses momentos da história da Nike porque cada anúncio, oito anos depois que os escolhi para celebrar o *"Just do it"*, mostra como a voz da Nike, na forma de comunicar ao mundo a história da sua marca por meio dos filmes publicitários, reflete os valores e a personalidade da própria marca. Essas histórias são lembradas décadas depois de terem sido vistas pela primeira vez porque despertaram no público emoções muito intensas. "Bo sabe" promoveu uma nova forma de treinamento para todos os atletas, não apenas os profissionais. E também lançou um slogan que permanece até hoje. O *"Just do it"* se reinventou muitas vezes, mas o âmago da campanha sempre foi o que os espectadores viram pela primeira vez na maneira (reconhecidamente engraçada) como Bo Jackson saiu por aí praticando todos os esportes que podia. Em "Instant Karma" vemos a convergência do passado (a canção) e do presente (as cenas dos atletas), uma combinação de música e esporte. Hoje, a combinação desses gêneros é habitual, mas na época não era nem um pouco convencional. A música e o esporte são companheiros essenciais para atletas, sejam profissionais ou amadores. A ideia da Nike foi juntá-los.

Esses dois anúncios, no entanto, são apenas uma amostra dos filmes que impulsionaram a marca da Nike e introduziram para públicos mais jovens os diferentes ângulos de uma imagem conhecida. No final, os anúncios que escolhi para celebrar o "*Just do it*" são os que resistiram ao teste do tempo. A história decidiu seu valor, mas eu queria explicar sua importância para a história da marca Nike, principalmente em um slogan que faz parte da marca há mais de trinta anos.

Finalizando o painel, fiz uma última pergunta ao grupo: "Que conselho você tem a dar para a próxima geração de contadores de histórias da Nike?". A resposta de Phil tocou profundamente o coração da plateia. Usando uma analogia com o golfe, ele disse que os contadores de histórias de uma marca dispõem de um conjunto de tacos e precisam escolher o taco certo com base na tacada que precisam acertar naquele momento. "Momentos diferentes exigem tacadas diferentes", ele declarou. É a soma dessas tacadas que compõem a voz de uma marca ao longo do tempo. O jogo não muda; o objetivo é o mesmo, mas a maneira como se alcança esse objetivo depende do que você escolhe para chegar lá. Eu poderia pesquisar para sempre e não encontrar uma maneira melhor de explicar a forma como uma marca emprega sua voz para se conectar com seu público. No fim das contas, acho que tivemos que dançar um pouco, como Phil disse, mas obtive ótimas respostas...

O mosaico da personalidade de uma marca

A sua marca é a sua história. É a forma como você escolhe expressar ao mundo seu produto, suas ideias, seus serviços. Mas não existe uma maneira única de contar essa história, porque a sua marca não é apenas uma ideia ou característica. Como qualquer boa história, é composta de vários elementos e subtramas, tangentes e reviravoltas. Ao contrário de uma boa história, a história da sua marca nunca termina. Você a está sempre contando. Toda vez que você lança algo no mundo, está contando a história da sua marca. Uma postagem no Instagram conta uma história; um site de divulgação da marca conta uma história; uma campanha holística composta de vitrines de varejo, experiências de eventos, anúncios de televisão e conteúdo de mídia social combina todos os elementos para contar uma história.

Uma história sem coração, sem paixão e sem propósito não torna uma boa marca nem uma boa pessoa melhores. E pensar em uma pessoa é bastante apropriado aqui. Somos todos indivíduos – singulares e únicos, inteiros e completos. Somos uma coisa só. *Você* é a sua marca. Mas investigue um pouco mais a fundo qualquer pessoa e você encontrará um mosaico de características, crenças, pontos fortes e até contradições. Conhecer uma pessoa não se limita a saber apenas uma coisa sobre ela. É conhecer a totalidade – ou pelo menos uma boa parte – da história de alguém. É saber de onde a pessoa veio, o que ela faz, o que ela ama, o que ela não ama, como ela pensa, o que ela sente e como vê o mundo. Olhe para as pessoas mais próximas em sua vida – seu cônjuge, seus filhos, seus pais, seus irmãos ou seu melhor amigo – e pergunte a si mesmo se você seria capaz de contar a história delas.

Para a Nike, a história sempre começa com o atleta. Esse foi e continua sendo o elemento fundamental da marca. Mas a forma como a Nike escolheu contar essa história do atleta ao longo das décadas também faz parte da marca, pois revelou suas características, seus valores e seu propósito. Embora eu não ache que tenham mudado de maneira drástica ao longo dos anos, sem dúvida se expandiram. O que mudou foi o modo como a Nike contou essa história. Assim como qualquer bom livro de ficção, existem várias maneiras de contar a história de uma marca e vários gêneros para contá-la. Uma história de inspiração, uma história de grandeza, uma história de humor, uma história de enfrentamento das dificuldades ou uma história de fracasso. A Nike se aventurou em muitos gêneros e mídias e continuará a se aventurar ainda mais. A questão é que a arte de contar histórias está sempre em movimento; é um cenário em constante mudança, no qual centenas de mídias e veículos se esforçam para atrair a atenção dos consumidores. Não existe um que seja o único certo para uma marca; mas existem os melhores para a *sua* marca.

São muitos os meios pelos quais uma marca pode construir sua personalidade. Ainda assim, o poder dos filmes, em especial, sempre foi uma maneira eficaz de contar histórias profundas, criar uma voz relacionável e visceral e despertar as emoções mais intensas no âmbito de seu público de marca. A Wieden+Kennedy, parceira criativa de longa data da Nike, tem sido pioneira na capacidade de traduzir ideias do mundo dos esportes em narrativas imersivas por meio de filmes. Às vezes, a melhor maneira de mostrar os benefícios das inovações é pelo movimento, sobretudo no que se refere ao desempenho atlético. Os filmes nos emocionam ao mobilizar todos os nossos sentidos, mesmo dentro de um formato de trinta a sessenta segundos. Hoje, ao olharmos para todos os serviços de streaming que temos ao alcance da ponta dos nossos dedos, fica claro que estamos na era de ouro da narrativa via filmes, de curta e de longa duração. Isso também pode e deve estar relacionado à comunicação da marca. Apesar da evolução da importância e do papel da publicidade televisiva para as marcas, e embora tenha aumentado o número de plataformas e canais por meio dos quais você pode comunicar suas histórias, muitos dos princípios centrais da narrativa de grandes marcas por meio de filmes permaneceram os mesmos.

Independentemente de como você define sua marca, quais características ela envolve e a maneira como você escolhe compartilhá-la com o mundo, todas as melhores histórias têm uma coisa em comum: elas tocam a imaginação humana e provocam uma resposta emocional. Não me importa qual é o setor de atividade, o produto ou o serviço que a sua marca representa, se a sua produção criativa não tentar instigar a imaginação e despertar um sentimento, você está perdendo a oportunidade. Nos exemplos a seguir, examinaremos as maneiras como alcançamos – em termos criativos – ambos os objetivos por meio da narrativa, não apenas por aquilo que a história diz, mas como ela diz, onde diz e por que diz.

Uma nova posição e uma nova linha de ataque

Quando assumi o cargo de vice-presidente de criação de marca global da Nike em 2010, o mundo do marketing estava passando por mudanças profundas. A posição que eu ocupava era totalmente nova e havia sido criada para elaborar soluções acerca de como tirar proveito, de uma tacada só, de várias oportunidades que vinham surgindo. No capítulo 2, mencionei que me tornei responsável por vários departamentos que até então funcionavam de forma mais ou menos independente. O objetivo era integrá-los e desenvolver desde o início a química e o alinhamento criativo entre essas diversas equipes.

Mas a outra razão importante que impulsionou a reestruturação foi a profunda mudança que ocorreu no cenário da mídia. Meu novo papel – e a forma como estávamos nos organizando – coincidiu com a ascensão transgressora ("disruptiva") das mídias sociais, sobretudo a maneira como essas novas plataformas conseguiam mobilizar diretamente o consumidor. Para de fato alcançar o consumidor em todas essas novas plataformas, tínhamos que colocar nossas diferentes equipes na mesma página do ponto de vista criativo, o que então permitiria que as subsequentes histórias de marca fossem mais notáveis e significativas, com uma aparência muito mais consistente. Esse ambiente multimídia em evolução exigia cooperação desde o início.

Agora alçado a essa nova posição, eu tinha que descobrir como fazer o trabalho. No primeiro dia (literalmente), eu estava na sala com a nova equipe avaliando um novo conceito de anúncio para Tiger Woods que seria exibido pouco antes do torneio Masters em 2010. O conceito era simples em termos de design: filmado em preto e branco austero, Tiger olha diretamente para a câmera, enquanto uma gravação de seu falecido pai, Earl, faz a narração em *off*. Earl conversa com Tiger sobre responsabilidade e pergunta ao filho: "Você aprendeu alguma coisa?". O filme se tornou a primeira comunicação da Nike para Tiger, após seu hiato de um ano do golfe, e foi lançado pouco antes da competição mais importante do ano. O anúncio causou polarização na mídia e junto aos fãs. Foi uma maneira intensa de começar em um novo cargo logo no meu primeiro dia de trabalho, mas, na época, para mim e para a equipe, reforçou o apoio da marca a seus atletas, nos altos e baixos.

Ouça antes de liderar

Em 2010, LeBron James decidiu deixar o Cleveland Cavaliers e se transferir para o Miami Heat a fim de se juntar a Chris Bosh e Dwyane Wade. "A Decisão", como passou a ser chamada, foi revelada em um evento televisivo inédito, considerado inovador por alguns e criticado por outros. Pouco depois, convocamos LeBron para uma reunião no campus-sede da Nike em Beaverton, a fim de discutir como daríamos vida à história de sua marca para a temporada. LeBron chegou com sua equipe de confiança, formada por Maverick Carter, Rich Paul e Randy Mims, tão inseparáveis na época quanto são hoje. Nesse dia, a energia intensificada na sala deu um peso extra à importância do momento. Quando chegou a hora de compartilhar com eles a direção criativa da temporada, falei sobre redefinir o basquete como o principal assunto das rodas de conversa do país. Nosso conceito mostraria o talento e o vigor atlético sobrenaturais de LeBron dentro da quadra e por que nós, as pessoas que sentiam profunda paixão pelo jogo, nos inspirávamos tanto nele. Minha equipe e eu achamos que a melhor estratégia seria criar um conceito de filme que se concentrasse no amor de LeBron pelo jogo e em suas habilidades descomunais – do tipo que só aparecem uma vez a cada geração –, e não na controvérsia e na repercussão ruidosa suscitadas por sua decisão de trocar de time. Ao focarmos o desempenho de LeBron na quadra, poderíamos desviar o foco nacional da "Decisão" e reinstalar o basquete como o principal assunto do país.

Mas LeBron chegou à reunião com um propósito diferente. Ele rejeitou com firmeza nosso conceito. Todo mundo se manteve sisudo, de cara fechada. Em seguida, LeBron deixou claro que queria responder a seus críticos (em vez de se esquivar dos detratores) com algo poderoso. Olhou para cada um dos presentes na sala de reunião e nos lembrou de que jogar basquete é o que *ele* faz. Era hora de fazermos o que *nós* fazemos. A clareza e a força com que ele disse isso nos fez parar para pensar. Phil Knight, que sempre fazia questão de participar da reunião anual de LeBron, tomou a palavra e falou por todos nós quando afirmou que, se era isso o que LeBron queria, então era isso que a Nike faria. O argumento de Phil era claro: não evitaríamos nada. Enfrentaríamos diretamente os críticos de LeBron. A Nike diz que amplifica a voz do atleta – Phil fez questão de lembrar que isso estava no âmago da marca da Nike, que é isso *o que fazemos*.

Acho que LeBron sabia disso. Ele não estava nos pedindo que fizéssemos algo diferente do que pregávamos para nós mesmos e para todos os outros. É que quase nunca um atleta dizia exatamente o que queria de mim e da equipe criativa. A maioria confiava em nossa experiência profissional. Mas LeBron é LeBron, e ele estava pronto para revidar. Mensagem recebida.

O desafio, viemos a descobrir, era encontrar a maneira mais eficaz de contar a história de LeBron, permanecendo fiéis tanto ao próprio homem quanto à Nike. Eu gostaria de poder dizer que respondemos à altura, tivemos êxito imediato e mandamos muito bem na primeira tentativa. Porém, por melhores que sejam as equipes criativas da Nike e da Wieden+Kennedy, muitas vezes não acertamos logo de cara. Para você que não sabe, não é assim que funciona o processo criativo.

Mas tínhamos a dupla Ryan O'Rourke e Alberto Ponte, prolíficos diretores criativos da Wieden+Kennedy para a Nike, que sabiam tirar proveito dos pontos fortes um do outro e não tinham medo de desafiarem um ao outro (ou qualquer outra pessoa) quando necessário. Esta era a vantagem competitiva deles (e da Nike): os dois estavam sempre estimulando a criatividade de todos ao seu redor, incluindo a deles próprios.

Ryan adorava esportes e tinha uma grande capacidade de ver a diversão e o humor embutidos no esporte. E Alberto tinha uma extraordinária compreensão sobre a condição humana, que se mesclava bem com sua perspectiva internacional mais ampla, responsável por trazer profundidade de propósito ao trabalho. Os dois tinham diante de si uma tarefa hercúlea, mas eu sabia que não queria ninguém que não fossem eles para fazer o trabalho.

Os conceitos iniciais da equipe criativa lidaram com as piores caricaturas que os haters pintavam de LeBron e o mostravam fazendo tudo o que os detratores diziam que ele estava fazendo nos bastidores. O tom e o estilo eram obviamente divertidos e pretendiam expor a natureza ridícula dos ataques dos maledicentes. No entanto, o consenso foi o de que essas ideias deixavam a desejar como "resposta". Pelo contrário, simplesmente satirizavam as acusações, e o humor e o sarcasmo serviam apenas para banalizar todo o episódio. Um dos outros conceitos mostrava LeBron pedindo mais ódio, sugerindo que isso alimentava sua motivação e gana competitiva. Acho que essa ideia teria funcionado para alguns atletas – os que adotam um papel de "vilão" –, mas não é o caso de LeBron.

Conceitos descartados quase sempre ajudam a focar os esforços, mesmo que apenas para descobrir o que não funciona. Nesse caso, nosso avanço veio quando por fim percebemos que o que estávamos evitando de maneira consciente – a própria decisão de Lebron – era exatamente o que precisávamos abordar.

O que devo fazer?

Todos os conceitos anteriores esquivavam-se da "Decisão", na tentativa de evitar enfrentá-la diretamente. Será que essa era a chave? Talvez a resposta que estávamos procurando fosse colocar LeBron de volta naquela cadeira e deixar que ele respondesse aos críticos. Fizemos questão de conferir com o próprio LeBron se ele estava confortável com essa ideia, e ele confirmou que sim. Então lá fomos nós, debatendo ideias que tornaram a "Decisão" o foco central do anúncio.

E foi assim que Ryan, Alberto e a equipe criativa acabaram criando o anúncio "O que devo fazer?".[39] O comercial começa mostrando LeBron sentado na cadeira da "Decisão", vestindo exatamente a mesma camisa que usava naquele dia, comunicando imediatamente ao espectador que se trata de uma resposta ao evento em si. Mas é uma resposta a seus críticos? Há um breve momento em que o espectador não tem certeza. A cabeça de LeBron está curvada. Ele vai se desculpar? Então LeBron começa a falar:

— O que devo fazer?
— Devo admitir que cometi erros?
— Devo lembrá-lo de que já fiz isso antes?

E, com isso, o espectador entende. Não, LeBron não está pedindo desculpas. "Devo ser a pessoa que você quer que eu seja?", ele pergunta para a câmera. Aí está. LeBron não deve nada a ninguém.

O que não equivale a dizer que "O que devo fazer?" seja desprovido de humor. O humor sempre fez parte da essência de LeBron e de como ele se comunica. Ele tem um lado muito autodepreciativo que o torna palpável (faz com que nos identifiquemos com ele). E o humor é sempre uma coisa boa em tempos difíceis. A certa altura, LeBron pergunta: "Devo tirar minha tatuagem?". O corte seguinte o mostra na cadeira de um tatuador, que está apagando sua tatuagem "O escolhido" (referência a

---

39. "What Should I Do?", no original em inglês. (N. T.)

uma reportagem de capa da revista *Sports Illustrated* que o descreveu assim).[40] Em outro momento, LeBron, vestido de caubói, pergunta: "Devo aceitar meu papel de vilão?". Esses momentos de humor, que incluem uma cena da série *Miami Vice* com o ator Don Johnson, são entremeados de perguntas mais sérias, como: "Devo parar de ouvir meus amigos?".

Pausa. "Eles são meus amigos."

Seja absurdo ou extremamente sério, o filme mostra os críticos como pessoas mesquinhas e arrogantes. De forma irônica, ao não destacar a performance esportiva – nem o vigor atlético sobrenatural de LeBron –, exceto por alguns rápidos vislumbres, o anúncio mostra que as acusações dos detratores não têm nada a ver com esportes. O filme desmonta as acusações uma a uma e as descarta como censuras irrelevantes, repetitivas e presunçosas. E também falsas, o que LeBron deixa claro quando pergunta: "Devo simplesmente desaparecer?". Quase dava para ouvir todos os haters de LeBron, cuja subsistência dependia do que o jogador dizia e fazia, berrando: "Não, não, não!".

Mas, enfim, "O que devo fazer?" é a resposta que LeBron nos pediu para ajudá-lo a dar. É um anúncio direto, é poderoso e é puro LeBron. Como O'Rourke me disse na época: "No fim das contas, a confusão do nosso grupo se tornou o núcleo da ideia. 'O que devemos fazer?' tornou-se 'O que devo fazer?'". O anúncio termina com imagens em câmera lenta de LeBron voando pelo ar em direção à cesta, e repete o refrão: "Devo ser a pessoa que você quer que eu seja?".

Assim como acontece com os vídeos virais de hoje em dia, "O que devo fazer?" se disseminou rapidamente na época de seu lançamento. Todos os principais veículos esportivos noticiaram

---

40. https://www.si.com/nba/2018/05/30/origin-lebron-james-chosen-1-tattoo.

o filme como um evento, e muitos dos alvos do anúncio se manifestaram contra ele (até mesmo a animação *South Park* recriou o comercial). O filme não necessariamente silenciou os críticos, mas nem era essa a sua intenção. Foi a resposta de LeBron, foi a nossa resposta a LeBron. Deem-me apoio. Ajudem-me a *reagir*. Amplifiquem minha voz! E assim fizemos.

Expanda os limites

Conheci poucos indivíduos cuja grandeza se estende a tantas facetas da vida como Kobe Bryant. Kobe será lembrado na história como um dos maiores jogadores de basquete de todos os tempos, o que para a maioria das pessoas já seria suficiente. No entanto, *para mim* e para as centenas de pessoas com quem trabalhou ao longo dos anos fora das quadras, Kobe se destaca como um exemplo de curiosidade, imaginação e criatividade. Ninguém que entrou na órbita de Kobe poderia ignorar sua incansável busca por grandeza.

Dentro da quadra, a persona de Kobe era conhecida como "Mamba Negra", um competidor implacável que destruía os sonhos de times e torcidas adversários com arremessos de três pontos de partir o coração e devastadoras jogadas de defesa. Falo por experiência própria, já que Kobe arrasou com o Portland Trail Blazers no jogo 7 das finais da Conferência Oeste de 2000 (ai, ai, a verdade é que a dor nunca vai embora...). De fato, Kobe era o competidor perfeito, um atleta extremamente habilidoso que atingiu os picos mais altos do esporte em virtude de sua disciplina e vontade de vencer a todo custo. Quero dizer, foi o próprio Kobe quem deu a si mesmo o apelido de "Mamba Negra"!

Não apenas isso, mas Kobe também criou toda uma personalidade e metodologia baseadas nessa cobra africana extremamente mortífera. Ao longo dos anos isso ficou evidente para as equipes criativas da Nike e das agências de publicidade graças às explicações de Kobe, que costumava falar sobre o "Mamba Negra" na terceira pessoa. Ele ilustrava a mentalidade de seu *alter ego* com declarações do tipo: "O Mamba Negra não tem amigos; tem companheiros" e "O Mamba Negra não ouve música, porque isso é uma distração". Ele foi ainda mais longe na expressão de sua motivação competitiva ao discorrer sobre como não deixava ninguém vencer, nunca, de jeito nenhum, porque não queria sentir compaixão por um adversário. Isso seria ruim para os negócios.

À medida que as conversas com Kobe prosseguiam, essa intensidade de propósito se tornou um dos temas decisivos, ao qual ele voltaria repetidas vezes, sempre salientando seu conselho: "Nunca tenha um plano B. Se você tiver um plano B, pode acabar cedendo à pressão". Comprometa-se a dar tudo o que você tem no momento – o que era praticamente o que os fãs da NBA (os que torciam a favor ou contra Kobe) esperavam. O xis da questão é que as equipes criativas recebiam ideias inestimáveis de Kobe, e esse combustível criativo impulsionou o que se tornaria uma das campanhas mais populares e icônicas da Nike daquela época.

O que a maioria dos fãs não sabia é que, apesar de sua personalidade "Mamba Negra", Kobe tinha uma tremenda capacidade de rir de si mesmo. Ele conseguia dar uma piscadela para sua própria intensidade, o que explica em parte por que ao longo dos anos foi um dos melhores colaboradores criativos com quem já trabalhei. Sua percepção de si mesmo lhe permitia mergulhar profundamente em nossos esforços criativos para moldar histórias ao seu redor. Assim, começou a tomar forma um conceito no qual Kobe teve grande participação: e se usássemos essa intensidade, a levássemos ao extremo e nos divertíssemos com isso?

E se mostrássemos toda essa outra dimensão que poucas pessoas tinham visto?

Com essa ideia em mente, somada a outros tantos insights e verdades – mais do que poderíamos pedir –, a Nike lançou a campanha "O Sistema Kobe: sucesso para os bem-sucedidos"[41] em janeiro de 2012, coincidindo com o lançamento de seu novo e revolucionário modelo de tênis, o Nike Kobe IX. A ideia central da série de filmes girava em torno de Kobe como um guru de autoajuda cuja intensidade quase sempre mais confundia do que inspirava seu público. O próprio nome "Sucesso para os bem-sucedidos" remete à ideia de que, com muita frequência, esses gurus falavam em tom impressionante, mas o que diziam tinha pouco conteúdo. No entanto, os "seminários" de Kobe contavam com a presença de pessoas muito bem-sucedidas – as mesmas pessoas que menos precisavam ouvir os mantras que Kobe repetia. Estou falando de Serena Williams, Jerry Rice [ex-jogador de futebol americano], o comediante Aziz Ansari e, claro, Tony Robbins [estrategista, escritor e palestrante motivacional]. Em uma delas, Sir Richard Branson [bilionário empresário britânico, fundador do Grupo Virgin] está conversando com Kobe no palco sobre suas incríveis realizações:

Branson: "Já fui ao fundo do oceano".
Kobe: "Eu também".
Branson: "Fui ao espaço sideral".
Kobe: "Idem".
Branson: "Sinto que já estou vivendo 'o sucesso no sucesso'".
Kobe: "De nada".
[Aplausos]

Essa última parte – "De nada" – tornou-se uma espécie de momento cultural. A Nike tem um legado de introduzir frases

---

41. "Kobe System: Success for the Successful", no original em inglês. (N. T.)

de efeito na cultura popular por meio de sua comunicação de marca. Começando com "Não existe linha de chegada",[42] tivemos o "*Just do it*" e depois o "Só pode ser o tênis!", de Mars Blackmon.[43] Agora, graças a Kobe, podemos adicionar "De nada" à lista.

"O Sistema Kobe" trouxe uma dimensão completamente diferente para Kobe Bryant, tirando proveito de sua reputação competitiva e seu *alter ego*, o "Mamba Negra", mas também com toques de autodepreciação. Em alguns dos filmetes, o basquete nem sequer é mencionado, então alguém pode até se perguntar de que maneira a campanha "O Sistema Kobe" promoveu a marca da Nike. De forma ainda mais direta: o que isso tem a ver com a personalidade da marca Nike? Para começo de conversa, a série de anúncios expressou características diferentes do próprio Kobe. Antes da campanha, Kobe era visto principalmente por meio de sua persona dentro da quadra, o "Mamba Negra", um competidor feroz cujo espírito competitivo rivalizava com o de Michael Jordan. Mas agora o público enxergava outras dimensões de Kobe, a mais óbvia delas o seu lado humorístico. Sim, ele ainda destruiria você em quadra, mas também era capaz de enxergar e apreciar o humor em sua própria intensidade e tinha a sensibilidade cômica para mostrar isso às pessoas. A campanha incluía ainda filmes que eram genuinamente úteis,

42. Referência a uma das primeiras campanhas publicitárias da Nike, lançada em 1977, que apresentava um homem correndo por uma longa estrada vazia e ladeada de árvores com a frase "There is no finish line". (N. T.)

43. Referência a Mars Blackmon, personagem fictício do filme *She's Gotta Have It* (*Ela quer tudo*, 1986). Interpretado por Spike Lee, roteirista e diretor do filme, Blackmon é fã de esportes, torcedor dos New York Knicks e entusiasta dos tênis Nike Air Jordan. Por causa disso, no final dos anos 1980 e início dos anos 1990, apareceu em comerciais da Nike ao lado de Michael Jordan, sempre repetindo seu bordão "It's Gotta Be the Shoes!". (N. T.)

nos quais Kobe ensinava habilidades valiosas para o basquete. Em outras palavras, Kobe queria compartilhar seu talento e seu amor pelo jogo com os outros, em especial as gerações mais jovens. Se dentro da quadra ele sempre foi o "Mamba Negra", fora dela havia nele uma profunda capacidade de curiosidade e colaboração criativa.

Dessa maneira, a campanha ampliou os limites da personalidade da marca Kobe, preenchendo suas características com uma imagem mais completa. Da mesma forma, a Nike foi capaz de expandir os limites de sua própria marca, apresentando um de seus atletas quase sobre-humanos em uma luz acessível e mais humana. O marketing esportivo muitas vezes beira a idolatria, transformando atletas em intocáveis figuras de mármore. O que se perde nesse tipo de exibição é a pessoa por trás do ídolo e, por extensão, a conexão emocional que consumidores como você e eu queremos sentir quando pensamos em nossos atletas favoritos. Não queremos idolatrá-los. Queremos ser inspirados por eles. Figuras de mármore não conseguem fazer isso, mas os seres humanos conseguem.

Aula de mestre antes da *master class*

A campanha "O Sistema Kobe" também está nesta seção sobre a voz da marca porque apresentou um enfoque revolucionário para uma estratégia de distribuição de mídia e conteúdo. Em vez de um único comercial de televisão principal, Enrico Balleri, chefe de comunicação de marca da Nike, e Dan Sheniak, chefe de planejamento de comunicação da Wieden+Kennedy, desenvolveram uma estratégia que levou à criação de um mundo inteiro de conteúdo de formato curto. Cada um dos bem-sucedidos membros da plateia em destaque no anúncio principal também teve direito a seu próprio curta de trinta segundos com Kobe. Além disso, por mais divertido que fosse, "O Sistema Kobe" era em igual medida sério quanto ao nível de conhecimento e de habilidades de basquete incluídos na campanha. A ideia era criar um sistema de conteúdo que espelhasse o sistema contido no design dos tênis de Kobe. Produzimos uma série de videoaulas que divulgávamos todos os dias – exatamente como uma *master class* – e eram promovidas no programa *SportsCenter* da ESPN todos os dias da semana. Kobe se dedicou com afinco a criar todo esse conteúdo de vídeo. Cada videoaula levava o espectador a uma experiência on-line mais profunda, com dicas práticas de basquete e lições que poderiam realmente torná-lo um jogador melhor. Também tínhamos uma equipe que produzia conteúdo digital reativo diário para o Twitter ao longo da temporada de basquete, o que validava o sistema e o colocava em ação. Quando tudo acabou, os jovens continuaram a campanha criando seu próprio conteúdo e depoimentos em que diziam: "Eu sigo o Sistema Kobe".

Usando plataformas como o YouTube, conseguimos transmitir conteúdo de marca – e engajar os consumidores em um nível que os comerciais de televisão da época simplesmente não conseguiam igualar –, antes que o restante do setor pudesse nos alcançar, e a essa altura o YouTube havia modificado seus termos de serviço acerca das marcas. "O Sistema Kobe" provavelmente teria sido bem-sucedido como uma campanha de televisão, embora seu escopo tivesse sido bastante reduzido. Mas o que faz a campanha se destacar (naquela época e agora) é que a Nike estava aproveitando as oportunidades cada vez mais amplas que as novas plataformas de conteúdo ofereciam. Conseguimos atingir públicos, sobretudo os mais jovens, que de outra forma teríamos perdido, expandindo o alcance de nossa voz por meio de novos domínios digitais.

Encontre a sua grandeza

A Nike invariavelmente usava sua voz como forma de abrir o mundo dos esportes para novos públicos. A própria marca insistia com veemência que o esporte é para todos, não apenas para alguns excepcionais. Há dezenas de exemplos da história da Nike que mostram os esforços da empresa para ir além da definição tradicional de atleta, mas talvez nenhum tenha feito isso de forma tão eficaz e significativa quanto a campanha "Encontre a sua grandeza",[44] de 2012.

Os Jogos Olímpicos sempre proporcionaram à Nike um formidável veículo para lançar grandes campanhas que recontaram ou redefiniram uma parte de sua marca para novos públicos (muitas vezes mais jovens). Os Jogos de Londres de 2012 foi um desses momentos, e a minha equipe e eu nos concentramos em uma linha da declaração de missão da marca Nike: "Se você tem um corpo, você é um atleta". Afinal de contas, o que os Jogos Olímpicos representam se não uma celebração da exuberância atlética humana? É um momento em que toda a humanidade pode se unir e se alegrar em nosso amor compartilhado pelos esportes. No entanto, ainda que os Jogos Olímpicos sejam uma exibição dos melhores atletas da humanidade, queríamos aproveitar a ocasião para lançar luz sobre um dos princípios fundamentais da Nike. Além do mais, vimos aí uma oportunidade de *redefinir a grandeza* para o resto de nós, humanos. A grandeza, no fundo, é um termo relativo, e o que torna cada um de nós um grande atleta é algo tão variado quanto todas as coisas que nos tornam seres humanos singulares. E assim nasceu a campanha "Encontre a sua grandeza", que na época era a mais expansiva em termos globais já feita pela Nike.

44. "Find Your Greatness", no original em inglês. (N. T.)

Londres em todos os lugares

Durante nossas sessões de planejamento, Alberto Ponte, da Wieden+Kennedy, mencionou o fato de que existem pelo menos 29 cidades no mundo chamadas Londres. O que em outras circunstâncias seria apenas uma trivialidade foi para nós a chave que desencadeou toda a campanha. Se os maiores atletas do mundo estivessem competindo em Londres, capital da Inglaterra, o que os atletas estavam fazendo nas outras Londres ao redor do mundo? Certamente estavam alcançando a grandeza à sua maneira, e essa percepção nos forneceu o dispositivo criativo perfeito para lançar uma campanha cuja ideia principal era a de que a grandeza está em todos os lugares e ao alcance de todos.

O anúncio começa com uma torre de água na cidade de Londres, Ohio. Com cortes rápidos, o espectador vê atletas de todas as idades praticando diversos esportes ou atividades em Londres, Jamaica; Londres, Índia; e Londres, Nigéria, para citar algumas. A narração em *off*, feita pelo ator Tom Hardy, começa: "Não há grandes comemorações aqui. Nada de discursos, nada de luzes brilhantes. Mas há grandes atletas. De alguma forma, passamos a acreditar que a grandeza está reservada para alguns poucos escolhidos, para as superestrelas. A verdade é que a grandeza é para todos nós. Não se trata de diminuir as expectativas; trata-se de criá-las para cada um de nós. Porque a grandeza não está em um lugar especial e não está em uma pessoa especial. A grandeza está onde quer que haja alguém tentando encontrá-la".

O filme termina com o logotipo da campanha "Encontre a sua grandeza", sobre a imagem de um menino pequeno em cima de uma plataforma olímpica de mergulho. O menino coça a cabeça e balança o corpo, claramente sem saber se deve pular ou não. É uma longa queda. E então ele pula.

Pense na primeira vez que você pulou de uma grande altura. Se você era como a maioria das crianças, provavelmente quis descer pela escada no momento em que espiou por cima da borda. Ninguém poderia ter forçado você a pular se você não quisesse. O menino do filme não foi forçado; ele foi empoderado. Deu o salto sem saber ao certo como terminaria, porque sentiu uma onda de inspiração; o salto significava algo para ele. E ele aceitou sabendo que seria uma pessoa diferente quando voltasse à superfície. O salto não é o fim. É o começo de algo incrível.

O corredor

Uma estradinha rural. Moscas zumbindo. Verão. Calor. Umidade. De manhã cedo ou no início da noite. Um corredor solitário ao longe. Então surge a voz de Tom Hardy, enquanto o corredor se aproxima da câmera:

"Grandeza é apenas algo que inventamos. De alguma forma, passamos a acreditar que a grandeza é um dom reservado a uns poucos escolhidos. Aos prodígios. Às superestrelas. E o restante de nós só pode ficar olhando. Esqueça isso. A grandeza não é uma fita de DNA raro. Não é algo precioso. A grandeza não é mais especial para nós do que respirar. Todos nós somos capazes dela. Todos nós."

Em seguida, a chamada para a ação – "Encontre a sua grandeza" –, sobreposta às cenas finais do corredor, que, o espectador percebe no meio do anúncio, é um menino de 12 anos de idade com excesso de peso. Talvez minha opinião seja enviesada, mas *O corredor* é uma narrativa magistral, articulando perfeitamente o cerne da campanha "Encontre a sua grandeza" (redefinir o conceito de grandeza) e, ao mesmo tempo, expandindo a personalidade da marca Nike.

Nathan Sorrell, o menino corredor, era a chave, claro. A maneira como o retratamos era absolutamente decisiva, porque estávamos nos equilibrando no fio da navalha entre gerar um profundo momento emocional e sermos acusados de insensibilidade. Muitas decisões criativas sutis entraram na execução, desde figurino e direção de arte até a locação e o design de som. Como discutimos no capítulo anterior sobre identidade de marca, os últimos 10% do processo criativo muitas vezes determinam se você vai alcançar a nota certa.

Um comentário à parte: oito meses após o lançamento do anúncio, Nathan foi convidado para ir ao programa jornalístico *Today*, no qual falou sobre como, inspirado pelo filme, havia perdido quinze quilos. Olhando para trás, ele disse aos apresentadores: "Ainda não consigo acreditar que era eu naquela época, e este sou eu agora".

Grandeza, de fato.

Um convite de marca

"Encontre a sua grandeza" é muitas coisas. Mas é, acima de tudo, um convite aos não atletas e aos fãs de esportes, não apenas aos superastros. Elevar os grandes e transformá-los em ícones de inspiração resume boa parte do que fizemos. Mas o espectador assiste a um anúncio da Nike que o leva às cidades chamadas Londres de todo o mundo e não vê um único superastro. Vê apenas pessoas comuns jogando. Andando de bicicleta. Num campo, jogando rúgbi ou beisebol. Você se lembra de quando costumava se divertir... jogando?

As marcas precisam continuamente buscar maneiras criativas de convidar mais pessoas para seus mundos. Isso requer ter consciência sobre os rumos da cultura, estar por dentro das tendências, dos estilos, dos artistas que a estão moldando. Em seguida, colocar em prática um truque muito mais difícil: encontrar as áreas onde esses marcadores culturais se entrecruzam com o esporte, de modo a abrir portas para pessoas que não necessariamente sentem uma paixão pela arena específica que você representa enquanto marca. Em alguns casos, é claro, essa técnica pode funcionar de trás para a frente, trazendo o passado para o presente e aproximando gerações. Quase sempre, tentar ficar na dianteira com relação aos aspectos culturais ajuda uma marca a atrair consumidores mais jovens. Explorar o passado e brincar com a nostalgia ajuda a convidar as gerações mais velhas. Quando as gerações se misturam, no entanto, você consegue aproximá-las entre si.

A música é um veículo por meio do qual a Nike empregou os dois métodos. Desde usar músicas clássicas em um contexto moderno até remixá-las com os DJs mais badalados e apresentar músicas prestes a estourar, os comerciais da Nike (criados em parceria com a Wieden+Kennedy) sempre contaram histórias por meio de imagens e sons. O filme da Copa do Mundo de 2002 teve como destaque a canção "Little Less Conversation" [Um pouco menos de papo furado], de Elvis Presley, remixada pelo DJ holandês JXL, e mostrou um torneio secreto entre os melhores jogadores de futebol do mundo. O anúncio "Não desista nunca",[45] que Michael Mann dirigiu para a Nike em 2007, mostra os jogadores da NFL Shawne Merriman e Steven Jackson, um defendendo, o outro atacando, enquanto "Promontory", música-tema do filme *O último dos moicanos*, toca ao fundo. Por último, mas não menos importante, tivemos o músico Andre 3000 fazendo uma versão cover de "All Together Now" [Todos juntos agora], dos Beatles, como pano de fundo para o anúncio dos play-offs da

---

45. "Leave Nothing", no original em inglês. (N. T.)

NBA, enquanto se exibiam sensacionais jogadas da carreira de Kobe Bryant em busca de mais um título para os Lakers. Há uma razão pela qual esses anúncios foram capazes de tocar tão fundo o coração das pessoas. A música, talvez mais do que qualquer outro meio criativo, tem o poder de nos inspirar, nos fazer lembrar e nos unir.

O momento certo é tudo

Em 2015, o Chicago Cubs se adiantou. O que eu quero dizer é que o time estava de olho na World Series, e o presidente dos Cubs, Theo Epstein – que trouxe campeonatos para o Boston Red Sox –, estava montando seu time para chegar ao Clássico de Outubro somente em 2017 ou 2018. Mas os Cubs terminaram a temporada regular de 2015 com a terceira melhor campanha na história do beisebol e ganharam uma vaga de repescagem nas finais. Venceram o Pittsburgh Pirates no jogo eliminatório e avançaram para a final de divisão contra o St. Louis Cardinals, a quem também venceram por três jogos a um. Agora os Cubs se encontravam na final da Liga Nacional, a primeira que disputavam desde 2003, e que não venciam desde 1945. Os Cubs estavam a quatro vitórias do título da World Series.

Não havia como nós da Nike perdermos esse momento que literalmente só ocorre uma vez na vida. Se os Cubs vencessem a World Series, façanha que não conseguiam desde 1908, seria um dos maiores eventos da história do esporte. Então entramos em ação e montamos uma história para comemorar o que era uma possibilidade muito real (mas apenas uma possibilidade). O anúncio também era bem simples. Um adolescente, vestindo seu uniforme dos Cubs, fala sozinho enquanto caminha para o monte do arremessador em algum campo-diamante de beisebol do bairro, o horizonte da cidade de Chicago visível atrás do campo externo. Ao fundo, a voz de Willie Nelson cantando "Funny How Time Slips Away" [É engraçado como o tempo voa], enquanto o garoto faz o impossível: joga beisebol sozinho. Ele arremessa bolas para rebatedores fantasmas. Acerta *home runs* por cima da cerca. Tenta roubar a terceira base... antes de o arremessador fantasma jogar a bola para a base tentando eliminá-lo. Quando o garoto acerta uma rebatida no fundo do lado esquerdo do campo externo, ouvimos o narrador Harry Carey aos gritos: "A bola viajou, foi embora! Talvez pra fora do campo... Os Cubs vencem! Os Cubs vencem!". O menino dança na base principal enquanto as palavras piscam na tela: "Adeus, algum dia".

Mas não nesse dia... nem nessa temporada. O New York Mets arrasou o Chicago Cubs em quatro jogos, e tivemos que engavetar nosso anúncio. Talvez para sempre. Quero dizer, em nenhum lugar estava escrito que os Cubs acabariam ganhando a World Series. Felizmente eles conseguiram, no ano seguinte. Em um dos maiores jogos 7 da história do campeonato, os Cubs venceram o Cleveland Indians e levaram o título da liga para Chicago pela primeira vez em 108 anos. E estávamos prontos com uma história para contar, embora um ano depois do planejado.

Assim como a campanha "Encontre a sua grandeza", o anúncio "Algum dia"[46] não celebra o superastro do esporte. É uma homenagem aos torcedores de longa data dos Cubs. No entanto, mais do que isso, é um filme que vai ao cerne do que o beisebol significa para nós norte-americanos: muitos ainda temos dentro de nós o menino que veste o uniforme de seu time favorito e sonha com o dia em que esse time se consagra campeão.

46. "Someday", no original em inglês. (N. T.)

Quando uma marca usa sua voz é tão importante quanto *o que* essa voz diz e *como* ela diz. "Algum dia" é um exemplo bastante extremo de fazer a coisa no momento exato, mas eu o uso para enfatizar uma questão mais ampla. A escolha do momento mais propício se resume à preparação. Com "Algum dia", assim como com "O que devo fazer?", estávamos respondendo a um evento que estava fora de nosso controle. É um desafio muito diferente de, digamos, "O Sistema Kobe", que na verdade foi uma criação pura, nascida de conversas com Kobe e com nosso olhar voltado para o que queríamos realizar enquanto marca. Mas quando você responde a um evento, seu principal desafio é descobrir de que maneira você quer responder a ele. O que sua resposta diz sobre sua marca, seus valores, sua visão, sua direção como organização? Onde o evento se entrecruza com as características da sua marca? Por fim, qual é o verdadeiro significado do evento? Seria a coisa mais fácil do mundo termos colocado no ar um anúncio que celebrasse o Chicago Cubs como time, talvez usando imagens de arquivo de antigas equipes dos Cubs ao longo dos anos, com alguns membros do Hall da Fama. Em vez disso, celebramos a criança que existe dentro de todos nós, que ainda não está sobrecarregada pelo peso de "maldições"[47] ou anos de decepção. A criança do anúncio representa todas as crianças interiores ao longo dos 108 anos de espera até a conquista do título dos Cubs.

47. Após dois títulos em sequência da World Series em 1907 e 1908, o Chicago Cubs viveu um pesadelo aparentemente interminável, e muitos torcedores acreditavam que o jejum de títulos se devia à "maldição do bode": em 1945, o torcedor Billy Sianis tentou assistir ao jogo final no estádio do time, o Wrigley Field, acompanhado de seu bode de estimação, Murphy, mas, por conta das reclamações sobre o mau cheiro do animal, os dois foram convidados a se retirar do local. Revoltado, Sianis proclamou que o time jamais voltaria a vencer um campeonato. Daí por diante, ao longo de décadas o azar foi uma constante na vida dos Cubs. (N. T.)

A preparação inclui também um outro lado que não é tão reativo. Estou me referindo à preparação que uma organização precisa ter internamente. Quando o evento ou momento ocorre, você dispõe dos processos e da estrutura a postos para mudar as coisas da noite para o dia e entregar uma história emocionante que não apenas responda ao evento, mas que faça isso de uma maneira capaz de expandir a personalidade da sua marca? No capítulo 2, quando falei sobre a reestruturação que a Nike realizou, foi para que pudéssemos responder – ou nos antecipar – a eventos como a vitória dos Cubs na World Series. É um desafio muito mais difícil do que conseguir reverter algo rapidamente. Tem a ver com a estrutura interna de uma organização, sua capacidade de antever um momento e elevar sua importância acima de outras prioridades preexistentes; e sempre se perguntar: "E se?". É assim que você *ganha antes da hora*, em vez de esperar pelo resultado.

Ouse ser lembrado

O que nós, como contadores de histórias de marcas, estamos realmente tentando fazer com nosso trabalho? Nossa expectativa é criar apenas para o momento? Estamos tentando apenas vender nossos produtos ou serviços? Eu uso "Ouse ser lembrado" como título deste capítulo porque nenhuma história digna de ser contada deve ser esquecida. Estamos empenhados em construir uma vida para a nossa marca, uma história de cada vez. Queremos que essas histórias sejam fruto de reflexão. Queremos que sejam engraçadas. Queremos que revelem algo mais profundo sobre nós e o mundo em que vivemos. Queremos que se conectem com nosso público de uma maneira que leve as pessoas a *sentirem algo*. Em suma, queremos que sejam histórias a ser lembradas. Nosso trabalho não deve deixar de existir quando não estivermos mais por aqui; em vez disso, deve continuar, contando a história da nossa marca de novo e de novo, da mesma forma como as gerações mais jovens podem descobrir um romance clássico. As palavras nunca morrerão enquanto houver olhos para lê-las. Assim, você também deve se esforçar para construir uma marca com histórias que deixem para trás algo que se conectará com o público muito tempo depois de você ter saído de cena.

PRINCÍPIOS PARA OUSAR E SER LEMBRADO

1. Revele sua alma
Abra a cortina de modo a oferecer uma visão clara dos valores da sua marca. Permita que o público veja sua personalidade, e as pessoas, por sua vez, responderão à sua humanidade.

2. Expanda seus limites
A voz da sua marca nunca deve ser estática. Ela é uma mistura de características, crenças e paixões em constante mudança. Ao expressar diferentes traços, peculiaridades e características, sua capacidade de instigar as pessoas a se identificar com você torna-se o convite definitivo para sua marca.

3. Ouça antes de liderar
Você terá muitas maneiras de se expressar. Antes de fazer isso, dê ouvidos às pessoas a quem está servindo, conheça o ambiente em que vivem, entenda a missão delas, veja os desafios que elas enfrentam para realizar seus sonhos.

4. Faça as pessoas sentirem
Fazemos o nosso melhor quando nos preocupamos menos com o que as pessoas sentem em relação a nós e mais com o que as levamos a sentir a respeito de si mesmas e a capacidade delas de alcançar sua própria definição de grandeza.

5. Aceite o desafio de lutar
Lute por sua criatividade, mas convide diversas perspectivas diferentes ao longo do caminho. Para conseguir uma história que de fato será lembrada, acolha o rigor e o discurso na hora de criá-la.

6. Ganhe antes da hora
Não espere até que o momento da verdade aconteça. Planeje o melhor resultado e crie uma história que esteja pronta quando for mais importante.

6 > NÃO CORRA ATRÁS DO QUE É DESCOLADO

> *Se é clássico, então vai durar pra sempre*
> *Estou em todos os lugares onde você nunca esteve, e estou melhor que nunca*[48]
> — "Classic (Better Than I've Ever Been)"

A primeira e única vez que essa música foi tocada ao vivo foi no Gotham Hall, em Nova York, em dezembro de 2006. Os artistas Rakim, Kanye West, Nas e KRS-One cantaram juntos em um palco incrivelmente pequeno para cerca de quinhentas pessoas que haviam sido convidadas para o evento especial organizado pela Nike. Qualquer um desses rappers poderia, sozinho, ter lotado uma casa de shows muitas vezes maior que o Gotham Hall, e ainda assim todos eles estavam lá para celebrar com a Nike o aniversário de um ícone. Sob o teto abobadado do local de eventos, outrora um banco, o salão oval havia sido transformado em palco e vitrine.

---

48. *"If it's classic it's gonna last forever then/ I'm everywhere you never been and better than I ever been"*, no original em inglês. (N. T.)

Os convidados entraram por uma grande caixa de tênis branca, depois caminharam por um corredor bem iluminado que contornava o interior elíptico do local. As paredes do corredor foram forradas com 1.700 versões de um único tênis, levando os convidados ao auditório. Embora o evento fosse exclusivo, a MTV estava a postos para gravar as performances dos lendários artistas – com apresentações solo também –, que o canal levaria ao ar algumas semanas depois. Nunca antes esses artistas haviam se apresentado juntos, e nunca mais voltariam a fazer um show como grupo, e o público sabia disso. Nunca antes (e provavelmente nunca mais) aquela coleção de tênis estaria em exibição em um só lugar, e sem dúvida o público sabia disso também. Esse era o objetivo do evento, e o motivo pelo qual o chamamos de "1 única noite".[49] Por um momento, nós nos reuniríamos, juntando dois ex-jogadores de basquete da NBA – Patrick Ewing e Rasheed Wallace – ao cineasta Spike Lee para celebrar algo que todos amávamos; que todos nós respeitávamos, e que todos acreditávamos ser o ápice da função e do estilo.

Parece quase uma loucura que tudo isso tenha sido para um único tênis, mas é que se tratava do poder do Air Force 1, o tênis mais importante da história.

A criação de um ícone

Como chefe de design de marca na época, eu estava na plateia na condição tanto de representante da empresa quanto de um devotado fã de longa data do Air Force 1. Como muitos adolescentes da década de 1980, meu relacionamento com o Swoosh veio na esteira dos meus próprios sonhos. Em 1984, joguei no time de

---

49. "1NightOnly", no original em inglês. (N. T.)

calouros de basquete no ensino médio. Eu tinha vigor atlético, mas meu arremesso era abaixo da média. Em vez de aprimorar os aspectos técnicos do jogo, eu só queria imitar os craques que via na TV, especialmente Moses Malone, que na época jogava como pivô no Philadelphia 76ers. No ano anterior, Malone havia levado os Sixers a um título da NBA. Os tênis que ele usou durante a temporada? Nike Air Force 1 vermelho e branco.

Claro, eu tinha que ter meu próprio par. Meus pais me compraram alguns Air Force 1 High usados, e me apaixonei imediatamente. Toda vez que eu os colocava, repetindo o ritual de amarrar e puxar a tira de velcro por cima, eu me enchia de confiança e era tomado pela convicção de que seria capaz de flutuar no ar. Assim, meus sonhos com o basquete, por mais ilusórios que fossem, ganharam fôlego. Mas logo percebi que nem mesmo meu par de Air Force 1 melhoraria meus arremessos. Ainda assim, eu amava aqueles tênis. Foi o início da minha ligação emocional com uma marca.

E eu não era o único, nem de longe.

A Nike lançou o primeiro Air Force 1 em 1982. Na época, a Nike era mais conhecida como uma empresa de tênis de corrida, cujos designs são muito diferentes de um tênis de basquete. Quando Bruce Kilgore começou a projetar o que se tornaria o primeiro AF1, ele não olhou para modelos de tênis de corrida em busca de inspiração – olhou para as botas de trilha, montanhismo e caminhada da Nike. Ele explicou a razão: essas botas eram projetadas para flexibilidade e sustentação em uma série de movimentos, ao passo que um tênis de corrida é projetado para um único movimento – calcanhar, depois dedos do pé. Os movimentos de um jogador de basquete na quadra, principalmente a movimentação do pivô, exigiam um tênis que pudesse oferecer sustentação, conforto e versatilidade. Ao longo do processo, Bruce "projetou para o desempenho", o que significa que o AF1 foi feito *para* jogadores de basquete *e apenas* para jogadores de basquete. Se os jogadores concordavam é outra questão, mas desde o início o tênis tinha autenticidade. Bruce criou vários recursos de design inovadores e focados no basquete, incluindo um novo padrão de solado circular que permitia ao jogador girar livremente sem deslizar. A inovação de que mais me lembro quando criança, é claro, era o airbag dentro do calcanhar. Isso foi enfatizado pelo primeiro slogan do Air Force 1: "A partir desta temporada, o ar será vendido em caixas". O pôster em que esse slogan foi exibido mostrava literalmente apenas uma caixa branca do Air Force 1 com uma bola de basquete em cima, transmitindo uma sensação de admiração e mistério, mas também um propósito definido.

Claro que, como dizem, é comendo que se prova o pudim, ou seja, só se pode julgar o valor de algo experimentando na prática. O Air Force 1 não foi o primeiro tênis de basquete da Nike (a empresa lançou o Blazer em 1972). Mas a presença da Nike no mercado de basquete não era grande. No início da temporada da liga nacional de 1982, a Nike imaginou que seria grande. Seis jogadores da NBA foram selecionados para representar o tênis – Moses Malone e Bobby Jones, dos Sixers; Michael Cooper e Jamaal Wilkes, do Los Angeles Lakers; e Calvin Natt e Mychal Thompson, do time da minha cidade natal, Portland Trail Blazers. "Os Seis Originais", como eles viriam a ser chamados, foram imortalizados numa das únicas peças de marketing que a Nike fez para o AF1, um pôster dos seis jogadores em trajes de astronauta – macacões totalmente brancos – numa pista de aeroporto, com um céu brilhante e um jato ao fundo, e a legenda "Air Force 1" [Força Áerea 1][50] na parte inferior. Esse pôster e os embaixadores da

---

50. O termo "Air Force One" (Força Aérea 1) é aplicado ao ultrasseguro avião da Força Aérea estadunidense modificado para serviço especial do presidente dos EUA, que ele utiliza como transporte oficial. (N. T.)

novidade nele destacados se tornaram tão icônicos que, décadas depois, a empresa japonesa de brinquedos Medicom criou um pacote de bonecos articulados de cada jogador.

Sem dúvida, o pôster teve grande repercussão e colocou o AF1 em outro nível, mas nada superava as imagens desses seis jogadores em quadra, sobretudo Malone, que um ano depois levou os Sixers ao título da NBA. A estratégia de marketing usual, nessa etapa, seria desenvolver um comercial com Malone, recém-chegado da conquista do título da liga nacional, ostentando seu par de AF1. Mas a Nike não fez isso. Na verdade, a Nike nunca criou um único comercial para o tênis em seus quarenta anos de história. Não precisava. E teria sido isto: apenas a história da mais recente investida da Nike no mercado de basquete com um tênis de grande sucesso. Em 1984, o AF1 saiu de linha e foi retirado das prateleiras; a empresa passou a projetar seu novo tênis para as quadras, o Dunk. Na época, esse era um procedimento comercial normal, mesmo que a demanda pelo AF1 permanecesse alta – o AF1 agora pertencia à história.

Mas a história não funcionou assim. A procura pelo AF1 estava tão alta, mesmo depois de ter sido tirado de circulação, que até os distribuidores pediram à Nike que lançasse uma outra série. A essa altura, o tênis já havia se tornado uma sensação, o que sem dúvida foi ajudado por sua escassez no mercado. Sobretudo entre os jovens, o tênis alcançou um tipo de status que só pode ser comparado ao Converse Chuck Taylor. Exceto que, nesse caso, muitos dos jovens que os calçavam eram das cidades ao longo do corredor da rodovia Interestadual I-95, da Filadélfia a Nova York. Tendo se mudado das quadras para as ruas, o AF1 não era mais apenas um tênis para desempenho; era um ícone, um símbolo que transmitia autenticidade e uma cultura compartilhada. Em 1986, a Nike cedeu à demanda ainda quente do mercado e anunciou o lançamento do Air Force 2.

Hoje em dia existem 1.700 versões do AF1, e o tênis, basicamente inalterado, a não ser por variações de cor e material, permanece em produção. Nada mal para um produto que até hoje nunca teve um único comercial.

Respeite o legado

A equipe original por trás da criação do tênis nunca poderia imaginar o status icônico e o impacto cultural que o Air Force 1 teria no futuro do esporte e da cultura de estilo. Geração após geração de atletas e entusiastas de tênis vêm sentindo um profundo respeito e amor por esse modelo. Por quê? O que tornou o Air Force 1 tão especial para tanta gente? Por que, mesmo depois de quarenta anos, o tênis continua tendo uma relevância cultural duradoura que o diferencia?

Marcas têm a capacidade de criar ícones culturais, mesmo que isso aconteça apenas em casos raros. No entanto, em grande parte, quem decide o que faz um ícone são os consumidores, não a marca. De muitas maneiras, uma marca não é capaz de prever qual produto os consumidores alçarão ao status icônico. Mas podemos conceber produtos e histórias que começam a partir de uma ideia autêntica e mostram com clareza o papel a que servem e que desempenham. Se uma inovação pretende superar a desordem e se conectar de maneira mais profunda com o público, é por aí que deve começar. O Air Force 1 é um exemplo de produto que foi projetado autenticamente para as necessidades do atleta como sua estrela guia. Uma importante razão pela qual o AF1 é superior aos outros tênis de basquete que vieram depois é que sua forma singular nasceu de sua função. A partir daí, nem tudo estava ao alcance da Nike em termos de criar ressonância da marca em torno do AF1, mas certamente estava ao nosso alcance proteger o ícone que havíamos criado. E fizemos isso respeitando tanto o tênis quanto as pessoas que o amam.

Quem se aprofunda um pouco na história do AF1 vê como foi importante desde o início posicioná-lo como um tênis para basquete projetado para o desempenho. Esse direcionamento, realizado por meio de narrativas e atletas, chegou ao mercado, à quadra e à mente dos consumidores. O Air Force 1 não estava vinculado a nenhum atleta *específico*, como ocorreria com linhas de tênis de basquete da Nike posteriores. De fato, uma das razões pelas quais a Nike usou seis atletas diferentes, cada um com seu próprio estilo de jogo e atuando em posições diferentes, foi para enfatizar que o AF1 era para *todos* os jogadores de basquete. Inicialmente, o tênis em si tinha que funcionar sem as armadilhas de respaldo de um astro de primeira grandeza. E funcionou, já que os primeiros testadores do tênis muitas vezes se recusavam a devolver os pares de amostra. Esse posicionamento autêntico foi reforçado pela maneira como jogadores profissionais a exemplo de Malone e outros adotaram o tênis. Eles não apenas usavam o AF1; venciam usando o tênis. Os consumidores perceberam isso, atraídos por uma inovação que agora estava dando provas de ser uma força nas quadras, um novo produto que havia sido endossado pelos profissionais – não por meio de uma exibição aberta de patrocínio corporativo, mas por pura determinação dentro da quadra.

Ao longo dos anos, a Nike deixou essa autenticidade falar por si mesma. Não houve uma enxurrada de materiais de marketing vinculados ao tênis ou aos jogadores que o usavam. Acho que isso permitiu que se formasse um vínculo emocional natural entre o tênis e os clientes. Ao se conter, a Nike aumentou a autenticidade do AF1 e, portanto, a adesão geral das pessoas a ele.

O que nos leva ao aniversário de 25 anos do Air Force 1 e um grande evento da marca conhecido como "1 única noite", que coincidiu com o lançamento de uma nova edição do tênis. O desafio para nós – e para mim, no meu papel de chefe de design de marca na época – era bem claro: de que maneira celebramos o status icônico do Air Force 1 sem diminuir seu legado? Quando Michael Shea, que na época era diretor de criação da minha equipe e trabalhou na narrativa do Air Force 1, relembrou esse importante momento, ele fez uma analogia das mais pertinentes: "Desde o início, tivemos que levar em consideração o fato de que o Air Force 1 tornou-se muito parecido com o clássico jeans Levi's 501; um ícone adotado por gerações a fio".

No entanto, a própria ideia de celebrar o AF1 implicava infringir o histórico comedimento da Nike em comercializar um tênis que significava tanto para tanta gente. Desde que o AF1 foi lançado em 1982, a cultura – sobretudo a cultura jovem – mudou, e os consumidores se afastavam quando se sentiam alvos de campanhas de marketing direcionadas e ostensivas. Menos era mais no que dizia respeito aos consumidores jovens, e espalhar o logotipo por toda parte era uma maneira infalível de reduzir o apego emocional. Sem o mais absoluto cuidado e um planejamento meticuloso na hora de organizar o aniversário do AF1, poderíamos prejudicar exatamente o que queríamos celebrar. Ninguém queria fazer parte da equipe que não protegeu nem respeitou o legado do Air Force 1.

O produto é o herói

Antes da contratação de artistas de hip-hop, antes de a MTV estar disponível para filmar o evento, antes de haver uma enorme caixa branca do Air Force 1 para servir de porta de entrada para o evento, existiam os tênis. O que quer que decidíssemos fazer, os tênis tinham que ser o foco – o clássico AF1 todo branco.

Nosso planejamento inicial exigia a montagem da maior coleção de pares de Air Force 1 já exibida em um só lugar, e todo o resto orbitaria em torno dessa vitrine central como os planetas ao redor do Sol. O Departamento de Arquivos da Nike (ou DNA, na sigla em inglês) era o lugar para começar a reunir a maior variedade possível de diferentes modelos de AF1, mas nem mesmo o DNA tinha todas as 1.700 versões. Por isso, expandimos nossa busca recorrendo aos dedicados colecionadores de tênis em todo o mundo, a quem perguntamos se estariam dispostos a nos emprestar suas coleções de AF1. É a mesma coisa que pedir a uma mãe que lhe empreste seu bebezinho de colo. Esses colecionadores desconfiavam da ideia de qualquer entidade corporativa – até mesmo da Nike! – viajar com seus preciosos bens. Nossa solução foi limitar o empréstimo a *uma única noite*. Muitos concordaram, e agora tínhamos nossa coleção e o ponto focal do nosso evento de aniversário.

Depois disso, os outros grandes elementos da celebração começaram a se encaixar, incluindo o local. Gotham Hall é na verdade apenas um salão no que já foi o antigo banco Greenwich Savings, que fechou as portas em 1981. O exterior do edifício tem a arquitetura clássica popular das décadas de 1920 e 1930, com colunas coríntias em três lados do edifício e uma cúpula de inspiração romana. O salão central do banco tinha o formato de uma elipse, acima da qual a cúpula se erguia magnificamente, e os guichês dos caixas protegiam uma caixa-forte de estilo antigo. Perfeito. Não poderíamos pensar em um símbolo melhor do que um banco para representar a importância de se proteger a imagem do Air Force 1 como algo extremamente valioso. Cada centímetro desse espaço foi usado para contar a história do valor do AF1 e por que seu legado era digno de ser protegido. Não era valioso por causa do preço; era valioso por causa do apego que muitos tinham por ele. Lembranças, momentos, o futuro – as joias que reluziam em cada par de AF1. E foi em torno dessa elipse central que construímos as vitrines brancas e brilhantes que mostravam as 1.700 variedades de AF1, o tesouro no coração do local e de cada convidado.

Claro, as vitrines não eram o único lugar em que os convidados poderiam admirar os tênis em si. Eles também podiam olhar para o que todo mundo estava calçando. De fato, muitas pessoas foram à celebração ostentando seus próprios AF1, o que, sabíamos, seria uma das principais atrações do evento. Entusiastas do AF1 admirando os valiosos e estimados pares nos pés uns dos outros. Decidimos criar um momento na porta da frente em que um fotógrafo munido de uma câmera polaroide captava todos os que entravam no evento desfilando ao longo de um tapete branco – em vez de vermelho. De lá, os convidados subiam em um palco redondo de 1,80 metro construído para se assemelhar ao ponto de articulação da sola do AF1 – a inovação que Bruce passou tanto tempo projetando em 1982 –, que fornecia aos convidados uma porção de necessárias e apreciadas dicas sobre o calçado. O fotógrafo clicava as pessoas dos joelhos para baixo – sem mostrar o rosto – para enfatizar que as estrelas eram os AF1 nos pés, não apenas os convidados. O evento era sobre os tênis. Os convidados poderiam então assinar suas próprias polaroides, que depois eram afixadas em um mural próximo. Agora tínhamos uma galeria cada vez maior de polaroides autografadas de todos os melhores Air Force 1 já reunidos em um só lugar. Após o evento, reunimos todas as fotos em formato de livro e enviamos um exemplar para cada convidado. Ainda hoje vemos algumas como fotos de perfil nas redes sociais.

Durante todo o processo de planejamento, tivemos que nos lembrar constantemente do propósito do evento. Quando você planeja algo com a presença de artistas, celebridades e atletas profissionais, há a tendência de tornar *essas pessoas famosas* o foco central. Em alguns casos, isso faz sentido, mas no caso do Air Force 1, tiraria de cena o ícone. Eu me lembro de uma conversa numa reunião decisiva logo no início, quando veio à tona a questão de por que pensávamos que as pessoas compareceriam ao evento "1 única noite". Por que alguém acharia isso legal? O que era outro jeito de perguntar: por que o consumidor daria a mínima? Em resposta, alguém disse: "Porque ninguém nunca poderá ver todos esses quatro ícones do hip-hop no palco ao mesmo tempo, jamais, em nenhum outro lugar". Admito, esse argumento foi convincente até *para mim*, como alguém que cresceu ouvindo os artistas que agora se apresentariam num dos locais mais intimistas que era possível imaginar. Mas, olhando de outra forma, por que os artistas estavam lá? Só para fazer um show? Não. A mesma pessoa então alegou: "É por causa da coleção de tênis". Aí estava o momento de revelação. Como dizia Mars Blackmon: "Só pode ser o tênis!".

A segunda vinda

O evento "1 única noite" foi apenas parte dos esforços da Nike para comemorar o Air Force 1. Em 2007, apresentamos o novo pôster do Air Force 1 destacando um elenco totalmente novo de superestrelas do basquete. Ray Butts, que encabeçou a direção de arte para o aniversário do AF1, me disse: "Francamente, o pôster com 'Os Seis Originais' era tão icônico que teria sido uma loucura se desviar dessa estética. Nosso objetivo era apenas dar um toque moderno ao pôster original e esperar que ele correspondesse ao original". O pôster não era um anúncio publicitário do Air Force 1, nem do antigo nem do novo, mas sim um retorno ao pôster e ao tênis que ajudaram a elevar a Nike Basquete.

Em vez de seis jogadores, Butts e sua equipe reuniram dez astros: Shawn Marion, Rasheed Wallace, Steve Nash, Amar'e Stoudemire, LeBron James, Kobe Bryant, Chris Paul, Paul Pierce, Jermaine O'Neal e Tony Parker. Assim como no pôster original, os jogadores estavam vestidos de branco, perfilados numa pista de avião, o sol reluzindo atrás deles, delineando as colinas e os terminais do aeroporto. A estética era suficientemente semelhante para homenagear o original, mas também era mais brilhante, e os contrastes entre o horizonte, o asfalto e os jogadores eram mais claros. Era um retorno ao passado, mas também um passo à frente, impulsionando a Nike Basquete para o futuro.

O aniversário de 25 anos do Air Force 1 nos deu a oportunidade de celebrar um ícone cultural. Do evento "1 única noite" ao pôster "A segunda vinda" até a nova edição do tênis em si, pudemos reconhecer o impacto do original ao mesmo tempo que apresentávamos o tênis a uma geração inteiramente nova de jogadores e consumidores. Havia maneiras certas e erradas de fazer isso. Se nos desviássemos da essência do que tornou o AF1 um excelente tênis, diminuiríamos esse legado que exemplificava a ideia de propriedade comunitária. Porque, em muitos aspectos, o Air Force 1 não pertencia mais somente à Nike. Se tratássemos o tênis e sua herança como um produto exclusivo da Nike, afugentaríamos os consumidores, cujo apego ao produto vinha de algo que não era o marketing. Como Butts disse: "Comparamos o AF1 a um Porsche 911 como uma forma icônica que ao longo do tempo permaneceu fiel à sua expressão original, permitindo que ocorresse uma evolução autêntica, relevante e cuidadosa". A Nike não pretendia fazer do AF1 um tênis "de rua"; os consumidores fizeram isso. A nós cabe evitar a sede de levar o crédito por aquilo que os consumidores fazem com nossos produtos e que está além de nosso escopo e alcance. Devemos sair do caminho e deixar acontecer.

Como equipe da marca, fomos capazes de reconhecer os elementos do AF1 que o tornaram um produto tão popular: sua autenticidade e a estratégia da Nike de capacitar os clientes a se apropriar do tênis e promovê-lo ao longo das décadas. Acima de tudo, como Ray disse, "nunca perdemos de vista com quem viemos dançar". O que quer que fizéssemos, o foco *tinha que estar* no tênis e nas pessoas que o amavam.

A confluência de arte e cultura

Por volta de 2006, a série da HBO *Entourage: fama e amizade* era um dos maiores sucessos dos EUA. A trama acompanhava um ator e seus amigos em suas peripécias pelo mundo de Hollywood, em meio aos perigos da vida de celebridade e dos agentes falastrões. Em um dos episódios, Vince, o ator protagonista, presenteia seu amigo Turtle, o "fanático por tênis" da série, com um par de Air Force 1 gravado a laser. Os tênis de cano baixo têm acabamento dourado e o nome Turtle gravado na gáspea, a região sobre os dedos. São lindos, uma exibição ostensiva de arte e estilo – e Turtle adora o presente. Os espectadores podem ter pensado que os tênis foram feitos especificamente para o show. Quero dizer, a Nike realmente gastaria tempo e recursos criando esses tênis gravados com tanto requinte e esmero que parecem mais arte do que calçados? Sim, a Nike faria e fez. Na verdade, a gravação a laser foi obra do meu amigo Mark Smith, que era o diretor criativo da "Cozinha de Inovação" da Nike.

As pessoas vinham desenhando em seus tênis havia anos como uma forma de personalizar um produto que era feito para o mercado de massa, mas com o qual, apesar disso, sentiam uma profunda ligação emocional. Assim como os grafiteiros fazem com as paisagens urbanas, os toques pessoais inseridos nos tênis podem ser considerados uma espécie de obra de arte – pegar algo que não deveria ser arte e transformá-lo em algo significativo, se não para os outros, pelo menos para os proprietários. Em outras palavras, criar um ícone personalizado. O "tênis como tela" foi a inspiração por trás dos tênis gravados a laser, mas a história é muito mais profunda do que isso.

No início dos anos 2000, Mark viu outro colega de equipe da Nike na "Cozinha" fazendo experiências com o corte a laser para retalhar materiais. Isso lhe deu a ideia de usar o laser não para cortar couro, mas para fazer gravações nele. Começou a testar alguns designs, apenas para si mesmo, usando como inspiração motivos de máscaras de guerreiros antigos encontradas na cultura maori. Pouco depois, procurou amigos artistas para mostrar seu trabalho e acabou descobrindo que eles também queriam experimentar e ver o que o laser seria capaz de fazer com suas próprias inspirações. Esses experimentos com laser resultaram em designs inspirados na arte do surfe, grafite de rua e simbolismo celta, para citar alguns exemplos. Era como se Mark e seus amigos artistas estivessem redescobrindo um antigo método de expressar histórias na superfície de objetos. E pode ter sido exatamente isso. Apenas Mark experimentando uma nova técnica muito bacana e descolada, entregando-se à sua paixão criativa com uma nova forma de arte.

Entram em cena os "Centros de Energia" e meu papel nessa história. Em 2003, criamos "galerias de inovação" como uma nova forma de marketing *high-touch*[51] que nos permitiu estabelecer

---

51. Modelo de atendimento ao cliente que privilegia o contato humano direto e constante e usa menos as tecnologias de automação, e no qual a comunicação é extremamente ou exclusivamente personalizada. O ponto-chave está na customização e personalização do atendimento presencial (programas de fidelização, descontos, lembranças e presentes em datas especiais, atendimento empático e individualizado). (N. T.)

uma conexão com as comunidades criativas nas cidades mais influentes, tirando proveito da interseção entre arte e esportes como nunca antes. Era uma maneira de entrar na superfície de uma cidade e se envolver com as redes de criadores: artistas, DJs, estilistas, fotógrafos e designers. Um "Centro de Energia" foi a lendária Blue House, na Ocean Front Walk, 523, em Venice Beach. A casa foi construída em 1901 e servia como um ponto de encontro para uma variedade de figuras pitorescas, incluindo Jim Morrison, da banda de rock The Doors. Outro ficava na cidade de Nova York, na Elizabeth Street, no Soho. Eram espaços pequenos, a anos-luz da escala das grandes galerias de Los Angeles ou Nova York. Mas eram perfeitos para nossos propósitos.

É um erro, no entanto, pensar nesses locais como meras galerias de arte, embora certamente tenha sido daí que surgiu a ideia. Não havia paredes brancas, telas protegidas por cordões de isolamento e avisos de "Por favor, não tocar". Esses ambientes foram projetados para serem práticos e imersivos, espaços que mobilizavam todos os sentidos. Nas lojas da Nike, onde nossos produtos eram colocados em exposição, os consumidores podiam tocá-los e descobri-los de acordo com diversas categorias. Mas lá havia uma limitação em relação ao quanto podíamos comunicar sobre as histórias por trás das inovações e os atletas que elas impulsionaram. Os Centros de Energia resolveram o problema: eles nos propiciaram o espaço e a liberdade para adotarmos um enfoque muito mais singular e profundo para a narrativa de nossas histórias. Poderíamos usar os centros para focar um tema específico, assim como uma galeria organiza uma exposição sobre um artista ou estilo. Mas também poderíamos expandir essa ideia para incluir oficinas, eventos e até pequenos shows – todos focados em um aspecto da inovação da Nike por meio da narrativa. É incrível o que se pode realizar dentro de 92 metros quadrados.

Entre as exposições que realizamos nos Centros, incluem-se:

Reconstruir: Exposição sobre reciclagem e reaproveitamento de produtos Nike em formas totalmente novas, de tendas a móveis e vestidos. Queríamos construir um diálogo sobre inovação sustentável muito antes de esse tema se tornar o foco de muitas marcas.

A genealogia da velocidade: Exibição sobre as inovações nos calçados da Nike ao longo dos anos, com foco na velocidade. Ao longo de uma parede moldaram-se sulcos para se parecerem com a entrada de ar de um avião a jato, destacando os tênis pioneiros, o que permitia ao visitante entender a linha do tempo e a evolução da empreitada da Nike em sua busca por criar calçados mais rápidos. O slogan da programação do evento dizia: "Quinze histórias de velocidade contadas através do tempo, movimento, metáfora e som".

Por conta da minha experiência no Centro de Artes Walker, julguei que estava bem preparado para liderar a equipe na concepção e curadoria dos Centros de Energia. Eu me inspirei na ideia de compartilhar as características da marca Nike por meio de novas expressões artísticas. Para isso, nossa equipe de arquitetos, redatores, diretores de arte e produtores de filmes criou espaços imersivos repletos de narrativas dinâmicas que proporcionavam aos visitantes a oportunidade de se aproximarem da magia da inovação da Nike.

Uma das melhores partes dos Centros de Energia – do ponto de vista criativo – era que não estávamos presos a preocupações comerciais. Nossa principal motivação não era vender produtos; era atender a um segmento de nosso público que se inspirava na expressão artística que poderia vir das inovações da Nike e na forma como essas inovações poderiam beneficiar o mundo além dos esportes.

Esse espaço servia para o público explorar o mundo da Nike longe dos campos ou das quadras. Sim, era ar rarefeito – bem distante de algo para consumo em massa –, mas por essa razão a escala, em última análise, era pequena. Apenas dois locais, um em cada costa do país, para atender a uma comunidade criativa eclética.

Nesses locais, a tela para a expressão artística seriam os tênis – ou, mais precisamente, o método de gravação a laser de Mark aplicado aos tênis. A princípio, a ideia dele era usar os tênis como meio – tatuar as telas de couro para contar histórias. Tal qual uma galeria convida um artista a mostrar o seu trabalho de forma criativa, quisemos dar a Mark o espaço de um dos Centros de Energia para ele contar sua história. A ideia era apresentar uma coleção de tênis que Mark havia gravado, cada um expressando uma linguagem visual cultural diferente.

Em algumas das línguas dos tênis em exibição, Mark gravou a laser uma chama, representando o poder do fogo do Sol focado em um único ponto. E acrescentou também alguns outros toques pessoais, como um sorriso nos calcanhares de um par de Nike Cortez e de Air Force 1. Mark disse: "Simplesmente eu sorrindo para o mundo por meio desta nova e divertida tecnologia".

A resposta da comunidade foi tremenda, pois as pessoas ficaram fascinadas com o próprio processo de gravação a laser. De fato, os tênis gravados a laser fizeram tanto sucesso junto ao público que decidimos oferecer edições limitadas. Uma dessas edições apareceu na série *Entourage*. Percebemos que poderíamos usar o processo de gravação a laser para contar histórias de tênis específicos e atletas específicos. Mark saiu em turnê mundo afora para falar sobre seu método e demonstrá-lo diante de uma variedade de plateias. Por fim a técnica pousou no Air Jordan XX, com todo o entusiasmo do próprio MJ. Mark desenhou a tira do mediopé apresentando uma colagem a laser de iconografia que representava momentos importantes na carreira de Jordan. Por exemplo, havia uma imagem a laser do carro esportivo que Jordan comprou depois de ganhar dinheiro suficiente, bem como uma caixa de ferramentas com a palavra "Pops" [papai] gravada a laser – referência ao pai de Jordan, que era um mestre ferramenteiro. De forma inédita, a iconografia permitia ao dono dos tênis se aproximar do que moldou Michael dentro e fora das quadras.

Para muitos, o Air Jordan XX seria o auge dos tênis "laserados", mas não para mim. Enquanto Mark alegremente incrementava pares de tênis com gravações a laser para uma infinidade de atletas e celebridades fora de seu trabalho diário, a meu ver o ápice foi em 2015, quando o presidente Barack Obama visitou o campus-sede da Nike, e Mark e o restante da equipe presentearam o 44º presidente dos EUA com um par personalizado de Air Force 1 gravado a laser com o número 44.

De uma técnica que começou como uma forma de Mark simplesmente exercitar sua curiosidade e imaginação, o método de gravação a laser se configurou em um marco cultural, respaldado pelo apoio que a Nike deu "ao processo fora do processo", especialmente ao exibi-lo nos Centros de Energia. A inovação do laser foi parar em um programa de TV de grande sucesso; acabou abrindo caminho nas comunidades artísticas da cidade de Nova York e Los Angeles, converteu-se no tênis de jogo para o "maior e melhor de todos os tempos" e, por fim, ganhou a condição de presente para o presidente dos Estados Unidos. É assim que um produto se transforma em ícone cultural: tornando-se a tela para uma experiência muito mais profunda e personalizada.

Design democratizado

Quando levei os membros da minha equipe a uma das icônicas alfaiatarias da rua Savile Row, em Londres, queria que eles vivenciassem os quatro elementos que tornaram esses destinos mundialmente famosos: serviço, perícia, personalização e estilo. Nesses estabelecimentos encontram-se séculos de tradição, refinados aos mais ínfimos pormenores. O serviço qualificado e especializado que o cliente sente na pele enquanto o alfaiate tira suas medidas é concebido para assegurar que o corte, o ajuste, o material, a linha, os botões e todos os outros elementos sejam escolhidos com precisão para representar perfeitamente seu corpo e sua personalidade por meio de um terno. Quando você compra um terno na Savile Row, não está pagando apenas pelo tecido; está pagando por um nível de serviço antes reservado apenas para a realeza. E, apesar de eu não ter comprado um terno naquele dia – por mais que eu quisesse –, a visita reafirmou para mim que um alto nível de serviço é tão importante quanto o próprio produto na hora de criar algo personalizado.

Não dispúnhamos de séculos para construir nossa própria tradição – então decidimos ir até os melhores e buscar inspiração neles. Como mencionei no capítulo 2, a curiosidade é um elemento fundamental em qualquer empreendimento criativo. Você deve procurar constantemente maneiras de "sair de si mesmo" para encontrar inspiração de maneiras que nunca imaginou. A pergunta que eu e minha equipe estávamos lá para responder era: conseguiríamos recriar a experiência dos alfaiates de Londres – só que, em vez de ternos, customizando pares de tênis?

A customização de tênis não era novidade na época, nem na indústria de calçados nem na Nike. Em 1999, a Nike lançou em seu site o NikeiD, serviço que oferecia aos clientes a possibilidade de escolher entre uma variedade de diferentes materiais e cores para criar seu próprio estilo de tênis. A popularidade do serviço levou a mais opções de personalização, como a possibilidade de adicionar seu nome, apelido ou um slogan de sua escolha na parte de trás do tênis. Ao longo dos anos, aprendemos que quanto menos variáveis de design dermos ao consumidor, melhor. Limite o número de decisões que um consumidor tem que tomar e aumente o nível de felicidade. Talvez para um pequeno número de pessoas o NikeiD pudesse ser simplesmente uma tela em branco para projetar o que elas bem quisessem, mas a maioria queria orientação e certeza por meio de menos opções.

Quando chefiei a equipe de design de marca NikeiD nessas primeiras empreitadas, nosso trabalho se concentrou na criação da marca, na narrativa e na experiência do usuário. Contudo, à medida que o serviço cresceu em escopo e popularidade, percebemos que a oportunidade criativa era muito, muito maior do que apenas uma plataforma digital. Assim, começamos a estudar as melhores experiências de customização presencial em ambientes físicos. Visitamos as alfaiatarias de Londres, mas também pesquisamos os melhores restaurantes; os que atingem o extraordinariamente difícil equilíbrio entre qualidade, serviço e – aspecto muitas vezes negligenciado – espaço. Os melhores restaurantes não oferecem apenas o melhor serviço e a melhor comida; eles exalam uma *sensação*. O edifício, o design de interiores, o ambiente, a música, a iluminação – tudo isso contribui para tornar o restaurante o cenário perfeito no qual os clientes podem saborear a comida, desfrutar do serviço e da companhia. Viajamos para diferentes cidades e entramos em contato com os gerentes dos resorts Four Seasons e Ritz Carlton para aprender sobre o enfoque que adotavam no serviço e as estratégias para certificar seu estafe como um grupo de especialistas. Além disso, analisamos os melhores designs de embalagens do mundo (afinal, ao contrário de um restaurante, nossos clientes não consumiriam o produto no local, mas o receberiam em uma caixa). Seja a Apple, a Tiffany ou algumas das melhores butiques de Tóquio, há um elemento cerimonial tanto no ato de a equipe encaixotar o produto quanto no momento em que o consumidor o tira da caixa. Municiados dessas experiências no nosso currículo, encampamos as melhores práticas e jogamos o resto fora.

Em 2005, era hora de colocar em prática nossa experiência digital NikeiD e o que tínhamos aprendido em nossas viagens. Instalaríamos nosso primeiro estúdio no espaço que havíamos usado para o Centro de Energia na Elizabeth Street, em Nova York. Lá, como fizemos com tantas outras inovações da marca, criaríamos o protótipo e testaríamos nosso conceito ao vivo – esse conceito, o primeiro de sua categoria, era a experiência NikeiD de atendimento pessoal e exclusivo, personalizado e somente com hora marcada. Assim como fazem os alfaiates nas lojas de ternos de Londres, os consultores de design trabalhavam lado a lado com os clientes para customizar seus tênis até o último detalhe. No entanto, embora o modelo das alfaiatarias londrinas seja reproduzido em todas as partes do mundo, ninguém havia pensado em fazer isso com calçados. Achávamos que seria algo popular, mas não tínhamos ideia de que a lojinha temporária de seis semanas cresceria a ponto de chegar à proporção de estúdios de personalização em todo o mundo. Mantendo a fidelidade às suas origens como protótipo, aprendemos muito com a experiência da Elizabeth Street e tiramos proveito dessas lições em nossas iniciativas seguintes. Embora desejássemos que cada loja NikeiD tivesse recursos de personalização semelhantes, também queríamos que fossem únicas em si mesmas.

Por exemplo, em 2007, abrimos uma experiência de personalização de tênis no coração da Niketown de Londres. Um espaço de dois andares, cuja estrutura quadrada toda de vidro, estilo "aquário", tinha como objetivo fornecer aos compradores que entravam na loja-conceito uma visão da energia e da emoção que aconteciam no "laboratório de customização". Embutidas nas paredes de vidro havia vitrines exibindo centenas de tênis Nike com design exclusivo – os calçados como obras de arte.

No Soho, o Estúdio Bespoke NikeiD, no número 21 da Mercer Street, se destaca como um exemplo máximo de até onde se pode levar a personalização e o quanto as pessoas estão dispostas a pagar por uma experiência sensacional. A loja foi inaugurada em 2008 como uma pequena butique premium para as ofertas mais exclusivas da Nike, e o Estúdio Bespoke, nos fundos, abrigava sessões de design privativas e individuais para criar tênis verdadeiramente originais. Por um preço que poderia chegar a 800 dólares, o consumidor, trabalhando de perto com um consultor de design, poderia personalizar até 31 partes do tênis, incluindo a base, revestimentos, sobreposições, acessórios e penduricalhos, forro, costura, cor do solado, cadarços, *deubrés*[52] e outros. E poderia também escolher entre um total de 82 (o ano em que o Air Force 1 foi lançado) materiais icônicos e cores premium. Quero dizer, havia mil tipos diferentes de couro. Não se tratava do empenho individual a partir do serviço digital que o site oferecia; era uma experiência completa de

---

52. *Deubré* (ou "*dubray*") é o nome oficial da plaquinha ornamental de metal, plástico ou couro localizada no cadarço dos tênis Nike, sobretudo no Air Force 1. Normalmente tem dois orifícios através dos quais o cadarço é enfiado. Quando o tênis é amarrado, o *deubré* é centrado entre os dois primeiros ilhoses (mais próximos dos dedos do pé). (N. T.)

personalização, acompanhada de perto por um especialista em design que ajudava o indivíduo ao longo de toda a jornada.

O que começou como um esboço e se transformou em um protótipo tornou-se o coração das lojas-conceito de varejo da Nike mundo afora. Apenas alguns anos depois do lançamento da experiência da Elizabeth Street, todos os espaços de propriedade da Nike em que você entrasse de qualquer grande cidade apresentavam seu próprio estúdio NikeiD. O preço médio de cada par de tênis nunca foi baixo, então pode parecer estranho chamar esse processo de "democratização". Mas não estou usando o termo para me referir à ideia de que qualquer pessoa, em qualquer lugar, pode se dar ao luxo de ter essa experiência singular de design. Em vez disso, estou me referindo à democratização do design em si – a maneira pela qual os estúdios NikeiD apresentaram aos consumidores a oportunidade de agir como seus próprios designers de tênis. Cada pedacinho de customização que o cliente poderia escolher para seus próprios tênis exclusivos remetia a um momento da história da Nike. Ao preferir um elemento em detrimento de outro, o consumidor estava mostrando quais partes dessa tradição se conectavam emocionalmente com ele. No Estúdio Bespoke do Soho, em Nova York, por exemplo, o consumidor poderia escolher estampas de elefante ou safári para seus Air Force 1 personalizados. Por que essas estampas? Porque, em 1987, Tinker Hatfield usou esses dois designs naturais em seu tênis de corrida Nike Air Safari e seu tênis de basquete Nike Air Assault. Agora essas estampas, alimentadas pela tradição e talvez pela recordação que algum consumidor traz consigo, estão disponíveis para qualquer um. Este é o objetivo de democratizar o design: trazer a pessoa para dentro da história da marca e torná-la parte de uma herança cultural, permitindo que crie uma versão de algo jamais visto.

O padrinho dos livros sobre tênis

"Na verdade, o que os leitores encontram nas páginas a seguir não diz respeito a pares de tênis, é mais sobre a vida que os tênis levaram, os lugares onde estiveram, as histórias que nunca compartilharam, os pés que calçaram, as superestrelas que divulgaram seus nomes, as tendências que estabeleceram, os corações que partiram, o futuro que abraçarão."

Assim escreve Scoop Jackson na introdução de *Sole Provider: 30 Years of Nike Basketball* [O único fornecedor: 30 anos da Nike Basquete]. Quando me tornei chefe do departamento de design de marca da Nike, um de nossos primeiros grandes projetos foi a criação desse livro. Isso certamente contrariava as convenções. Em vez de usar um orçamento de marketing para produzir um filme ou realizar um evento, nós nos concentramos na elaboração de um livro. Por quê? Por que tivemos a ideia de publicar um livro que acompanhasse a jornada da Nike no basquete por meio das histórias de modelos de tênis individuais?

Vamos responder a essa pergunta fazendo outra pergunta: por que documentamos a história? Porque a história do nosso passado, as histórias de onde viemos, os momentos que compõem uma época, um acontecimento ou uma vida *são importantes*. Quando decidimos escrever um livro sobre a relação entre a Nike e o basquete, foi porque olhamos para essa história específica da Nike e sabíamos que isso importava não apenas para nós mas também para milhões de pessoas cuja vida foi afetada de modo tão intenso por esses momentos, essas histórias. E há uma razão pela qual Ray Butts, que comandou a direção de arte de *Sole Provider*, escolheu Scoop, à época um jornalista, para ser seu colaborador na escrita do texto – porque Scoop tinha uma profunda compreensão de que a única maneira de um livro como esse funcionar era não ser simplesmente uma peça de marketing repleta de imagens maravilhosas de calçados populares. Tinha que ser sobre as histórias que os tênis eram capazes de contar. Tinha que girar em torno de histórias.

Quando começamos a pensar no livro, nosso objetivo inicial era capturar histórias que mostrassem a história dos esforços de marketing de basquete da Nike por meio dos produtos e campanhas que surgiram ao longo desses trinta anos. Embora escrito para aficionados por tênis, também escrevemos o livro como um lembrete do rico legado da Nike (legado que traz consigo uma enorme responsabilidade) e como um guia de como devemos abordar futuros esforços de marketing. Em vez de vasculharmos arquivos e tentarmos lembrar o que fizemos naquele modelo de tênis vinte anos antes, tínhamos tudo em um pacote completo. Assim, *Sole Provider* era um livro de história, um livro sobre cultura, um livro sobre ícones e um guia, tudo embrulhado em um volume de visual lindo.

A história começa – corretamente – no início da entrada da Nike no mundo do basquete com o modelo Blazer, de 1972. O jogador George "Homem de Gelo" Gervin está sentado em um banco branco, vestindo um agasalho azul-claro, segurando duas bolas de basquete brancas e calçando seus Blazers brancos com o Swoosh azul. Na volumosa seção sobre o impacto e o legado duradouro do Air Force 1, saltamos 25 de 1982 para Rasheed Wallace e a influência que ele teve na ressurreição do AF1, não como um tênis de rua (Wallace não precisava fazer isso), mas como uma necessidade para as quadras. Acima das imagens de "Sheed" ostentando sua coleção de antigos pares de AF1, Scoop escreve: "Mesmo antes de essa coisa retrô começar a ser uma coisa retrô, Rasheed Wallace já usava o vintage. Sujo, limpo; couro antigo, original ou envernizado. Ele, até hoje, não dá a mínima; em vez disso, presta homenagem".

E, claro, os leitores podem acompanhar a história do Air Jordan, aprendendo, por exemplo, na seção sobre o Jordan XI, que o tênis foi inspirado por uma... meia. "O design completamente sem cadarço foi feito para fornecer um ajuste personalizado com o máximo de conforto. Fixadores personalizados de alta tecnologia foram criados para proporcionar estabilidade e controle nos pés. Isso tudo mudou quando MJ sugeriu a ideia de usar couro envernizado. Ele achou que seria legal apresentar um tênis de basquete sofisticado que pudesse ser usado com um smoking."

Até mesmo as embalagens da Nike foram homenageadas. Em uma seção intitulada "Um umidor para tênis", *Sole Provider* mapeia a história das caixas da Nike, desde quando eram simples estojos usados para entregar um par de tênis da fábrica à loja e da loja ao consumidor até se transformarem em uma espécie de baú do tesouro para os aficionados que apreciam seus Nikes e os colecionam com fervorosa paixão. "Contudo, mais do que *por que* esses fanáticos fazem o que fazem, a pergunta mais frequente é *como*: como manter um número tão grande de tênis tão frescos e limpos por tanto tempo? Entra em cena a caixa do tênis."

Embora *Sole Provider* analise um total de 650 modelos de tênis, Ray quis destacar doze deles em especial, focar os tênis que "ajudaram a definir, moldar e orientar a indústria calçadista". Modelos como o AF1, o Air Jordan e outros cujo impacto cultural e popularidade remontam a décadas, fornecendo seu próprio e singular fio de história na colcha que compõe a história da Nike (e dos consumidores).

"Sentimos que, sem esses produtos, a indústria e a cultura do tênis não estariam na escala em que estão hoje", Ray afirmou. Embora cada tênis mereça seu lugar, esses doze foram os marcos que melhor nortearam e revelaram a evolução da indústria e da cultura – a interseção onde uma fluía para a outra de forma quase homogênea.

Ao longo do livro, nosso esforço foi guiado pelo critério de transmitir a sensação de passado e futuro. A capa de *Sole Provider*, por exemplo, estabelece logo de cara o cenário ao mostrar dois Nikes dispostos em posição inversa, como se fossem um par dentro de uma caixa de tênis: um velho Nike Blazer branco ao lado do Nike Shox preto que Vince Carter usava. Passado e futuro. Ao longo do livro, os leitores também são agraciados com planos esquemáticos dos designs dos tênis, tais quais as plantas e projetos de um arquiteto, bem como o contraste de imagens novas e velhas lado a lado. Queríamos construir essa ligação perfeita entre o passado e o presente, a ideia de que a história continua e que os leitores – os "fanáticos por tênis" de Scoop – fazem parte da história. De grandes coisas a coisas ainda maiores.

Sole Provider foi uma apresentação da tradição da Nike de encontrar pessoas na interseção entre cultura e esportes. No âmbito desse domínio, ícones podem surgir e modificar a cultura. Foi uma celebração dessa história que os consumidores compartilharam e ajudaram a construir com a Nike. Queríamos produzir um livro que se concentrasse nessa paixão e história compartilhadas. Juntos, a Nike e as pessoas que amavam seus produtos escreveram essa história. Tínhamos o poder de contar essa história em um só lugar, tanto para aqueles que estiveram com a Nike ao longo de toda a jornada quanto para aqueles que arrebanhamos ao longo do caminho. Em um único volume, Ray e Scoop estabeleceram a genealogia de trinta anos de narrativas que estariam disponíveis para as gerações futuras não apenas como um livro de história mas também como um guia para a futura geração de criadores da Nike, que poderiam olhar para o passado enquanto concebiam o futuro. E *Sole Provider* forneceu aos consumidores, desde o mais obsessivo aficionado por tênis até a pessoa que simplesmente amava seu velho par de Nikes, um livro que narrava o papel dos próprios consumidores de produtos da Nike na formação dessa fatia da cultura. Como ocorre com todas as marcas, as histórias que você escolhe contar em algum momento deixam de pertencer a você. Se forem bem contadas, elas são absorvidas – como o folclore ou os contos de fadas – pelo indefinível caldeirão da cultura, em que são transmitidas adiante e compartilhadas, transformadas a cada nova versão, e por fim assumem um legado ainda maior do que o que você se propôs a criar. Conte essas histórias; compartilhe sua história. Devolva a história ao seu público.

Dia do Air Max

O edifício em formato de caixa de tênis brilhava como um farol por quilômetros ao redor. Iluminadas, cada superfície explodindo em cores dinâmicas, como se as próprias paredes vibrassem cheias de vida, as imagens fluem pelas laterais do prédio e lentamente entram em foco, nítidas. Sim, é um prédio, e há uma fila de pessoas esperando pacientemente para entrar e vivenciar as maravilhas do lado de dentro; mas também é uma *caixa de tênis*. Para sermos mais específicos, trata-se do Nike SNKRS Box,[53] edifício do tamanho de uma casa que oferece uma experiência interativa inigualável. Nesse dia, o interior do prédio é uma exposição dedicada ao misterioso Air Max 0 – protótipo criado por Tinker Hatfield, uma lenda do design, em meados dos anos 1980, mas considerado avançado demais para produção

---

53. Brincadeira com a grafia de *sneakers box*, ou seja, *caixa de tênis*. (N. T.)

comercial na época. O esboço seria arquivado até 1987, quando Tinker o retomou e o usou como inspiração para o Air Max 1. Do lado de dentro, os visitantes acessam uma meca da franquia Air Max e conferem de perto um Air Max totalmente renderizado e jamais visto até então, o Max 0. Eles também têm a chance de se encontrar com o próprio Tinker, comprar e personalizar seus próprios modelos de Air Max e compartilhar sua paixão por esse icônico calçado. Embora o Nike SNKRS Box possa ser usado para celebrar uma variedade de calçados da Nike, para quase todas as ocasiões, hoje seu exterior foi configurado para se assemelhar a uma caixa de Air Max 1 – nada mais apropriado, já que estamos em 26 de março de 2015, também conhecido como Dia do Air Max.

A Nike organizou um dia inteiro em torno de um único tênis? Sim. Por quê? Bom, vamos falar sobre isso...

Em 26 de março de 1987, a Nike lançou o Air Max 1, que apresentava alguns recursos de design bastante inovadores. A mais notável dessas inovações foi a "janela de airbag", que enfatizava a tecnologia de amortecimento a ar do tênis e foi inspirada, Hatfield disse, pelo Centro Pompidou, em Paris, edifício que foi construído "de dentro para fora". Você pode adivinhar o que a equipe da Nike esperava alcançar com essa inovação quando lançou o primeiro comercial para apresentar o Air Max ao som da canção dos Beatles "Revolution" [Revolução]. Como 35 anos depois o Air Max continua sendo um dos tênis mais icônicos da história e ainda é um item básico da linha de produtos da Nike, eu diria que a equipe criativa se saiu muito bem no que diz respeito à escolha da música.

Em 2014, a Nike lançou uma nova versão do Air Max que homenageava o original, comercializado pela primeira vez 27 anos antes. Na língua do novo modelo estava impresso "3.26" – o mês (março) e o dia em que o Air Max nasceu. Mas na nossa alça de mira tínhamos mais do que simplesmente lançar uma nova versão do tênis para comemorar o dia de sua criação. Como conta meu colega Gino Fisanotti: "O desafio era criar um momento, um dia para a comunidade de tênis se reunir, assim como as marcas do mundo fashion fazem em suas semanas de moda".

Tal como no caso do Air Force 1, entendemos que o Air Max cresceu além da propriedade da Nike e foi adotado pelos consumidores como seu xodó. E, tal como havíamos feito no aniversário de 25 anos do AF1, queríamos construir um momento em torno do tênis que servisse como uma oportunidade para dizer "obrigado" àqueles que o tornaram um ícone cultural. Começou a tomar forma no escritório a ideia de encarar esse momento assim como as marcas do mundo fashion olham para a Semana de Moda de Paris. A essa altura, a ideia de um dia único ainda não havia sido cogitada.

Mas então Gino foi ver Rick Shannon, o diretor da equipe do Departamento de Arquivos da Nike (DNA). Rick mostrou a Gino o comunicado de imprensa original anunciando o lançamento do Air Max. A data: 26 de março de 1987. Sabe o que é um "momento" mais poderoso do que uma semana? Um único dia. Normalmente não comemoramos nada durante uma semana inteira, mas, quando é um dia só, enfiamos o pé na jaca. Véspera de Ano-Novo. Dia dos Namorados. Aniversário. Dia das Mães. Dia dos Pais.

Ah, a importância e a escala de datas como o Dia dos Namorados, o Dia das Mães e o Dia dos Pais foram criações da indústria da floricultura e dos cartões comemorativos. E foi uma ideia brilhante. Como a maioria das grandes ideias, o "Dia do Air Max" começou quando especulamos: "*E se* a Nike criasse um feriado reconhecido mundialmente?". Começou a ganhar corpo a ideia de energizarmos a comunidade que transformou esse tênis em um ícone cultural e dar a ela um motivo para celebrar, assim como ocorre com os outros dias festivos.

Percebemos que esse conceito fornecia um veículo perfeito para alinhar lançamentos de novos modelos de tênis em preparação ao grande dia, e até mesmo na própria data, além de uma incrível plataforma para mobilizar e engajar os consumidores, sobretudo via mídias sociais. Essa fabricação de entusiasmo, essa capacidade de avolumar ímpeto para um momento específico envolveria os consumidores de uma maneira que jamais tínhamos feito antes. A comunidade dos aficionados pelo Air Max já existia. Não precisávamos criá-la. Mas o que precisávamos fazer era dar a eles algo em torno do que se reunir. As pessoas já estavam empolgadas. O Dia do Air Max foi apenas uma maneira de aproveitar esse entusiasmo para uma finalidade específica.

O melhor de tudo: o dia festivo não estava vinculado a nenhum lugar específico. Embora pudéssemos configurar locais em cidades escolhidas para eventos, o dia propriamente dito existiria no mundo digital, pois os consumidores compartilhariam imagens, vídeos e recordações de seu amor pelo Air Max. A Nike poderia ter fornecido a plataforma, mas no final o Dia do Air Max foi uma ideia focada no consumidor, impulsionada pela comunidade.

O Dia do Air Max original em 2014 parece pitoresco em comparação com o que a Nike fez anos mais tarde. Lançamos a nova versão do Air Max 1, que era quase uma réplica exata do modelo OG, exceto por algumas modificações e recursos de design, a exemplo do "3.26" na língua. A Nike realizou eventos em Nova York, Los Angeles e Xangai e postou no Instagram uma fotografia – uma imagem bastante simples da parte de trás de um par de Air Max 1, circundado por caixas de tênis – que rapidamente se tornou a foto mais curtida na história da

Nike. A Nike pediu à comunidade que aparecesse para celebrar o novo feriado... e a comunidade atendeu.

Sim, a Nike criou um feriado.

Os momentos e eventos específicos que a Nike, seus parceiros e a comunidade em geral criaram para o Dia do Air Max são numerosos demais para listar todos aqui. Mas um breve resumo de alguns dos mais memoráveis dá uma boa ideia de como o feriado cresceu, e de como um simples dia para comemorar o nascimento de um tênis se transformou em um fenômeno global.

Jardim paisagístico de Tóquio: Em 2017, no aniversário de 30 anos do Air Max, a aclamada empresa japonesa de design de interiores Wonderwall construiu no Museu Nacional de Tóquio um "jardim" feito inteiramente de tênis Air Max banhados em branco. Intitulado "Genealogia dos Air Max", o jardim substituiu as usuais rochas que se encontram nos jardins de pedras japoneses, tipicamente dispostas em padrões espirais, por todas as versões do Air Max ao longo dos anos.

Tênis no espaço sideral: Também em 2017, uma parceira da agência digital da Nike, a space150, prendeu um dos novos tênis Vapormax a um balão meteorológico e o enviou ao espaço. Sério. Por meio de câmeras GoPro que filmaram a subida do balão, os espectadores puderam ver o Vapormax chegar a 117.550 pés [cerca de 36 mil metros] acima da superfície, antes que o próprio balão explodisse e o calçado descesse de paraquedas. Ned Lampert, o diretor criativo da space150 que concebeu essa ideia de outro mundo, explicou:

— Estamos realmente inspirados pela *Nike*, inspirados pelo enfoque que a empresa dá à tecnologia, sua forma de abordar a cultura e tentar romper os limites no máximo grau possível, e sentimos que essa era a perfeita interseção de esportes e cultura para contar a história do tênis mais leve do mundo.[54]

Mestres do Nike Air: Em 2016, a Nike produziu o filme *Masters of Air* [Mestres do Air], que apresentou nove dos maiores colecionadores de Air Max do mundo. O filme contou as histórias desses indivíduos, gente de todas as partes do mundo – Amsterdã, Pequim, Paris, Londres, Praga, Tóquio, Las Vegas, Cidade do México e Berlim. O colecionador berlinense, conhecido pelo nome de Icebox [Geladeira], é dono de 2 mil pares de Air Max, que totalizam metade de sua coleção de 4 mil pares.

Nike SNKRS Box: Como mencionado anteriormente, havia a caixa de tênis digital do tamanho de uma casa que foi um ponto focal dos eventos em Los Angeles no Dia do Air Max em 2015. Com um exterior perfeitamente revestido com a mais recente tecnologia de telas de LED, a caixa parecia estar viva e respirando, suas paredes exibindo filmes e imagens. O Nike SNKRS Box também entrou em ação em outros anos no Dia do Air Max, em que os convidados entravam na caixa em horários agendados de antemão. Uma vez lá dentro, podiam comprar versões antigas e novas do tênis, além de conhecer atletas e designers do Air Max. Em 2016, os convidados tiveram a oportunidade de conversar com os colecionadores que participaram do filme "Mestres do Air".

Desde que foi celebrado pela primeira vez em 2014, o Dia do Air Max está firme e forte. Tornou-se parte da cultura de

54. https://www.adweek.com/performance-marketing/this-agency-used-a-weather-balloon-to-fly-nikes-new-vapormax-shoe-into-space/.

uma forma que raramente "momentos" baseados numa marca conseguem. A razão, acredito, é que o Dia do Air Max se fundamenta nos princípios centrais de alinhar uma marca com cultura. A primeira e talvez a mais importante delas é que o Dia do Air Max coloca a comunidade no centro das festividades. O papel da Nike é tornar mais fácil para qualquer pessoa compartilhar sua paixão com outras pessoas, seja presencialmente ou por meio de canais digitais. Assim como o Dia dos Namorados, o Dia das Mães e o Dia dos Pais, o evento dá aos consumidores um motivo para celebrar o que já amam.

Mas há outro elemento que contribui para esse enfoque centrado na comunidade. O Dia do Air Max incentiva os fãs a expressar a paixão do seu jeito. A Nike propicia às pessoas as ferramentas e a inspiração para mostrarem seu apreço e depois dá um passo para o lado. Outro princípio que estava no centro do Dia do Air Max foi dar efetivo poder de voto às pessoas. Todos os anos, os entusiastas se tornam eleitores e podem decidir por votação a direção da versão seguinte do Air Max, o que literalmente permite que a comunidade faça parte do processo criativo da Nike. E, por fim, em cidades ao redor do mundo, de Melbourne a Los Angeles, criam-se experiências interativas para mostrar apreço pelo consumidor. Isso era e sempre tinha sido mais do que um tênis, como dizia o primeiro anúncio impresso: "O Nike-Air não é um calçado"; tem a ver com o que o tênis Air Max representa. O feriado é uma celebração da comunidade, criatividade e autoexpressão.

De muitas maneiras o Dia do Air Max poderia ter dado com os burros n'água, de muitas maneiras a Nike poderia ter manchado exatamente o que estava tentando celebrar. Contudo, ao manter sempre o produto e a comunidade no centro, a Nike conseguiu capacitar as pessoas a se apoderar do Dia do Air Max. No fim das contas, o Dia do Air Max se tornou um feriado de sucesso por seus próprios méritos porque a Nike conectou as pessoas a algo que elas já amavam. É uma data que permite que as pessoas da comunidade celebrem umas às outras por meio do amor mútuo que sentem por um produto.

Sob um ponto de vista mais amplo e levando em consideração o histórico do marketing da Nike em geral, essa data festiva nos permite ver, reunido de uma só vez em um único dia, tudo de melhor que aprendemos. Sempre considerei o Dia do Air Max o melhor dos esforços de marketing da marca Nike, o momento em que a marca, em sua forma mais pura e ideal, é capaz de brilhar. Conseguimos colocar o melhor da Nike, seu pessoal, seus designs, suas histórias, seus tênis, em uma experiência ímpar, como se o próprio Dia do Air Max fosse uma caixa de tênis dentro da qual despejamos toda nossa paixão.

Não corra atrás do que é descolado

Toda marca quer criar seu próprio ícone cultural. Toda marca quer seu próprio Levi's 501, seu próprio Ford Mustang, seu próprio Air Force 1. É um dos pontos mais altos que um produto pode alcançar, mas, se esse for o objetivo desde o início, provavelmente fracassaremos. O que é "descolado" se não autenticidade; individualidade; um forte senso de identidade e propósito? Sim, existem tendências "descoladas", mas ninguém criou um ícone seguindo uma tendência. Você cria um ícone iniciando uma tendência. Se você corre atrás de uma, provavelmente está tentando ser algo que você não é – e os consumidores são especialistas em desmascarar a falta de autenticidade. Porque as marcas não decidem o que se torna um ícone; quem decide são os consumidores.

Se uma marca tem sorte suficiente de se agarrar a um ícone cultural, um símbolo do que é "legal", "maneiro", "descolado", deve respeitá-lo e protegê-lo. O Nike Air Force 1 teve muitas edições ao longo dos anos, mas é o mesmo tênis, cumpre o mesmo propósito do primeiro AF1 que levou Moses Malone ao título de campeão da NBA e que me levou a acreditar que um dia eu seria um jogador de basquete profissional. Bem, pelo menos uma dessas coisas aconteceu.

Mas, na maioria das vezes, uma marca não tem seu próprio AF1. Na maioria das vezes, uma marca descobre que é um árduo desafio permanecer relevante e fazer parte da conversa cultural. Por causa disso, algumas marcas perseguem a última tendência, correm atrás de influenciadores ou plataformas de mídia social. Muitas marcas se agarram ao que todo mundo está fazendo, e o resultado pode ser algo inautêntico e desprovido de qualquer poder emocional. Você está correndo atrás do que é descolado e, provavelmente, não vai conseguir agarrá-lo.

Ícones culturais começam a tomar forma quando uma marca permanece autêntica em sua identidade e propósito. Faça isso, e o que é descolado vai correr atrás de você.

PRINCÍPIOS PARA SER AUTÊNTICO E COLABORATIVO

1. Deixe que a autenticidade seja sua moeda cultural
Tire proveito de seu legado. Sua missão original é o que trouxe você até aqui, então lembre-se da razão por que você foi amado em primeiro lugar. Você não pode fabricar autenticidade, então proteja a sua. Ela ainda estará aqui muito tempo depois que a última tendência em voga desaparecer.

2. Jogue nas interseções
Não fique no seu canto, no seu quadrado. Junte-se a outras correntes culturais que compartilham os valores da sua marca. Ao cruzar caminhos com os mundos da arte, da música e outros, você pode convidar novos consumidores para sua marca e, por sua vez, exercer um impacto maior na cultura.

3. Crie junto com a comunidade
As marcas não criam ícones por conta própria; o sucesso que você alcança se deve tanto aos consumidores quanto a você mesmo, então recompense-os. Torne o relacionamento pessoal, dando-lhes as ferramentas, os momentos e a tela com os quais compartilhar com o mundo a paixão que sentem por você.

7 > INICIE UM MOVIMENTO

"O mundo está travado! Está empacado numa rotina enfadonha. Está preso na mesmice. Está parado assistindo *a este filme*! Hoje, vamos tentar convencer alguns moradores de Los Angeles a deixarem de ficar parados no trânsito e preferirem se mexer. Tá legal, preparem tudo!"

Nesse ponto, o homem que está falando, o comediante Kevin Hart, amarra seus Nikes e sobe na traseira de um caminhão, só que a traseira do caminhão parece uma caixa de vidro, e há uma esteira no meio. Kevin começa a correr na esteira enquanto o caminhão percorre as ruas de Los Angeles, entra na avenida e se enfia no trânsito da hora do rush. Microfonado, Kevin cumprimenta os motoristas, brinca com os pedestres (ou o que ele diz está mais para provocação?).

"Vocês estão aí no trânsito sem fazer nada", Kevin se dirige aos motoristas. "Eu estou treinando, fazendo alguma coisa." O que pode soar um pouco duro para pessoas que, você sabe, têm empregos e estão cuidando da vida, mas é Kevin Hart. É Kevin Hart dentro de uma caixa de vidro correndo numa esteira.

"Eu pareço tão legal aí do lado de fora quanto acho que estou?", ele pergunta... a ninguém em particular.

Na avenida, abarrotada como sempre, as buzinas disparam enquanto os motoristas passam. Kevin, sem parar de correr na esteira, acena para eles e diz: "Ou vocês estão buzinando porque me amam, ou porque estou atrapalhando o trânsito". Para ser franco, provavelmente um pouco da coluna A e um pouco da coluna B.

Se você ainda não sabe o que está acontecendo, pode pensar que tudo isso foi apenas uma peripécia maluca. Talvez Kevin estivesse divulgando um novo filme ou um novo show de comédia. Mas não era isso: Kevin estava fazendo exatamente o que disse que estava fazendo: tentando convencer as pessoas a se mexer. A se levantar. A correr.

Mas... Kevin Hart? Sim, Kevin Hart, comediante, ator e um homem cuja paixão pela boa forma física, sobretudo a corrida, é inigualável. Mas chegaremos lá. A "pegadinha" de Kevin, se você quiser chamar assim, tinha o intuito de promover a Nike "Go LA 10K", corrida de dez quilômetros realizada em abril de 2018, e coincidiu com o lançamento de uma novíssima inovação em calçados, a linha Nike React.

À medida que o caminhão segue seu caminho, agora na rodovia, Kevin ainda correndo na esteira, os olhares dos motoristas vão da hilaridade à confusão. As pessoas sacam seus celulares, tentando capturar algo que nunca viram e provavelmente nunca mais voltarão a ver. Na beira da estrada, um homem com roupas comuns observa o caminhão passar, ouve Kevin aos berros e então sai correndo. Alguém entendeu a mensagem "Prefira se mexer".

"Isto sem dúvida conta como meu exercício aeróbico do dia."

O catalisador

O envolvimento de Kevin com a Nike não se limitou à corrida de Los Angeles. Ele também esteve envolvido na campanha para promover o relógio Apple Watch Nike+, lançado em 2017. A Nike tinha um histórico ilustre de se unir a talentos criativos de fora do campo esportivo para adicionar a seus produtos o nível de entusiasmo intercultural que faz uma campanha repercutir além do público tradicional. Um dos primeiros foi o diretor de cinema Spike Lee, no papel de Mars Blackmon, ao lado de Michael Jordan, dizendo: "Só pode ser o tênis!". Houve também a campanha de 1993 estrelada pelo ator Dennis Hopper interpretando um excêntrico árbitro de futebol americano que segurava nas mãos e cheirava um dos enormes tênis do *linebacker* Bruce Smith, do Buffalo Bills. Não se tratava apenas de chamar gente famosa para aparições especiais. Esses ícones culturais foram escolhidos por causa da maneira única como agregavam algo à história que a Nike estava tentando contar.

Portanto, é bom saber por que a Nike e Kevin Hart se uniram.

Em 2015, iniciamos nossa busca por alguém que pudesse não apenas falar de maneira autêntica sobre condicionamento físico, sobretudo corrida, mas que pudesse literalmente iniciar um movimento sobre a importância do movimento. Essa pessoa era Kevin Hart. Para quem conhece Kevin apenas pelos shows de stand-up e pelos papéis no cinema, a escolha parece esquisita. Ele não é um atleta profissional, nem nunca foi. Mas esse também é o xis da questão. A visão da Nike não era atingir apenas as pessoas que talvez respondessem a um atleta conhecido, mas a alguém com quem talvez se identificassem de uma maneira diferente. Os corredores já estavam praticando corrida; precisávamos alcançar as pessoas sentadas no sofá, pessoas que olhariam para alguém como Kevin e não mudariam de canal imediatamente. A personalidade contagiante e a performance hilária de Kevin fariam esse público prestar atenção, rir e – esta era a nossa esperança – começar a correr. Para dar vida a esse movimento, precisávamos da parceria de alguém influente, mas que tivesse uma conexão autêntica e relacionável com a corrida.

Como sabíamos que Kevin era perfeito para o papel? Bem, aqui está uma história (entre muitas) que justificam a escolha. Em junho de 2015, na noite anterior a uma apresentação de Kevin em Boston, ele tuitou: "Povo de Boston, eu quero que vocês venham correr comigo pela manhã! Me encontrem na caixa-d'água 367, avenida Chestnut Hill, Brighton, Massachusetts... perto do Centro de Recreação Reilly". No dia seguinte, no local marcado, trezentos bostonianos saíram para correr com Kevin Hart. Foi o primeiro evento do que se tornou uma coisa normal para o comediante em sua turnê, perfazendo um total de treze cidades em cinco meses. Somente na Filadélfia, 6.500 pessoas correram com Kevin pela "cidade do amor fraterno" enquanto ele refazia a icônica corrida realizada pela primeira vez por Rocky Balboa, encerrando o percurso no topo da escadaria em frente ao Museu de Arte da cidade. Em Dallas, Kevin, depois de concluir o trajeto, viu um homem obeso no grupo que havia se juntado aos participantes da corrida e trotou de volta para terminar a prova com ele. Quero dizer, uau![55]

Sobre aquela primeira corrida em Boston, Kevin disse: "Foi sinceramente uma decisão espontânea. Senti que seria uma maneira legal de motivar as pessoas a respeito do condicionamento físico".

---

55. https://nypost.com/2015/10/27/why-thousands-of-people-are-running-with-kevin-hart.

Indo um pouco mais fundo, no entanto, descobrimos que Kevin nem sempre foi um corredor. Alguns anos antes, ele finalmente decidiu levar a sério seu condicionamento físico e começou a correr. Mas não era exatamente bom nisso. Suou bastante até encontrar uma rotina que o convencesse a sair de casa para se exercitar com regularidade, mas um dia tudo simplesmente encaixou. A rotina de treinos se tornou um vício e, tal qual o fervor dos convertidos, Kevin queria usar sua tremenda plataforma (mais de 20 milhões de seguidores no Twitter na época) para compartilhar com os outros seu amor pela boa forma física e a corrida e, com sorte, fazer as pessoas começarem a correr.

Então, por que decidimos que Kevin Hart era nosso perfeito embaixador para lançar um movimento sobre a importância do movimento? Porque ele já tinha começado um.

A reunião antes da reunião

Kevin foi ao campus-sede da Nike para conhecer a equipe. Antes da reunião, passei pela inspeção de segurança no saguão do Edifício da Inovação, com Kevin logo atrás de mim. Enquanto esperávamos que o restante da equipe terminasse o procedimento, me apresentei a Kevin; era a primeira vez que nos encontrávamos pessoalmente, apenas nós dois parados junto ao pé da escada. Sem pestanejar, Kevin encetou um discurso sobre sua ambição de fazer o mundo se mexer. Rapidamente percebi que não era uma encenação. Quero dizer, o homem exala comédia, mas, naquele momento, a paixão de Kevin por condicionamento físico e corrida emanava dele – e diante de um cara que ele havia conhecido segundos antes. Ouvindo sua ambiciosa visão, de imediato fiquei impressionado com o fato de Kevin ter um plano concreto. Ele sabia o que queria fazer, o que não é nem um pouco corriqueiro. Lembre-se: ainda não havia nenhuma parceria oficial firmada. Normalmente, são pessoas como eu – os profissionais de marketing de marca – e o restante da equipe criativa que lançam ideias para o artista ou atleta. Mas não nesse caso. Kevin, por iniciativa própria, vinha trabalhando em um plano para levar condicionamento físico e um estilo de vida mais saudável a comunidades carentes.

Eu já respeitava Kevin tanto como pessoa quanto como artista, mas seu objetivo alçou meu respeito a novos patamares. Ademais, ele era engraçado de um jeito tão natural que precisei me esforçar para não dobrar o corpo de tanto rir, o que não era a coisa mais conveniente quando eu, e não Kevin, tinha que fazer uma apresentação em alguns minutos.

Por fim, o restante da equipe da Nike se reuniu na sala de conferência, e eu consegui me recompor o suficiente para dar o pontapé inicial à nossa apresentação para Kevin. Comecei com um panorama geral sobre a marca Nike – nosso propósito, missão e valores. Isso é o costume, mas sempre nos dá a oportunidade de deixar bem claro que o fundamento de todos os nossos relacionamentos são o esporte e a inovação para os atletas. Depois veio Janett Nichol, chefe de inovação de vestuário, seguida por Darla Vaughn, diretora sênior de marketing. À medida que cada colega continuava a dar vida à magia do marketing e da inovação da Nike, notei um olhar de surpresa estampado no rosto de Kevin. Terminadas as apresentações, ele se inclinou para Pam McConnell, chefe de marketing de entretenimento da Nike, e comentou que jamais havia participado de uma reunião de apresentação com uma marca em que todos os apresentadores da equipe fossem negros.

Todos nós olhamos em volta e percebemos que Kevin estava certo. Todos na sala que fizeram apresentações naquele dia eram negros. Não se tratou de algo intencional de nossa parte;

era apenas o simples fato de que os líderes negros encabeçavam os grupos responsáveis pela parceria com ele. No entanto, era verdade, e o fato de Kevin ter percebido isso imediatamente se destaca como um dos pontos altos para mim no que diz respeito a trilhar o caminho da diversidade e da representatividade. Tenho de admitir que foi um momento pequeno, e não era o propósito da reunião, mas nunca vou me esquecer desse dia.

De qualquer forma, a reunião terminou e fomos almoçar no Edifício Mia Hamm. Tínhamos um convidado surpresa para Kevin. Depois que terminamos nossa refeição, entrou Phil Knight. Kevin ficou radiante. Phil se derreteu em elogios pelo sucesso de Kevin, que foi igualmente efusivo em relação a Knight como uma inspiração para ele. Encerradas as amabilidades, Kevin começou a improvisar um pouco e declarou que horas antes havia quebrado todos os recordes de desempenho de atletas no Laboratório de Pesquisas Esportivas da Nike. Uma vez que essa lista de proezas incluía detentores de recordes mundiais e campeões olímpicos, a declaração dele era uma impossibilidade, mas o modo de falar e a seriedade de Kevin quase nos mataram de rir. Outro pequeno momento, mas que também serviu para mostrar que Hart estava tão empolgado por firmar uma parceria com a Nike quanto nós por contar com ele.

Sim, escolhemos o embaixador perfeito e, no futuro, sabíamos que estávamos prestes a embarcar em uma parceria inesquecível (e hilária) com ele. Acho que tenho mais uma história que vai mostrar o que quero dizer.

Em janeiro de 2016, Kevin participou como convidado do programa *Tonight Show*, apresentado por Jimmy Fallon. Kevin apareceu todo paramentado com roupas da Nike: uma camiseta de treino vermelha e tênis Nike Hustle Hart para treinamento cruzado. Jimmy perguntou a Kevin sobre seus novos tênis, e Kevin, sendo Kevin, simplesmente não se cansou de reiterar o quanto ele os amava. "Acho que vocês não estão conseguindo enxergar direito", ele gritou para a plateia, e em seguida deu um pulo para se empoleirar em cima da lendária mesa do *Tonight Show*. Em seguida, Kevin mencionou as citações inspiradoras que a Nike costurou no material do tênis: "Saúde é riqueza" e "Nunca deixe de persistir". São mais do que tênis, Kevin declarou, foram projetados para ajudar a "preencher a lacuna entre o atleta e a pessoa que não entende que dentro dela existe um atleta".

Será que preciso explicar o sentimento que isso causou em nós na Nike? Já mencionei que tínhamos escolhido o aliado perfeito para iniciar um movimento sobre a importância do movimento? Sim? Kevin Hart era exatamente a pessoa de que precisávamos.

O homem que não parava de correr

Contra uma tela preta, aparece o texto em amarelo: "Em outubro, Kevin Hart adquiriu o Apple Watch Nike+". Em seguida, o filme corta para Kevin, que está sentado em seu carro e, falando para a câmera de seu celular, segura uma caixa preta: "Estou prestes a mostrar a todos vocês o primeiro Apple Watch Nike+. Oh, meu Deus, correr ficou muito mais fácil".

Kevin continua falando sobre seu novo relógio, mas não dá ao espectador nenhuma informação sobre o novo dispositivo. Kevin não fala sobre os recursos, não menciona todas as inovações digitais do aparelho; tudo o que ele diz é: "Correr ficou muito mais fácil".

A tela fica preta e aparece o texto: "No dia seguinte, ele sumiu. Meses depois, uma equipe de filmagem o encontrou a 1.100 quilômetros de casa".

Quando voltamos a ver Kevin, ele está no deserto, barbudo, correndo. Está correndo faz meses, dormindo ao relento, como um nômade. "Sabe, correr costumava ser difícil pra mim", ouvimos Kevin dizer. "Mas aí as coisas mudaram quando acordei e comecei a ouvir essa vozinha na minha cabeça. Era sempre a mesma pergunta, todo dia: 'Vamos correr hoje?'." O espectador descobre que a "vozinha" de Kevin é na verdade seu Apple Watch Nike+, que o acorda todas as manhãs, como um despertador, com a mesma pergunta na pequena tela: "Vamos correr hoje?".

"Então você sabe o que eu comecei a fazer?", Kevin pergunta. "Comecei a responder a essa pergunta." Corta para Kevin saindo de sua barraca nas primeiras horas da manhã, levantando as mãos para saudar o sol nascente e gritando: "SIM!".

"Então agora", Kevin diz, correndo ao lado de um lobo (por que não?). "Então agora eu corro. Eu corro."

A Nike lançou o filme publicitário *O homem que não parava de correr*[56] em 2017 para coincidir com a estreia do produto Apple Nike Watch+. O relógio foi um grande salto em termos de inovação em condicionamento físico e comunicação móvel dos dois especialistas no assunto: Apple e Nike. Não era a primeira colaboração entre as duas marcas, no entanto. Em 2006, as duas empresas trabalharam juntas para lançar o Nike+, um rastreador de corrida acoplado ao tênis Nike que se conectava a um iPod. Doze anos depois, estávamos juntos novamente, embora o estado do hardware digital tivesse mudado de maneira considerável. Ao mesmo tempo, eu não era mais responsável apenas pela identidade de marca e pelo design da experiência para o lançamento. Como diretor-executivo de marketing, minha responsabilidade era liderar as equipes em todas as disciplinas dentro de nosso esforço de marketing.

---

56. "The Man Who Kept Running", no original em inglês. (N. T.)

Ao se introduzir uma novidade no mundo, o objetivo é sempre tornar intuitivo e significativo o benefício dessa inovação. A Nike tinha o legado de criar conexões emocionais entre o consumidor e as inovações em calçados. Basta considerar o status icônico que o Nike Air alcançou na cultura popular – status que transcende o aprimoramento de desempenho original propiciado pelo airbag. Agora, o desafio era criar uma ligação emocional semelhante ao produto digital, não apenas ao calçado. Embora os benefícios das inovações visíveis tendam a ser bastante intuitivos (um tênis de corrida mais leve contribui para um corredor mais veloz), os benefícios das inovações digitais geralmente são menos óbvios, sobretudo se o design possibilitar algo verdadeiramente novo e diferente.

Para complicar ainda mais as coisas, as inovações digitais tendem a envolver múltiplos recursos, cada um com seu próprio conjunto exclusivo de benefícios. Para ajudar a orientar nossos esforços aqui, analisamos outros mestres da "narrativa de serviços digitais": Apple e Google. O irônico é que essas duas marcas digitais alcançaram o domínio da narrativa tomando emprestado o manual de marketing da Nike. Sendo a imitação a forma mais sincera de lisonja, era hora de a Nike retribuir o elogio. O que Google e Apple fizeram muito bem com seus próprios lançamentos de produtos foi ressaltar as coisas incríveis que as inovações permitiam que o consumidor fizesse, em vez de focar características técnicas específicas.

Quando nos propusemos a comunicar os benefícios do novo Apple Watch Nike+, precisávamos resistir à tentação de nos concentrar em todas as coisas interessantes que o relógio poderia fazer e, em vez disso, fundamentar nossa narrativa no aspecto que realmente tornava a experiência especial. Por que um consumidor teria vontade de comprar isso? Em uma única palavra: motivação. É isso. Todos esses recursos técnicos complexos estavam lá para proporcionar aos corredores que usavam o Apple Watch Nike+ a motivação necessária para tornar a corrida uma experiência mais agradável e corriqueira. E, mais do que qualquer outra coisa, do que todo corredor relutante precisa? Motivação. Nosso desafio criativo era dar um jeito de fazer com que os consumidores entendessem *isso* acerca da inovação tecnológica.

Correr é uma atividade extraordinariamente difícil. Ao contrário de um esporte em que a competição é o fator motivador, a corrida é na maioria das vezes uma busca individual. A pessoa sozinha, na rua, na estrada ou na pista, sem nada que a empurre para a frente, exceto sua própria motivação. Não é de admirar que muitos de nós escolham outras atividades ou desistam de tornar a corrida um hábito. Em suma, é difícil manter-se motivado. Então, de que maneira poderíamos aumentar de forma autêntica a noção de que correr é legal? Como poderíamos mostrar que o Apple Watch Nike+ oferece aos corredores e futuros corredores a única coisa de que precisam para não parar de... correr?

Nossa resposta a essa pergunta se materializou na forma de uma série de curtas-metragens chamada *Desaparecido*,[57] que a Nike criou em parceria com a Wieden+Kennedy. Dirigidos por Stacy Wall, todos os filmes, incluindo *O homem que não parava de correr*, foram gravados em locações em Moab, Utah. Stacy havia escrito e dirigido vários comerciais da Nike ao longo dos anos e tinha uma forte compreensão da marca Nike, de nossa voz e nosso padrão de narrativa. Uma das maiores contribuições de Wall foi deixar Kevin improvisar boa parte de sua performance. Com um artista como Kevin, você não escreve falas; você escreve um esqueleto geral de roteiro e depois sai da frente. Por mais magistrais que nossos roteiristas parceiros fossem, o sucesso viria de dar a Kevin espaço para inventar na hora e

---

57. "Vanishing", no original em inglês. (N. T.)

revelar ao espectador as verdades sobre a prática da corrida, de um jeito que apenas ele é capaz. E me refiro a "verdades", já que Kevin estava falando não só como um embaixador da Nike mas também como um corredor relutante que havia encontrado sua própria motivação. Além do mais, como alguém que usou essa motivação para motivar outras pessoas.

Na série de filmes, Kevin Hart interpreta uma versão de si mesmo que se motiva a correr depois de receber seu Apple Watch Nike+ e meses depois é encontrado por uma equipe de filmagem no meio do deserto, conversando com animais e lutando contra o calor e a solidão. Com o desenrolar das filmagens, Kevin incorporou com facilidade o papel do corredor obcecado. A cada nova cena ele aumentava seu nível de empolgação – num piscar de olhos, passava de um completo lunático a um sujeito apenas levemente entusiasmado. Todos no set sentiam enorme prazer ao ver um profissional no supremo domínio de seu ofício. Kevin, como seria de esperar, também trouxe suas ideias excepcionais para o projeto. Os espectadores podem pensar que a barba do Kevin nômade é falsa. Não. Ele realmente deixou a barba crescer. A barba foi ideia dele.

Cada filme da série destaca um dos recursos motivacionais do Apple Watch Nike+, como acompanhar com exatidão seu ritmo, registrar distância e velocidade, a progressão dos exercícios diários ou um aplicativo que permite competir contra seus amigos. O truque era comunicar essas coisas não da forma como um engenheiro faria (não quero ofender os engenheiros), mas como faria um amigo seu que acabou de adquirir essa nova engenhoca. É o que vemos no anúncio "O homem que não parava de correr": os espectadores não têm ideia de como o relógio funciona; veem apenas o que ele faz. O comentário de Kevin no início do filme – "Correr ficou muito mais fácil" – é o que *todo* aspirante a corredor quer ouvir.

O que essa coisa faz?
Faz com que correr fique muito mais fácil.
Aprovado!

Um movimento sobre a importância do movimento

A parceria de Kevin Hart com a Nike se estendeu além do Apple Watch Nike+. Também produzimos uma série de corridas audioguiadas, com narração dele e destinadas a motivar os ouvintes. Imagine a voz de Kevin em seu ouvido enquanto você está tentando acordar ou estabelecer seu recorde pessoal, ao mesmo tempo que, entre as risadas, aumenta sua frequência cardíaca. Depois, em 2018, foi lançada a campanha já mencionada no início deste capítulo, "Prefira se mexer",[58] ligada à mais recente inovação da linha de tênis Nike React. Foi o lançamento de produto global da Nike mais gigantesco até hoje. Por mais divertido que tenha sido ver Kevin correndo na traseira do caminhão, essa produção empalideceu em comparação com o filme "Prefira se mexer", de quase dois minutos de duração, apresentando não apenas Kevin mas também a ginasta Simone Biles, o jogador de futebol americano Odell Beckham Jr. e até mesmo o cientista educacional Bill Nye, o "Cara da Ciência".

Na fantasia do filme, o mundo parou de girar em seu eixo, uma catástrofe que um telejornal chamou de "Paroucalipse". Para colocar a Terra novamente em movimento (entendeu?), todo mundo precisa começar a correr. De uma ponta à outra do planeta, dos Estados Unidos à China, as pessoas saem de casa para se juntar a outras nessa corrida para salvar a humanidade. Em dado momento, uma enorme multidão surge e encontra

---

58. "Choose Go", no original em inglês. (N. T.)

Kevin correndo sozinho na direção oposta. Kevin para e se pergunta: "Por que todo mundo está indo pra esse lado?", e então resolve seguir o mundaréu de gente.

"Esse esforço incrível parece ser a última chance do nosso planeta se mover", um âncora anuncia na TV. O plano começa a dar certo e a Terra volta a girar novamente... até que o âncora do telejornal divulga uma notícia de última hora: "Todo mundo está correndo na direção errada!". A multidão para de repente, gira 180 graus e recomeça.

A última imagem mostra Kevin desconsolado enquanto a multidão passa correndo por ele, dizendo aos gritos: "Eu sabia! Eu sabia que estava certo!".

A parceria de Kevin com a Nike foi pioneira em vários níveis. Em primeiro lugar, baseava-se em uma paixão natural e compartilhada por ambos: o desejo de servir e inspirar atletas de todos os tipos. Tão logo começou a praticar corrida, Kevin queria que outros corressem com ele. No papel de embaixador, ele foi o catalisador que fazia as pessoas ouvirem com atenção. Em segundo lugar, o elo entre Kevin e a Nike foi o Apple Watch Nike+, a ferramenta que ajudaria tanto um quanto outro a concretizar o objetivo de ajudar os outros. Por fim, a história pessoal de Kevin, somada a suas empenhadas iniciativas nas mídias sociais, significava que sua voz era autêntica. Kevin era um mestre motivador precisamente porque sabia o que significava precisar de motivação. Ele sabia o que os outros precisavam ouvir para mudar de vida – não apenas motivação para uma única corrida como também motivação para um estilo de vida que incluía a prática de corrida. E *este* foi o propósito por trás da parceria da Nike com um homem excepcionalmente talentoso e motivado: ajudar a inspirar outras pessoas a fazer o que ele mesmo fez. Usar a voz de Kevin para iniciar um movimento sobre a importância do movimento, potencializado, por sua vez, pelo Apple Watch Nike+. Quando juntamos todas as peças, vemos como as marcas podem fazer mais do que usar ferramentas de marketing para vender produtos; vemos como as marcas podem usar produtos para fazer desabrochar o potencial humano em escala gigantesca.

No restante deste capítulo, compartilharei outras experiências das quais fiz parte e nas quais uma inovação desencadeou um movimento.

Human Race: uma corrida por toda a humanidade

A campanha do Apple Watch Nike+ girou em torno da criação de um movimento. Nove anos antes, o Nike+, sem o Apple Watch, foi usado para criar *movimento* no sentido literal. Imagine, como fizemos em Beaverton em 2007, o mundo inteiro (ou o maior número possível de seres humanos que pudemos reunir) correndo junto, ao mesmo tempo, no mesmo dia, na mesma prova. Apenas alguns anos antes, seria uma impossibilidade. Nada nessa escala jamais poderia ser realizado, nem com a melhor tecnologia disponível. Mesmo que a Nike tivesse organizado um evento em que pessoas de todo o mundo participassem de uma "corrida" no mesmo dia, nenhum dos corredores teria a sensação de estar numa única corrida; nada poderia conectar um corredor em, digamos, Melbourne, a um corredor em Madri. Mas agora a tecnologia já estava disponível. Sim, ainda exigiria um enorme esforço de persistência e planejamento humano, mas *e se...?*

Esse foi o início do que viria a ser o evento "The Nike+ Human Race",[59] corrida de dez quilômetros que aconteceria em

---

59. Há um trocadilho no nome do evento, que pode significar tanto "Corrida Humana" quanto "Raça Humana". (N. T.)

vários continentes e abrangeria 25 cidades, incluindo Los Angeles, Nova York, Londres, Madri, Paris, Istambul, Melbourne, Xangai, São Paulo e Vancouver, para citar as maiores. E tudo ocorreria no mesmo dia, 31 de agosto de 2008, apenas uma semana após os Jogos Olímpicos de Pequim. Nas cidades participantes, as corridas seriam seguidas por um show com alguns dos principais artistas do momento: Moby, Kanye West, Ben Harper, Fall Out Boy, Kelly Rowland e outros.

A inovação que mudou tudo isso foi o Nike+. Como seu descendente, o Apple Watch Nike+, faria quase uma década depois, o Nike+ foi a ferramenta que ajudou a Nike a materializar seu ideal de realizar o maior evento de corrida do mundo de todos os tempos.

O início de um movimento

No início dos anos 2000, a Nike lançou seu próprio tocador de MP3 – o melhor do mercado, devo acrescentar –, e também tínhamos um site de corrida on-line muito inovador, que permitia aos corredores experientes registrarem suas corridas. O único problema é que nenhum deles era muito popular, pelo menos no mercado de massa. Atendiam mais ao corredor experiente do que ao amador e, por esse motivo, nunca "pegaram". O que notamos foi que os corredores habituais geralmente tinham um iPod Nano preso ao pulso ou braço e um par de tênis Nike nos pés.

Também constatamos que o corredor médio, ou o aspirante a corredor, não dá a mínima para a frieza da tecnologia. Ele não vai comprar o tocador de MP3 player mais caro da Nike só porque tem uma porção de recursos incríveis – compra o iPod da Apple porque tem o iTunes instalado e é mais fácil de usar. Quanto à corrida em si, as principais queixas eram: correr pode ser uma atividade chata, solitária, difícil de começar e muito mais difícil ainda de continuar. Se a Nike pretendia projetar um produto que se conectasse com esses consumidores, precisávamos encontrá-los onde eles estavam... não onde queríamos que estivessem.

Então a Nike pegou sua experiência com o tocador de MP3 e o registro de corridas on-line e aí alguém ligou para a Apple. Foi assim que, em 2006, o mundo do esporte e o mundo da música se uniram em uma parceria entre a Apple e a Nike. O Nike+ original era um sensor no tênis que rastreava a distância e a velocidade de corrida da pessoa, usando o iPod como interface. O consumidor poderia integrar sua playlist com a rota de corrida, tocando uma música específica a uma distância específica. Claro, o verdadeiro avanço é que o Nike+ era destinado ao corredor, aquele que não teria tempo de registrar suas corridas depois, mas que adorava o efeito motivador de o histórico de suas corridas ser registrado automaticamente. Os atletas podiam acompanhar seu progresso em tempo real, o tempo todo sendo impulsionados por sua "música para dar ânimo" predileta.

Uma interessante observação lateral nessa história de desenvolvimento é que, talvez de forma natural, de início alguns setores mostraram resistência a esse enfoque do produto. O notável é que as pessoas que não tinham tanta certeza quanto ao potencial de comercialização do produto eram os corredores de longa data, para quem a motivação não era um problema: correr com música os impedia de ouvir a própria respiração, e registrar as corridas em um diário era sagrado. O Nike+, argumentaram, não era para corredores sérios. Ao que os adeptos responderam: exatamente.

Em nosso mundo de mídias sociais digitalmente conectadas, é difícil lembrar que houve um tempo, em um passado não muito distante, em que essas coisas eram novidades absolutas.

Quando começamos a construir o Nike+, a abreviação *"apps"* ainda queria dizer "aperitivo", o petisco que a pessoa pede para estimular o apetite antes do prato principal, não "aplicativo". Havia pouquíssima coisa que pudesse orientar nossos esforços, e não existia quase nada sobre adotar as melhores práticas. Tivemos que desbravar nosso próprio caminho, usando pouco mais do que os comportamentos e ferramentas digitais muito incipientes recém-surgidos no mundo on-line. Hoje, é claro, temos regulamentações e aprovações do consumidor, mas naquela época nada disso estava disponível. E não existia nada a respeito da resposta do consumidor. Para muitas pessoas, a internet ainda era o que elas viam quando abriam seus laptops, não essa coisa onipresente incorporada em todos os dispositivos. De que modo os consumidores reagiriam a esse nível de captura de dados pessoais? Com exceção do consumidor mais versado em tecnologia, o Nike+ seria a primeira experiência de muita gente com a maioria dessas novas ferramentas digitais. Por outro lado, o Nike+ Running seria a introdução à corrida para um bocado de pessoas da indústria tecnológico-digital. O dispositivo pegou o comportamento que existia nas emergentes redes sociais e nos primeiros sites de comunidades e o aplicou ao mundo dos esportes e condicionamento físico. Em suma, pode-se dizer que conseguimos lançar todo o movimento das "tecnologias vestíveis".[60]

---

60. Em inglês, *wearables*, termo que descreve todo e qualquer dispositivo tecnológico que possa ser usado como roupa ou acessório – por exemplo, *smartwatches* e *smartbands* –, contendo sensores e/ou atuadores que interagem com o mundo físico. Os *wearables* servem para uma diversidade de tarefas relacionadas à conectividade e ao cotidiano das pessoas, e suas funções vão desde o recebimento de notificações, troca de mensagens, ligações e realização de pagamentos até o suporte a pessoas com problemas de audição e visão. (N. T.)

Nesse ambiente extremamente competitivo e em que havia muita coisa em jogo, fui incumbido de liderar as equipes na criação do *branding*, embalagem, direção de arte e ambientes para o lançamento e a campanha. Na Nike, o padrão de qualidade estabelecido é sempre alto, mas agora que estávamos trabalhando ao lado da Apple (outra marca conhecida por seu elevado parâmetro de excelência), não havia espaço para erros, por conta do envolvimento pessoal de Steve Jobs em todos os aspectos da expressão de sua marca. Conheci Hiroki Asai, chefe de comunicação visual para a marca Apple, numa série de sessões conjuntas das equipes de design das duas marcas para o compartilhamento de ideias, e ele me contou histórias da inacreditável atenção que Jobs dava aos detalhes de design: o espaçamento entre as letras num cabeçalho, o posicionamento de um logotipo, a composição de uma foto de produto. Nenhum pormenor era pequeno demais para que Jobs não o examinasse de maneira minuciosa, o que não surpreende, já que ele era um gênio do *branding*. Eu achava que tinha recebido uma rígida educação sobre exatidão de John Norman, meu mentor durante o estágio que fiz na Nike, quase quinze anos antes. Agora eu estava lidando com um nível completamente diferente de obsessão.

Minha equipe e eu tivemos que começar a construir uma identidade de marca para esse novo conceito. Desde o início, tivemos a ideia de representar o elemento adicional que a ferramenta digital trouxe para a marca com um simples sinal de adição ao lado do Swoosh. Especulamos algumas opções, incluindo o uso da palavra "Plus" [Mais]. Quando rejeitamos essa ideia, focamos no símbolo de + e fizemos testes com escala, proximidade, altura, detalhamento e assim por diante. Havia pelo menos uma centena de opções diferentes. Por fim, o vencedor foi um sinal de adição levemente arredondado (é quase imperceptível, mas, acredite, as bordas curvas estão lá). Não sabíamos disso na época, mas tínhamos acabado de começar uma tendência de *branding* digital que continua até hoje, em que marcas como Disney e Walmart acrescentam o símbolo de adição para representar seus serviços de assinatura digital. Bem, nós fomos os primeiros. Foi também uma das únicas vezes em que ousamos ajustar o Swoosh, mas o significado do projeto exigiu que abríssemos essa exceção especialíssima. Estávamos construindo algo totalmente novo – era a Nike, mas também a Nike *aprimorada*. Como representar essa parte sem sobrecarregar o Swoosh e diminuir seu impacto? O sinal de + foi a resposta.

Nossa outra tarefa foi conceber uma imagem que comunicasse a colaboração entre essas duas marcas, ao mesmo tempo que mostrava a fusão de dois produtos de outro modo incompatíveis em um produto completo. O resultado de nosso esforço tornou-se o que internamente chamamos de "a borboleta". A imagem mostra dois tênis de corrida Nike pretos na vertical, as solas se tocando. No centro dos tênis há um iPod Nano prateado com os cabos dos fones de ouvido enrolados sinuosamente ao redor dos tênis, como se estivessem unindo os dois produtos incompatíveis; eles interagem à perfeição entre si e com o atleta como um ecossistema. Leves, cinéticos, limpos.

Também estávamos incumbidos de criar imagens de atletas, mostrando o produto em uma pessoa. Isso era mais difícil do que parece, já que estamos falando de um sensor em formato de disco de hóquei que está *dentro* de um tênis e um iPod Nano que, se focássemos na tela, teria eliminado o atleta. Nossa solução foi colocar em evidência o atleta usando o produto, mas sem de fato mostrar o produto em si. Para fazer isso, sobrepusemos à imagem do atleta no meio da passada as métricas digitais que um corredor veria na tela do iPod: seu ritmo, a distância percorrida e assim por diante. Era a maneira perfeita de reunir as duas prioridades – o atleta e o produto – em uma única imagem. Também estabelecemos um precedente, já que, hoje, marcas como Peloton, Strava e Soul Cycle usam o mesmo método para comunicar visualmente os dados pessoais de condicionamento físico do atleta sobre sua imagem. Porém, mais uma vez, a Nike foi a primeira.

Colaboração criativa radical

Na noite da véspera do evento de lançamento, muitos membros da equipe estavam correndo na pista de atletismo do complexo esportivo Chelsea Piers, em Nova York. Eu gostaria de poder dizer que isso era para se livrar de algum nervosismo de última hora, mas não. O tempo estava passando, e precisávamos ter certeza absoluta de que todos os produtos de demonstração Nike+ funcionavam perfeitamente e conforme anunciado. Estávamos prestes a apresentar uma tecnologia revolucionária, e os resultados tinham que corresponder à nossa retórica. Cerca de cem jornalistas estariam presentes para testar os produtos, e, se um, dois ou quinze unidades não funcionassem, as manchetes do dia seguinte alardeariam apenas a falha.

Afinal, tentar *descrever* o Nike+ Running para os jornalistas seria uma tarefa complicada. Havíamos montado estações de demonstração nas quais podíamos acompanhar individualmente cada membro da mídia com explicações e instruções pormenorizadas sobre a experiência, porque ainda não havia vocabulário no mundo para isso. Cada aspecto era novo. Havia o sensor que ficava dentro do tênis e sob o forro da meia. Ele tinha que ser sincronizado com o iPod da pessoa. Era possível adicionar amigos ou programar desafios. O usuário poderia iniciar o PowerSong, com canções que lhe dariam um impulso motivacional extra. Isso era completamente novo, e a única maneira de fazer a mídia acreditar era se mostrássemos a eles que a inovadora tecnologia funcionava. Cada pessoa da Nike que falasse com um jornalista naquele dia teria que tornar o futuro acessível e inspirador para todos.

Era 24 de maio de 2006, o que significava que estávamos numa época do ano em que o clima em Nova York ainda podia esfriar. E adivinha? Estava muito frio. Embora as instalações do Chelsea Piers sejam todas cobertas, não havia aquecimento, e nossa equipe não estava vestida nem para o clima frio *nem* para a corrida. Não importava. Às duas e meia da manhã, a maior parte dos integrantes da equipe estava dando voltas na pista de atletismo do Chelsea Piers em suas roupas de trabalho. Cada vez que um membro da equipe completava uma volta, apertava o botão no iPod para o feedback do desempenho e, em seguida, acionava o botão que ligava o PowerSong. Todos os produtos de demonstração estavam funcionando às mil maravilhas. Foi um momento mágico para as equipes da Apple e da Nike, que se uniram para criar uma tecnologia até então completamente inexistente. Uma colaboração inspiradora de verdade. Muitos ficaram com os olhos marejados.

Mas ainda não estávamos fora de perigo. Os produtos de demonstração funcionaram, felizmente, mas havia outros obstáculos a serem superados antes que a cortina subisse. O evento de lançamento no Chelsea Piers foi uma baita empreitada, tipo os preparativos para o Super Bowl. Nossas diretrizes e instruções exigiam a criação de um espaço que precisava atender a um bocado de necessidades diferentes no âmbito de uma experiência roteirizada com rigor para a mídia e os analistas. Havia o palco e a área de apresentação, uma zona de produtos interativa, na qual os membros da imprensa poderiam testar o Nike+, e, por fim, uma vasta área onde os varejistas de roupas esportivas e corrida encontrariam o pessoal de vendas da Nike e fariam seus pedidos. A área do palco principal era um imenso anfiteatro, onde os CEOs de cada marca entravam em cena para bater papo (algo semelhante aos famosos lançamentos de produtos de Steve Jobs), além de coapresentar o conceito Nike+.

Ricky Engleberg, diretor de marketing do projeto, disse: "Assistir aos ensaios do evento foi como eu imagino que devem ter sido os treinos do *Dream Team* de 1992". Da oportunidade de ouvir Steve Jobs opinar sobre se uma analogia no roteiro funcionava ou não a observar a reação dos extraordinários atletas que convidamos para o evento no instante em que estavam testando a inovação pela primeira vez, foi realmente uma experiência de vida sem igual.

E havia a famosa e obsessiva atenção de Steve Jobs aos detalhes. O chefe da Apple deixou claro que, por se tratar de uma experiência em *co-branding*,[61] em qualquer lugar onde aparecesse um Swoosh deveria aparecer também um logotipo da Apple do mesmo tamanho ao lado. Instruí a equipe a tomar providências para que isso fosse seguido à risca. Surgiu um problema: as mesas – um mundaréu delas – em que os profissionais da mídia seriam convidados a testar o Nike+ foram marcadas apenas com os Swooshes. No dia dos ensaios, Jobs notou isso e avisou que tal detalhe das marcas precisaria ser corrigido antes do início do evento. Sem exceções. O fato de cada mesa ter três iMacs, todos com logotipos da Apple, não importava. Chamei a equipe e disse que precisávamos mudar a marca para o combo Apple--Swoosh, e precisávamos fazer isso antes do início do evento de lançamento. Eles tinham 48 horas para criar quarenta logotipos

---

61. Parceria de duas marcas que unem seus respectivos públicos para oferecer uma experiência única na forma de um produto ou serviço que contemple ambas as marcas. (N. T.)

Apple-Swoosh em vinil recortado, e depois repintar a mesa durante a noite da véspera do espetáculo. Assim, além dos corredores testando os produtos de demonstração, outra equipe nossa foi acionada para consertar o problema das mesas. Mas o resultado valeu a pena. O poder visual de ver a Apple lado a lado com o Swoosh transmitiu a todos os convidados, sobretudo da mídia, a noção de que o que estava para acontecer reunia o melhor das duas marcas.

Quando a cortina se levantou, as noites insones fizeram a diferença, e o evento de lançamento foi um retumbante sucesso. Os 7 mil metros quadrados de poder da marca que exibimos em Chelsea Piers tiveram o efeito desejado, e as contas de mídia superaram as expectativas. Scott Denton Cardew, diretor de arte da minha equipe, trabalhou sem descanso por várias das noites que antecederam o evento. Assim que teve início o lançamento e o papel de Cardew nos preparativos finalmente terminou, ele foi tomar um desjejum inglês completo, uma dose de uísque e depois algumas canecas de cerveja Guinness – o café da manhã dos campeões. E depois dormiu por uma semana a fio.

O Nike+ com iPod, resultado da colaboração criativa radical entre dois titãs da inovação em seu campo, não apenas ajudou a lançar um movimento das tecnologias vestíveis como também inaugurou uma era de dispositivos conectados que interagem perfeitamente uns com os outros. Pela primeira vez, os consumidores puderam acompanhar suas métricas pessoais de saúde e condicionamento físico – ritmo, distância, calorias queimadas e assim por diante – sem a ajuda de um médico profissional ou treinador. Com o tempo, o iPod seria substituído pelo iPhone, lançado um ano depois, aprimorando ainda mais a impecável integração entre consumidor e dados. Em 2012, a comunidade Nike+ contava com 7 milhões de usuários.

Em 2008, o sucesso do Nike+ nos convenceu de que existia a tecnologia para realizar a maior corrida da história da humanidade, apropriadamente chamada de Human Race. Nas cidades que participavam de eventos formais de corrida, os corredores poderiam usar o site da Nike para registrar, acompanhar e avaliar seu desempenho em relação a qualquer outra pessoa no mundo. Mas – e isso foi fundamental –, mesmo para quem não estava em uma dessas cidades, o Nike+ (agora um aplicativo) ainda assim permitiria às pessoas participar da corrida, fosse numa das cidades patrocinadoras ou em seu próprio bairro, e registrar seu desempenho em comparação com o de todos os outros corredores.

Ao final das vinte e quatro horas, 1 milhão de corredores havia percorrido coletivamente 1.291.083 quilômetros, ou 32 viagens ao redor da circunferência da Terra. Para nós da Nike era um orgulho especial o fato de que tantos desses participantes fossem das cidades onde o evento principal havia sido realizado, cumprindo nossa ambição de focar os esforços de marketing para ajudar as pessoas nas comunidades das áreas centrais da cidade a sair de suas casas para correr nas ruas. Quanto a mim, lembro-me de olhar para as tabelas de classificação digitais após a corrida e ficar mais chateado do que provavelmente deveria ao constatar que o ator Matthew McConaughey se saiu melhor do que eu. Dando prosseguimento ao sucesso da Human Race, em 2015 tivemos a ambiciosa ideia de fazer de 27 de agosto "o dia mais veloz de todos os tempos". Desafiamos todos ao redor do mundo a correr seu quilômetro mais rápido no mesmo dia. Por meio do Nike+ Data e do Google Street View, conseguimos oferecer aos corredores de todos os lugares vídeos personalizados de suas rotas de corrida. Tudo isso foi possível devido ao nosso sonho de projetar um produto que não fosse voltado ao corredor de elite, mas destinado ao aspirante a corredor, que só precisava de um pouco de motivação extra para amarrar os tênis de corrida. A tecnologia serviu como uma ferramenta para organizar um movimento em torno da corrida, tornando mais fácil para os corredores obterem dados personalizados em tempo real, bem como conectá-los a outras pessoas em todo o mundo. Correr pode continuar sendo um esforço individual, mas já não é um ato solitário quando você faz parte de um movimento.

Faça valer a pena

Em um vídeo do YouTube de 2012, há o seguinte comentário postado pelo usuário Fluffy Penguins [Pinguins fofinhos]: "Isso é ou uma obra-prima, ou apenas um vídeo sobre um cara roubando dinheiro do patrocinador".

Quem disse que não pode ser os dois, sr. (ou sra.) Pinguins Fofinhos?

O filme em questão, intitulado *Faça valer a pena*,[62] começa com mãos abrindo uma caixa da pulseira inteligente Nike+ FuelBand. O produto em si vem encaixado dentro de uma ranhura elíptica, e no centro da elipse estão as frases: "A vida é um esporte. Faça valer a pena". As mãos pegam e seguram a FuelBand por um segundo, em seguida a cena corta para um homem que sai correndo por uma porta indefinida em alguma cidade. E correndo de verdade. Ele sai em disparada pela calçada e sai de quadro. Corta para um fundo preto com as seguintes palavras na tela: "A Nike me pediu para fazer um filme sobre o que significa *faça valer a pena*". O texto rola para baixo, *à la* Star Wars. "Em vez de fazer o filme, gastei todo o orçamento

---

62. "Make It Count", no original em inglês. (N. T.)

viajando com meu amigo Max. Seguimos em frente até o dinheiro acabar. Durou dez dias."

Os quatro minutos restantes do filme (não sou capaz de descrevê-los com palavras) mostram o cineasta Casey Neistat viajando pelo mundo com Max. Eles começam em Nova York e voam para Paris. De Paris, vão para o Cairo. Depois... bem, fica complicado decifrar o caminho deles, mas vemos vislumbres de Londres, Joanesburgo, Zâmbia, Nairóbi, Roma, Doha (ou, como Casey diz para a câmera, "de volta a Doha"), Bangcoc e, provavelmente, algumas outras cidades. A tônica ao longo do filme é Casey correndo de um lado do quadro para o outro, da esquerda para a direita, retomando o instante em que saiu pela porta de seu prédio, em todos esses locais. Ele corre sem parar, o tempo todo, sempre em movimento. Ele também aparece dando saltos mortais em plataformas aleatórias, pulando de alturas incríveis em corpos de água e plantando bananeira. Por fim, quando acaba o dinheiro, a cena final mostra Casey correndo de volta para a porta do escritório (agora na direção oposta).

Ao longo das viagens de Casey, vão aparecendo na tela algumas citações perpassadas por um tema em comum:

"A vida é uma aventura ousada ou não é absolutamente nada."
— Helen Keller

"Compre a passagem, faça a viagem."
— Hunter S. Thompson

"Você só vive uma vez, mas, se viver direito, uma vez é o suficiente."
— Mae West

"Acima de tudo, tente alguma coisa."
— Franklin D. Roosevelt

"Nunca me preocupo com o futuro. Ele chega mais cedo do que se imagina."
— Albert Einstein

"Quem não faz nada errado não faz absolutamente nada."
— Giacomo Casanova

"Faça todos os dias uma coisa que assusta você."
— Eleanor Roosevelt

"Se eu tivesse seguido todas as regras, nunca teria chegado a lugar nenhum."
— Marilyn Monroe

"A ação expressa prioridades."
— Gandhi

A coisa mais extraordinária sobre esse filme é que o espectador vê o que realmente aconteceu: Casey recebeu a verba e as instruções para o anúncio e então... partiu mundo afora. Fez algo que ninguém esperava, gastou o dinheiro e voltou com um projeto finalizado sobre ele percorrendo o mundo sem nenhum plano, usando uma FuelBand. E ele nos devolveu o filme como um produto acabado e disse: "Está feito, aqui está".

Bem, isso é quase toda a verdade. Um ajuste que veio depois dizia respeito às citações que Casey espalhou ao longo do filme. Ele precisava de mais uma e pediu o conselho da Nike, que impôs como única condição que a citação fosse de domínio público, e que qualquer coisa dita mais de cem anos atrás provavelmente seria segura. Isso fez Casey pensar em Abraham Lincoln, e ele encontrou a seguinte frase: "No final, não são os anos da sua vida que contam, e sim a vida ao longo desses anos".

Perfeito.

Então, esse era o material que tínhamos em mãos. Mas o filme é brilhante de uma forma como somente Casey Neistat pode ser, e uma história que somente a Nike poderia contar. O filme é impressionante na forma como mostra que a vida é um esporte e que você precisa fazer a vida valer a pena. Na época, tornou-se o filme do canal da Nike no YouTube mais assistido de todos os tempos e deu lucro rendendo visualizações virais, em vez de ser pago por meio de um modelo de mídia de publicidade tradicional. Talvez tenha sido um dos maiores retornos sobre o investimento para um filme publicitário na história da Nike. E foi a maneira perfeita de apresentar ao mundo a nova inovação da Nike, a FuelBand.

Como iniciar um movimento

Em 2012, a Nike lançou a revolucionária Nike+ FuelBand, versão totalmente nova de um rastreador de atividades físicas usado no pulso e conectado ao celular, com um sistema de captura, registro e armazenamento de dados que permitia aos usuários monitorar suas atividades esportivas, número de passos diários e a quantidade de energia queimada. Foi o sensor de atividade esportiva mais democrático até então, no sentido de que os exercícios e o condicionamento físico eram agora uma atividade compartilhada em várias plataformas. Quando lançamos o Nike+ Running com a Apple em 2006, antes de o Facebook se tornar a plataforma de mídia social dominante, antes do Twitter e bem antes do Instagram, vimos que compartilhar as corridas gravadas digitalmente era uma maneira poderosa de os corredores sentirem a validação dos amigos e colegas corredores. De repente, sair para correr parecia que não contava, a menos que você coletasse informações sobre essa atividade com o Nike+.

    Foi essa percepção de que o produto dava aos consumidores o poder de fazer valer seus momentos de condicionamento físico que nos levou a imaginar a fase seguinte da tecnologia vestível da Nike. Davide Grasso, na época o diretor-executivo de marketing, foi sucinto quando declarou à equipe: "Vamos começar uma revolução". O que ele queria dizer era que o mercado parecia pronto para encampar um produto que transformaria para sempre a maneira como os consumidores se relacionavam com seus dados de condicionamento físico. Vimos uma época em que até mesmo o corredor iniciante conhecia de cor suas estatísticas de condicionamento físico. As pessoas tinham uma compreensão mais aprofundada acerca de sua própria atividade física e saúde do que seus médicos tinham cinco anos antes.

Foi essa chamada para lançar um movimento que tocou fundo a Nike. Davide pediu aos membros da equipe que realmente pesquisassem e aprendessem com outras revoluções, das políticas às sociais e culturais, a fim de encontrar tópicos e táticas em comum que os ajudassem a cumprir com sucesso sua tarefa. Como poderíamos nos inspirar nesses movimentos históricos para criar um plano de marketing que levaria a uma revolução Nike+ FuelBand?

O primeiro passo, percebemos, é que precisávamos de uma convocação para a ação, um slogan que não apenas inspirasse mas também motivasse os consumidores por meio de uma causa em comum. A ideia inicial era optar por "Faça todas as coisas valerem a pena". Era uma boa descrição da amplitude de métricas que o FuelBand rastreava, mas prolixo demais. Escolhemos "Faça valer a pena" por dois motivos. Primeiro, gostamos do fato de que a frase soava como um comprometimento, um verdadeiro chamado à ação. Soou como "Eu vou fazer ISSO valer a pena". A segunda razão era sua conexão com o slogan "*Just do it*" [Simplesmente faça]. O "*faça*" já estava embutido no DNA da Nike. Então, "Faça valer a pena" foi o bordão escolhido.

Em nossa pesquisa sobre revoluções, encontramos uma palestra TED Talk do empresário Derek Sivers sobre como iniciar um movimento que nos ajudou muito a visualizar a direção do nosso plano. Em sua fala, Derek mostra um cara dançando, cheio de vigor, em meio a um grupo de pessoas sentadas em um festival de música ao ar livre. Derek narra a filmagem, explicando que essa primeira pessoa é apenas um maluco solitário. A verdade é que ele ainda não começou nada, e as pessoas simplesmente pensam que talvez ele esteja um pouco fora de órbita. Mas então alguém se junta a ele, porque o maluco solitário mostrou que não há mal algum em dançar. Em vez de ignorar o novo companheiro de dança, o dançarino original dá as boas-vindas ao recém-chegado. O maluco solitário agora tem seu primeiro seguidor. Além disso, o seguidor legitimou o maluco solitário aos olhos dos outros e torna mais fácil juntar-se a ele. Afinal, estão todos em um festival de música. Estão lá para dançar. *Querem* dançar. À medida que mais pessoas começam a requebrar, toda a dinâmica da cena mudou: agora o estranho é *não estar* dançando. Por fim, toda a multidão está remexendo os quadris. Derek resume seu argumento dizendo que, para iniciar um movimento, há a necessidade não apenas de um maluco solitário, mas de um primeiro seguidor. Isso serviu de inspiração para definir nossa visão de marketing da FuelBand.

Recrutar. Reunir. Rugir.

David Schriber, o líder de marketing para o lançamento, dividiu o plano em "Recrutar. Reunir. Rugir". As duas primeiras palavras saíram diretamente da TED Talk: "Recrutar" significava que tínhamos que encontrar um monte de pessoas para serem as primeiras almas corajosas a fazer algo digno de nota. Não somente isso: tinham que ser bons líderes e acolher de bom grado qualquer pessoa que se juntasse a eles. Assim, criamos uma lista de potenciais embaixadores que, sabíamos, poderiam partilhar suas experiências de uso da FuelBand com seu próprio público em uma ampla gama de campos: esportes, cinema, música, dança e jogos.

"Reunir" era transformar o chamado à ação em algo concreto. Em outras palavras, "Faça valer a pena" funciona como um grito de guerra apenas se houver ação por trás dele. Nesse caso, não queríamos apenas que os consumidores comprassem FuelBands; queríamos que compartilhassem suas pontuações diárias de atividade física. O ato de compartilhar, sabíamos, provocaria uma competição amigável (ou talvez feroz, dependendo dos consumidores), e a competição tem o poder mágico de gerar seu próprio impulso. Uma vez que jogos e rivalidades, disputas e corridas surgiriam espontaneamente, o movimento se espalharia e atrairia outras pessoas que não se importavam com a tecnologia, mas queriam apenas entrar na ação. Sabíamos também que poderíamos ampliar esse nível de compartilhamento por meio de nossos próprios canais de mídias sociais e hashtags, permitindo destacar as pontuações acumuladas do aplicativo Nike Fuel nas telas de nossos espaços de varejo. Você poderia acompanhar, digamos, a pesada carga diária de exercícios do *quarterback* da NFL Andrew Luck e ver se conseguia acompanhar o pique de treinamento dele.

"Rugir" não foi uma palavra tirada da palestra de Sivers, mas uma invenção de David para significar uma ruidosa celebração. Assim que um número suficiente de consumidores estivesse usando a FuelBand, poderíamos criar e patrocinar eventos adaptados especificamente para esses usuários, permitindo que festejassem uns com os outros.

Uma das primeiras pessoas que recrutamos foi Casey, que, antes de criar *Faça valer a pena* montou um trailer, como uma espécie de prelúdio para o lançamento oficial. O filme curto era intencionalmente enigmático, mostrando apenas a movimentação cotidiana de pessoas comuns para começar a construir a ideia de que os "esportes" estão em todos os lugares e em qualquer lugar. Esse primeiro filme terminava com uma imagem da traseira de um táxi de Nova York pintada com um grafite que fazia alusão ao Nike+. Como esperávamos, isso deu o pontapé inicial no burburinho de que a Nike estava prestes a lançar um novo dispositivo vestível. O filme também compartilhou o "Faça valer a pena", nosso chamado à ação, que se tornou a segunda hashtag mais tuitada no Dia de Ano-Novo em 2012, depois de #happynewyear [feliz ano-novo]. Também pedimos a 130 atletas da Nike que tuitassem suas resoluções e objetivos atléticos. Como era um ano olímpico, havia muito sobre o que tuitar. Mais pessoas se juntaram ao esforço e, antes de que nos déssemos conta, o movimento estava em andamento. É claro que a contribuição duradoura de Casey foi a obra-prima que fez parte do lançamento oficial, o filme no qual ele sintetizou com perfeição o espírito do conceito "Faça valer a pena" e a promessa e o potencial da FuelBand.

Mas o filme de Casey não era o "comercial" oficial da campanha; a intenção era que fosse uma empreitada viral, concebida para ser exibida no YouTube e divulgada via mídia social e compartilhamento. Para o filme comercial, ficamos com as ideias que Casey explorou em seu trabalho e que vínhamos construindo em nossos esforços de campanha: esportes não são definidos por regras ou jogos; são definidos pelo movimento. A gênese do filme começou com "filmetes sobre estados de ânimo", produzidos internamente – vídeos curtos mostrando atividades que valiam a pena porque as pessoas estavam se movimentando ou não valiam a pena porque elas não estavam se mexendo. Havia trechos tirados de filmes famosos, programas, vídeos do YouTube e de cobertura jornalística esportiva. Mantivemos essa pegada geral e procuramos o filme em si, o que mostrou ser um grande desafio. Foi sem dúvida o filme mais difícil de criar do ponto de vista legal e de direitos autorais desde que asseguramos os direitos de usar "Revolution", dos Beatles, em 1987. Compilamos cenas dos filmes *Indiana Jones* ao lado de *O Mágico de Oz*, um esquete do grupo Monty Python e o filme *Amadeus*. Cada cena foi escolhida em virtude da movimentação dos personagens. Tínhamos um desenho do Popeye, imagens de Bruce Lee e *O grande Lebowski*, todas com poucos segundos de diferença uma da outra (a propósito, o personagem "The Dude" ["O Cara"] está lá como um exemplo de imobilismo, de não movimento). Não há uma única tomada original em todo o anúncio de um minuto de duração; tudo é tirado de filmes, televisão, YouTube ou eventos esportivos – tudo cortado e editado para criar uma montagem dinâmica de movimento. O filme termina com a frase "A vida é esporte. Faça valer a pena" seguida por uma imagem da FuelBand – com Mozart (interpretado por Tom Hulce na icônica peruca cor-de-rosa) dando o floreio final.

A equipe trabalhou dia e noite para obter os direitos de usar as imagens dessas cenas e personagens icônicos. Já estávamos chegando no fim do prazo-limite, mas não tínhamos conseguido localizar Roger Hill, o ator que interpretou Cyrus no filme *Os selvagens da noite*, de 1979. Por causa de sua famosa frase "Sabem contar, otários?", a cena de Hill abria o nosso filme, pois dava início à ideia de contar, no sentido de ser levado em conta, valer a pena, portanto cortá-la não era uma opção. O tempo se esgotava, estávamos nos finalmentes, e foi aí que alguém por fim encontrou Hill, que havia se tornado bibliotecário, e obtivemos a aprovação dele.

Mostramos o filme em um grande evento de mídia organizado por Jimmy Fallon, ocasião em que lançamos oficialmente a FuelBand. (A menos de uma hora da abertura oficial do evento, eu ainda estava revisando a edição final no meu iPhone.) Durante o próprio evento, em questão de minutos esgotamos os primeiros milhares de unidades. Em pouco tempo todas as pulseiras foram vendidas, e levaria semanas até que conseguíssemos colocar mais unidades no mercado – um problemão. O movimento estava crescendo.

O rugido

Nós recrutamos, nós reunimos e agora era hora de rugir. Sentimos que a melhor oportunidade para soltar o rugido mais impactante seria na Conferência South by Southwest (SXSW), em Austin. A cidade do Texas era ativa e tinha uma grande comunidade de corrida, sem mencionar que o SXSW, além de ser uma vitrine de tecnologia, também fazia parte do festival de música. A pedra angular de nossos esforços foi uma futurística quadra de esportes ao ar livre: um espaço onde poderíamos reunir em um único lugar grandes performances musicais e esportivas – incrementadas com histórias de experiências pessoais da FuelBand.

No centro da quadra de esportes havia um painel eletrônico de trinta metros de comprimento, construído no nível da calçada. O painel exibia o "Fuelstream", uma espécie de placar de classificação que mostrava todas as disputas e competições que realizamos, alimentado por participantes da conferência usando as FuelBands. O placar registrava também nossa programação de eventos, incluindo os lançamentos das novas linhas de tênis. O que fez do painel o destaque da conferência foi o fato de que respondia ao movimento. Quando não havia nada se movendo na frente dele, o painel ficava vermelho, mas, no momento em que alguém se movimentava, uma silhueta em tons de alaranjado para amarelo e verde se movia em sincronia com a pessoa. A projeção dependia da velocidade do movimento. Assim, por exemplo, a silhueta de um caminhante aparecia alaranjada no painel, mas a de um velocista piscava em verde. Assim que os visitantes entendiam a dinâmica, era muito divertido vê-los manipular as cores do painel por meio de seu movimento, e isso tinha tudo a ver com nosso movimento sobre a importância do movimento. As pessoas se aglomeravam dia e noite na frente do painel.

Mas a atração mais espetacular, que mais arrancou aplausos efusivos da plateia, foi o nosso local de shows de música coberto, que também era sensível ao movimento. Todas as paredes internas mudavam de vermelho para verde, dependendo da movimentação da plateia. Em cima do palco se apresentaram Girl Talk, Major Lazer e Sleigh Bells, e, enquanto os artistas animavam a multidão, o recinto se iluminava feito uma árvore de Natal. Esse turbilhão de movimento também podia ser visto do lado de fora. Projetamos um sistema de iluminação direcionado para a Frost Tower, o prédio mais alto da cidade, que ficava bem em frente à casa de shows. Enquanto a plateia do lado de dentro dançava e iluminava as paredes, do lado de fora as luzes acompanhavam o ritmo, reproduzindo o show de luzes no próprio prédio. Era como se a torre estivesse dançando, piscando em vermelho, amarelo, alaranjado e verde – o show podia ser visto a quilômetros de distância.

O elemento final do nosso "rugido" não era tão inovador, mas não era menos eficaz em termos de celebrar o movimento que criamos com a FuelBand. Pedimos à equipe de vestuário da Nike que criasse um design de camiseta estampando no peito a frase – em fonte Nike Futura – "I'M WITH THE BAND". Essa ideia de camiseta tornou-se um dos motores de toda a experiência do evento. O trocadilho em inglês significava tanto "Estou com a pulseira" como "Estou com a banda", ou seja, se a pessoa estivesse usando uma pulseira FuelBand no braço, teria direito a tudo de que os artistas e membros das bandas desfrutavam – uma brincadeira, é claro, estando no ambiente do festival de música SXSW. Os donos de uma pulseira tinham acesso a comida especial, passes para ir e vir livremente dos bastidores, brindes legais, contato direto com celebridades e atletas e, o mais importante, permissão para cortar todas as filas. Quem usava uma FuelBand recebia tratamento VIP e podia usufruir de tudo o que a Nike tinha a oferecer no SXSW. Os participantes com a camiseta tinham acesso às nossas exibições de filmes, shows musicais e nossa exposição de arte. Em cada local havia uma placa que dizia "WITH THE BAND", e você simplesmente entrava por uma porta dos fundos e relaxava numa boa na nossa gigantesca "sala de estar" ao ar livre.

O SXSW foi encerrado em 18 de março. Tiramos uma última foto do nosso mural digital, que exibia a FuelBand com os dizeres "META CUMPRIDA" e fim de papo. Sucesso absoluto. Um analista tuitou: "A Nike conquistou o SXSW. Não uma empresa de tecnologia. Não uma banda. A Nike".

Fornecendo propósito

Boas marcas criam momentos memoráveis; grandes marcas criam movimentos. Mas qualquer movimento precisa começar com uma aspiração ambiciosa: o que queremos alcançar? Em outras palavras: uma vez que os movimentos da marca estão vinculados aos produtos, a melhor pergunta é: o que queremos que este produto realize? Não estamos falando de *fazer*, mas de *realizar*. Em que ele pode facilitar? De que maneira pode melhorar a vida do consumidor? Encontre a resposta para essas perguntas e você terá a visão ideal para o seu movimento.

Os profissionais de marketing muitas vezes perdem de vista o propósito de seu produto, concentrando-se naquilo que ele faz. Tem a tecnologia mais recente, tem o melhor tecido, tem o melhor motor, tem a melhor interface. Essas coisas podem até ser verdade, mas não dizem nada para a pessoa que realmente quer entender algo muito mais básico: de que forma esse produto vai me ajudar? E, ajudando uma pessoa, ele pode ajudar muitas outras. Mas não pare por aí. Não deixe a cargo do cliente individual se converter em um adepto do seu produto; *ajude-o a converter outras pessoas.* Seja ativo e determinado na construção de uma causa em torno do produto.

De um para muitos. De um maluco solitário – ou um embaixador – a um festival inteiro de dançarinos. De um corredor relutante para uma cidade inteira unida, subindo em triunfo os degraus da escadaria do Museu de Arte da Filadélfia. Os movimentos são encabeçados pela comunidade; florescem quando as pessoas dentro da comunidade acreditam que fazem parte de algo maior, algo que ajuda não apenas a elas mas também a todos os outros ao seu redor. E que compartilham um sentimento de progresso, de que juntos estamos despertando nosso próprio potencial. Esse é o combustível que mantém as pessoas em movimento.

Descubra o potencial do seu produto e você ajudará os consumidores a descobrir o potencial que existe neles.

PRINCÍPIOS PARA INICIAR UM MOVIMENTO

1. Um futuro ambicioso
Movimentos têm a ver com mudança. O objetivo deve ser alcançável, mas também audacioso. Afinal, a audácia é muito mais inspiradora do que a timidez. É algo que tem de fazer os sonhadores se levantarem e os céticos zombarem. São os sonhadores que você quer; os céticos você pode deixar sentados no sofá.

2. Um catalisador para a ação
Movimentos precisam de um líder carismático e inspirador. Da mesma forma, um líder deve ser capaz de levar as pessoas a se identificar com ele, e tem de trabalhar como um catalisador para a ação. Como marca, seu consumidor precisa se sentir inspirado pelo líder e, o que é tão importante quanto, reconhecer a si mesmo no líder.

3. Ferramentas de empoderamento
Movimentos bem-sucedidos estão ligados a ferramentas de empoderamento, os meios pelos quais as pessoas conseguem alcançar o objetivo audacioso. Muitas vezes as marcas julgam que a superioridade técnica norteia a afinidade do consumidor. Embora as pessoas se importem com o que está no produto, elas se preocupam mais com o que podem fazer com o produto.

4. Movimentos precisam de momentos
Use um tempo ou lugar para deixar as pessoas verem que fazem parte de algo que é significativo *e* crescente. Elas começaram sozinhas, isoladas, restritas a compartilhar um sonho, mas sem dispor dos meios para realizá-lo. Agora fazem parte de algo maior, algo importante e algo que as tornou melhores do que eram antes.

8 > DIMINUA A DISTÂNCIA

Em 13 de julho de 2016, as estrelas da NBA Carmelo Anthony, Chris Paul, Dwyane Wade e LeBron James abriram a cerimônia de entrega dos ESPYs[63] com um dos momentos mais poderosos da história do programa.

"Gerações atrás, lendas como Jesse Owens, Jackie Robinson, Muhammad Ali, John Carlos e Tommie Smith, Kareem Abdul-Jabbar, Jim Brown, Billie Jean King, Arthur Ashe e inúmeros outros estabeleceram um modelo para o que os atletas deveriam representar", Paul disse. "Então, escolhemos seguir seus passos."

A crise que levou os quatro atletas ao palco do Microsoft Theater em Los Angeles era a injustiça contra os negros norte-americanos. Na semana anterior, Alton Sterling e Philando

---

63. Abreviação de Excellence in Sports Performance Yearly Award (Prêmio Anual por Excelência em Performance Esportiva), trata-se do "Oscar do esporte norte-americano", a maior premiação do mundo dos esportes dos EUA, que agracia desde 1993 o mais extraordinário desempenho atlético individual e por equipes da temporada anterior. Era exibido pelo canal ESPN até 2017, mas atualmente vai ao ar pela rede ABC. (N. T.)

Castile haviam sido mortos a tiros pela polícia em incidentes separados, provocando uma onda de protestos em todo o país. Pelo menos, essa era a questão imediata; havia outras, tragédias mais profundas que remontavam a... bem, séculos, e com as quais a sociedade estadunidense nunca conseguiu fazer as pazes.

"O sistema está destroçado, os problemas não são novos, a violência não é nova e certamente a divisão racial não é nova, mas não resta dúvida de que a urgência de mudança chegou ao pico", Anthony disse.

Um a um, cada atleta falou sobre seu papel na crise em curso e como eles estavam lá para ajudar os outros a sentir a urgência de também se manifestarem publicamente.

"Esta noite estamos homenageando Muhammad Ali, o maior e melhor de todos os tempos", James disse. "Mas, para fazer justiça ao seu legado, vamos usar este momento como um chamado à ação para todos os atletas profissionais; cabe a nós nos educar, analisar a fundo essas questões, falar, usar nossa influência e renunciar a toda violência e, o mais importante, voltar as atenções para nossas comunidades, investir nosso tempo, nossos recursos, ajudar a reconstruí-las, ajudar a fortalecê-las, ajudar a mudá-las. Todos nós temos que fazer melhor."

Temos, sim, de fato. Foi o que pensei enquanto observava esses quatro negros norte-americanos seguirem os passos de alguém que durante toda a minha vida foi uma fonte de inspiração, Muhammad Ali. Eu estava havia apenas dois meses no cargo de diretor de marketing da Nike e, ao ouvir a fala desses homens, de repente fui tomado por uma sensação de urgência e coragem. Urgência porque esses jogadores estavam lançando um desafio para que todos se apresentassem. Era hora de amplificar as vozes de nossos atletas, como a Nike fizera tão bem no passado, a fim de chamar a atenção para a luta dos negros dos Estados Unidos e o legado de racismo estrutural. A oportunidade era agora.

Mas também coragem, porque nesse momento eu estava pleno de um profundo senso de responsabilidade. Ou, talvez, de uma redescoberta do que sempre havia sido minha responsabilidade. A Nike usara sua voz para amplificar a causa da justiça nos EUA e em todo o mundo, mas ali estava um momento em que, mais do que nunca, aqueles que tinham condições deveriam assumir um papel de liderança em nome da efetivação da mudança. Esses quatro atletas me lembraram que era hora de fazer isso, que o momento havia chegado e a ação era premente.

Estávamos cara a cara com uma questão relevante para o mundo esportivo: qual é o ponto de interseção entre esportes e injustiça racial? Como esses dois conceitos se relacionam? Resposta: Anthony, Paul, Wade e James. Eles se ergueram em defesa de quem não tinha condições de se defender por si só. Eles eram atletas, quatro dos maiores da história do basquete, e estavam nos dizendo que esse tema era relevante para o esporte. Nesse exato momento, decidi usar o exemplo deles como um catalisador para encontrar insights mais profundos dentro do esporte de modo a revelar as duras verdades sobre nossa sociedade.

Sem dúvida estimulados pelo discurso da cerimônia de entrega dos ESPYs, no dia seguinte, e por muitos dias depois, minha equipe e eu ponderamos acerca de como aceitaríamos o desafio que havia acabado de ser lançado.

Estávamos sendo conclamados a assumir um papel de liderança. A Nike responderia. Era hora de se levantar.

Levante-se, fale

Em outubro de 2004, Luis Aragonés, técnico da seleção espanhola de futebol, diante dos microfones dos jornalistas e das câmeras de uma equipe de filmagem, tentou incentivar um de seus jogadores: "Diga àquele *negro de mierda* que você é muito melhor que ele. Não se segure, diga a ele. Pode dizer que fui eu que falei. Você tem que acreditar em si mesmo, você é melhor que aquele *negro de mierda*". O jogador a quem Aragonés se referia era o francês Thierry Henry.[64]

Infelizmente, o racismo no futebol internacional não era novidade, e muitas vezes as piores ofensas vinham dos torcedores. Existe até um termo para os cânticos que alguns torcedores usam contra jogadores negros do time adversário: as "cantorias de macaco", por causa da maneira como os torcedores hostis fazem barulhos imitando macacos. Mas o racismo de jogador contra jogador também estava aumentando nessa época, com vários incidentes em que atletas negros eram chamados de "negão" e "crioulo" por jogadores e treinadores adversários. A ofensiva expressão de Aragonés ao se referir a Henry foi suficiente para fazer o futebolista francês dizer: "Basta".

E foi aí que a Nike se envolveu.

Em parceria com Henry, em janeiro de 2005 a Nike lançou a campanha "Levante-se e fale"[65] em toda a Europa, com o objetivo de desencadear um movimento contra a cultura racista que por tanto tempo vinha contaminando o esporte. Outros jogadores, como Rio Ferdinand, Wayne Rooney, Ronaldinho Gaúcho, Cristiano Ronaldo e Adriano Imperador também aderiram ao movimento. A peça central da campanha era um filme de trinta segundos que mostrava Henry e os outros jogadores segurando, um a um, cartazes impressos com os dizeres:

---

64. Aragonés estava se dirigindo ao atacante José Antonio Reyes Calderón, que na época era colega de Henry no time inglês Arsenal. (N. T.)

65. "Stand Up, Speak Up", no original em inglês. (N. T.)

"Eu amo futebol."

"Eu amo o desafio."

"Eu amo"

"o som da bola"

"estufando o fundo da rede."

"O som da torcida"

"gritando de alegria."

"E mesmo assim"

"ainda somos insultados"

"por causa da cor da nossa pele."

"Precisamos que a sua voz"

"abafe os racistas."

"Onde e quando você os ouvir"

"Diga não."

Em seguida, as únicas palavras que eram pronunciadas em todo o filme: "Levante-se. Fale".

O insight central que desencadeou o filme foi o fato de que existia uma "maioria silenciosa" de não racistas, pessoas cujo amor pelo "jogo bonito", não importando a raça do jogador, era tão grande quanto o desgosto que sentiam diante da minoria que tentava degradar o futebol com insultos e provocações racistas. O filme era dirigido aos não racistas, dizendo-lhes que os jogadores, os melhores jogadores do mundo, estavam com elas. Que, para salvar o jogo que tanto amavam, elas tinham que lutar pelo futebol. E não estariam sozinhos nessa luta. Henry e os outros ficariam a seu lado. O filme foi rodado em cinco idiomas diferentes e lançado em todo o continente.

Mas, como vimos no capítulo 7, comerciais não bastam para compor movimentos. Era necessário fazer mais para dar voz à maioria silenciosa e mudar o futebol. Por isso a campanha também vendeu pulseiras entrelaçadas em preto e branco com as palavras "Levante-se. Fale" gravadas. A renda das pulseiras serviu para a criação do Fundo Levante-se. Fale, que doou o dinheiro para instituições de caridade e organizações sem fins lucrativos dedicadas ao combate ao racismo no esporte em toda a Europa. Os jogadores usavam as pulseiras em campo e, em poucos anos, foram vendidas 5 milhões de unidades.

Na época, eu era o vice-presidente de criação de marca global da Nike e responsável por conduzir as identidades e experiências da marca para o futebol da Nike e outras categorias esportivas em todo o mundo. A campanha "Levante-se. Fale" acabou por influenciar o modo como no futuro eu abordaria certos momentos para usar o esporte como mola propulsora da transformação social e cultural. O comercial em si funciona de forma brilhante ao falar diretamente com os próprios fãs de futebol, trazendo-os para o movimento e formulando um apelo direto à ação. O principal mote era que os racistas estavam arruinando o esporte que os apreciadores de futebol adoravam, mas também que os próprios atletas precisavam de ajuda para resistir e revidar. Grande parte do racismo no esporte ocorria nos bastidores, fora do campo de jogo, com base na premissa de que os atletas ofendidos deveriam simplesmente "aguentar". O comercial expôs os fãs de futebol às duras verdades do esporte: que muitas vezes os jogadores negros eram tratados como inferiores tanto por outros jogadores quanto certos treinadores. O "jogo bonito" tinha um lado muito feio. Como negócio, o futebol europeu não podia ignorar seus clientes, e, se seus clientes exigissem mudanças, as entidades dirigentes forçariam a mudança. Entrou em cena em toda a Europa o movimento antirracista que ajudaria a restaurar o "jogo bonito".

É tirando proveito dessas lições que nós da Nike respondemos à urgente questão levantada pelos quatro jogadores nos ESPYs.

Empurre o mundo para a frente

A campanha "Levante-se. Fale" e outras semelhantes – especialmente o filme *Se vocês me deixarem jogar*,[66] de 1995, que abordava o aumento da participação e do empoderamento das meninas por meio do esporte – forneceram à Nike uma base sólida sobre a qual continuar tratando de temas de justiça e sua interseção com o esporte. Nossa atuação nesse campo não era nova, em outras palavras. Na verdade, antes dos ESPYs, eu havia realizado, em Paris, meu primeiro evento externo de marketing global como diretor-executivo de marketing da Nike, ocasião em que se reuniram os líderes de marca de todas as geografias, categorias esportivas e funções da empresa. O evento coincidiu com os play-offs do campeonato da NBA entre o Cleveland Cavaliers, encabeçado por LeBron James, e o Golden State Warriors. O jogo 7 da série foi disputado à uma da manhã, horário de Paris, e eu e boa parte da equipe ficamos acordados de madrugada para assistir. Vencida pelos Cavs, a partida entrou para a história como uma das mais sensacionais, incluindo a jogada defensiva de LeBron conhecida hoje como "o Toco" para selar a vitória. Faltando menos de dois minutos para o final e com o placar empatado, o ala-armador dos Warriors, Andre Iguodala, pegou um rebote e correu pela quadra para fazer o que parecia ser uma bandeja fácil. LeBron, no entanto, perseguiu Iguodala e na hora H saltou para dar o bote, numa magnífica exibição de velocidade e agilidade, bloqueando a tentativa de bandeja. Os Cavs viriam a ganhar o primeiro grande título que a cidade de Cleveland conquistava desde 1964.

Inspirado pela vitória dos Cavs, passei rapidamente as primeiras horas da manhã reescrevendo minha apresentação para

---

66. "If You Let Me Play", no original em inglês. (N. T.)

fazer referência a momentos desse jogo incrível. Se a essa altura você ainda não percebeu, adoro lições de liderança nos esportes, e esse jogo foi simplesmente bom demais. Minha apresentação contou com uma ajudinha extra, já que nessa mesma manhã divulgamos nas mídias sociais uma peça criativa destacando uma icônica imagem em preto e branco de LeBron ainda adolescente com as palavras "Acredite sempre".

Talvez tenha sido a empolgação do momento, a sensação de que tínhamos testemunhado algo histórico, que nos levou, durante esse mesmo evento, a sobrecarregar os esforços da Nike no sentido de introduzir temas de igualdade em nossas narrativas. Queríamos usar o esporte como um veículo para capacitar pessoas e comunidades a ver a confluência dos esportes com a busca da igualdade nos EUA. Assim, começando com a apresentação nessa manhã, o mantra "Empurre o mundo para a frente"[67] tornou-se nossa chamada à ação interna, que por sua vez se converteria em uma forte área de foco no âmbito de nosso plano de marketing da marca para o ano seguinte e além. Seria nossa declaração de propósito, uma referência à qual continuaríamos voltando e de acordo com a qual viveríamos.

E então aconteceram os assassinatos de Sterling e Castile, e os EUA explodiram.

A razão

Em 7 de julho de 2016, as pessoas que visitaram o site da Wieden+Kennedy esperando conhecer mais sobre o premiado trabalho da agência encontraram uma tela preta com linhas de texto em branco em que se lia:

---

67. "Push the World Forward", no original em inglês. (N. T.)

Por que seu colega de trabalho negro parece especialmente amargo hoje?

Por que seu colega de trabalho negro parece especialmente triste hoje?

Por que seu colega de trabalho negro parece especialmente quieto hoje?

Estamos remoendo.

Estamos nos perguntando o que fazer.

Estamos magoados porque é como assistir a nós mesmos sendo mortos a tiros.

Estamos dizendo a nós mesmos: "Não deixe que isso faça você viver com medo, não deixe que isso faça você sentir ódio".

Mas tememos por nossa vida, pela vida de nossos familiares, pela vida de nossos amigos.

Estamos furiosos, porque os protestos não estão funcionando. Porque as gravações de vídeo não estão funcionando.

Estamos em conflito, em algum lugar entre a empatia paralisante por esse homem e sua família e desprezo por um mundo que parece não se importar o suficiente.

Estamos enojados com a polícia, mas dizendo a nós mesmos: "Você não pode odiar todos os policiais".

Estamos nos perguntando que diferença faz um momento de silêncio.

Estamos nos perguntando se conseguiremos chegar sãos e salvos em casa hoje.

Estamos nos perguntando o que fazer, o que fazer, o que fazer.

Apenas para você tomar conhecimento, não é um pedido de solidariedade. Apenas reconhecendo o que tem de ser reconhecido.
#AltonSterling

As palavras foram escritas pelo redator da Wieden+Kennedy Kervins Chauvet, que é negro. Ele explicou mais tarde:[68]

Ao acordar naquela manhã, senti na pele o que é estar com o coração pesado. Oprimido por perguntas que nenhuma resposta seria capaz de justificar, e com raiva pelo fato de que ninguém que não compartilhasse minha melanina conseguiria entender por completo. A complexidade do sentimento me deixou ao mesmo tempo enfurecido e desesperançado. Como muitos de nós naquela manhã, tomei banho e me vesti com esse sentimento. Peguei o ônibus para trabalhar com esse sentimento. Eu me sentei à minha mesa, abri meu laptop e fitei minha tela com esse sentimento. *O que fazer?* Isso provavelmente será lembrado como a coisa mais importante que eu já escrevi na vida.

Chauvet havia escrito as palavras para consumo interno, estritamente dentro dos escritórios da Wieden+Kennedy, mas o próprio Dan Wieden decidiu que representavam toda a empresa e deveriam ser publicadas no site. A única mudança foi a alteração da hashtag no final do texto para #blacklivesmatter [vidas negras importam]. "A razão",[69] como o texto ficou conhecido, gerou muita repercussão em todas as mídias sociais e em toda a mídia. Até o jornal *The Washington Post* escreveu um artigo a respeito no dia seguinte.[70]

Para as pessoas que não trabalhavam tão de perto com a Wieden+Kennedy (ou que nunca trabalharam com eles), pode ter parecido uma atitude surpreendente, ainda que admirável,

68. https://cargocollective.com/kervs/following/all/kervs/The-Reason.
69. #blacklivesmatter e "The reason", respectivamente, no original em inglês. (N. T.)
70. https://www.washingtonpost.com/news/on-leadership/wp/2016/07/08/this-advertising-agency-turned-its-entire-home-page-into-a-powerful-blacklivesmatter-message-2/.

a agência criativa divulgar uma das primeiras e certamente uma das mais poderosas mensagens durante as dolorosas e confusas semanas após os assassinatos de Sterling e Castile por policiais.[71] Contudo, para nós da Nike, a liderança da Wieden+Kennedy no que dizia respeito ao tema da igualdade não surpreendia nem um pouco. No ano anterior, a equipe de Dan Wieden vinha empreendendo esforços para aprimorar a conscientização e os processos de abordagem da desigualdade no local de trabalho, por meio de uma série de workshops de "Conversas Corajosas". Além disso, de maneira bastante proativa, a agência vinha apresentando à Nike ideias centradas em histórias de igualdade por meio do esporte. Esses conceitos serviram de inspiração para uma história que a marca lançaria durante os Jogos Olímpicos no Rio de Janeiro e que, por fim, levou ao desenvolvimento da campanha "Igualdade"[72], que a Nike lançaria um ano depois.

Juntos, sem limites

> Pessoas, pessoas
> Nós, o povo, gostaríamos que vocês soubessem
> Que, aonde quer que vocês forem, estaremos ao seu lado[73]

71. Philando Castile foi baleado por um policial quando pegava sua carteira de motorista no carro em St. Paul, Minnesota. O caso teve grande notoriedade no país por causa de uma transmissão em vídeo feita ao vivo pelo Facebook de sua namorada, que estava no mesmo carro cercado por policiais. No dia seguinte, Alton Sterling foi morto pela polícia em Baton Rouge, Louisiana, quando vendia CDs no estacionamento de uma loja de conveniência; essa ação policial também foi registrada em vídeo. (N. T.)
72. "Equality", no original em inglês. (N. T.)
73. *"People, people / We the people would like you to know / That wherever you go, we're right by your side"*, no original em inglês. (N. T.)

Com ecos de "Star-Spangled Banner", o hino nacional dos Estados Unidos, a canção "We the People" [Nós, o povo], do artista Chance the Rapper foi a trilha sonora que a Nike usou para ancorar seu filme *Juntos, sem limites*.[74] Tendo ao fundo projeções de imagens das seleções masculina e feminina de basquete dos EUA em prédios urbanos, Chance entoa essa ode comovente que usa frases batidas da tapeçaria cultural do país para compor uma canção que contesta e unifica, é animadora e inspiradora, mas que também funciona como um lembrete de que muitas das conquistas mais exageradamente incensadas dos EUA são, na verdade, ilusórias para boa parte de "nós, o povo". Os próprios times de basquete servem como o tema de conexão – o papel que o esporte desempenha no tecido da sociedade – ao mostrar como os estadunidenses de todas as cores ainda estão do mesmo lado; que ainda devemos jogar juntos.

O trabalho em *Juntos, sem limites* começou antes da cerimônia de entrega dos ESPYs, mas seu lançamento não muito tempo depois de os atletas exigirem mudanças não poderia ter sido mais oportuno. No início do processo de desenvolvimento da campanha, eu me lembro de ter sentido o desejo de assegurar que, por mais que usássemos nossa voz para entrar na luta contra a desigualdade, ela precisava romper com as notas convencionais, e de pensar que confiar nos tradicionais conceitos da grandeza norte-americana contra todas as adversidades não seria suficiente. Poderíamos continuar amando o que os Estados Unidos supostamente representavam e, ao mesmo tempo, convidar mais norte-americanos a se levantar e a se manifestar.

No início do processo, ainda sem imagens nem roteiro, ouvi pela primeira vez os vocais da canção original de Chance the Rapper. Era cristalino. Nesse momento não precisávamos

---

74. "Unlimited Together", no original em inglês. (N. T.)

de mais nada para seguir em frente. De todos os conceitos que as equipes criativas exploraram, "We the People", veemente, mas também esperançosa, era a coisa certa. O escritório da Wieden+Kennedy em Nova York desenvolveu a campanha "Juntos, sem limites", que marcou a primeira vez em que as equipes de basquete masculina e feminina dos EUA foram apresentadas juntas em um mesmo filme. O conceito se inspirou em dois comerciais anteriores da Nike: do ponto de vista do tom, em um anúncio com Marvin Gaye de 2008, "Juntos nos erguemos",[75] e, nos aspectos visuais, no comercial do Nike Air 180, de 1991. Mas Chance deu alma ao filme. Sua letra conferiu o tom certo que queríamos para a campanha, o que era ainda mais incrível, porque foi a primeira tentativa de Chance.

Uma mudança virá

A 59ª Cerimônia dos Prêmios Grammy foi realizada em 12 de fevereiro de 2017. Nos dias que antecederam a data, eu estava em Berlim. Entre uma reunião e outra, com o rosto enterrado no iPhone, revisei os últimos ajustes do novo filme da Nike que serviria como parte de nossa resposta ao desafio lançado pelos quatro atletas nos ESPYs oito meses antes. Escolhemos o Grammy como evento de lançamento porque apresentava uma oportunidade de atingir um público além do mundo dos esportes. O novo filme tinha que ser capaz de se sustentar com as próprias pernas como um veículo de narrativa para firmar a voz da Nike naquele momento tão crítico, quando a nação, ainda se recuperando das convulsões do verão e agora ainda mais polarizada por conta de uma eleição presidencial,

---

75. "United We Rise", no original em inglês. (N. T.)

questionava se seus princípios fundamentais ainda eram verdadeiros.

A jornada até esse momento, após sete meses de construção, foi uma das mais empolgantes e profundamente tocantes da minha carreira profissional. Enquanto a equipe se reunia para trabalhar em meio às imagens e emoções do verão anterior, vimos um país dividido por conflitos raciais. Sim, a cerimônia dos ESPYs mostrou quatro dos maiores jogadores de basquete do mundo unindo forças para lutar contra a injustiça racial, mas nós da Nike e da Wieden+Kennedy não poderíamos restringir nossa história ao basquete. Tinha que ser algo sobre os esportes, em todas as suas formas, manifestações e impacto cultural.

Em 1994, a África do Sul acabava de dar fim à criminosa política do apartheid e elegeu Nelson Mandela, que cumprira vinte e seis anos de prisão, como presidente de um país unido. Mas a África do Sul estava unida apenas em teoria, e muitos negros sentiam ódio pela seleção de rúgbi do país, os Springboks, porque historicamente era o esporte dos africânderes brancos. Em 1995, a África do Sul sediou a Copa do Mundo de Rúgbi, e Mandela, surpreendendo tanto os negros quanto os brancos, ofereceu seu total apoio aos Springboks. Mandela viu, e outros veriam somente mais tarde, que a competição de rúgbi era um momento em torno do qual todo o país poderia se unir. Ele deixou de lado animosidades de décadas para abraçar uma equipe unida e um país unido. Mandela recorreu à empatia como forma de lembrar que não era o presidente de metade do país; ele era o presidente do país inteiro, e isso incluía aqueles que jogavam e torciam pelos Springboks. Esse era o poder dos esportes; essa era a bela magia que os esportes exercem sobre as pessoas e as comunidades. O país poderia até permanecer dividido fora do campo de jogo, mas dentro do campo, naquele estádio, a África do Sul era um só time, e eles ganhariam ou perderiam como um time.

A África do Sul venceu a Copa, e a manifestação de orgulho nacional que irrompeu nas ruas e de uma ponta à outra do país, com brancos e negros comemorando juntos, mostrou não apenas o poder mas também a sabedoria das ações de Mandela. Mais tarde ele diria: "O esporte tem o poder de mudar o mundo. Tem o poder de inspirar, tem o poder de unir um povo de uma forma difícil de conseguir de outra maneira. Fala aos jovens em uma linguagem que eles entendem. O esporte é capaz de criar esperança onde antes existia apenas desespero. É mais poderoso do que os governos para quebrar as barreiras raciais. E ri na cara de todo tipo de discriminação".

A pergunta que tínhamos que responder, porém, era: *Por quê?* Por que o esporte tem esse poder? Qual foi a percepção que fez Mandela ver o propósito de unir seu país por causa de... um jogo? Ao ponderarmos sobre essa questão, percebemos que o mundo dos esportes, jogados e disputados nos campos, pistas ou quadras, imita o nosso em alguns aspectos essenciais: disciplina, trabalho duro, dedicação, talento bruto e, por último, a ideia de que todos devemos obedecer a um conjunto de regras de modo a garantir que o jogo seja jogado de forma justa. Mas será que esse último atributo dos esportes realmente se aplica ao nosso mundo real? Em alguns casos, sim, mas em muitos outros não. Se temos a expectativa de que a bola quique da mesma forma para todo mundo nos esportes, não é de esperar que isso ocorra também em nossas comunidades?

Foi esse discernimento crucial que suscitou a campanha "Igualdade". O filme não seria a resposta a um único incidente, como os assassinatos a tiros do verão anterior. Essas trágicas mortes desencadearam um revigorado esforço para alcançar a igualdade racial nos Estados Unidos. Era uma história que remontava a décadas e estava intimamente ligada ao esporte e, sobretudo, aos atletas negros que lutaram por igualdade e inclusão.

Por esse motivo, a equipe criativa escolheu a canção "A Change Is Gonna Come" [Uma mudança virá], de Sam Cooke, aproveitando o sucesso da campanha "Juntos, sem limites", também ancorada em uma música. Mas, enquanto "We the People" de Chance the Rapper foi um grito de esperança de que o país vivesse de acordo com os ideais de seus fundadores, "A Change Is Gonna Come" é contundente; é uma canção de esperança para aqueles que ainda sofrem e uma advertência para aqueles que infligem dor.

Já faz muito, muito tempo que estou esperando
Mas eu sei que uma mudança virá[76]

A letra de Cooke não lamenta o que passou; anuncia o que virá. Fato que ficou claro quando a formidável Alicia Keys fez uma enérgica releitura da icônica canção sobre os direitos civis. Mas então passamos para as palavras, a mensagem que usaríamos para contar nossa história de "Igualdade". O roteiro tinha que ser ancorado no esporte, mas também precisava induzir a empatia por aqueles que vivem e viveram de acordo com um conjunto diferente de regras. Tinha que declarar por que somos atraídos pelos esportes, o significado e o poder daquilo que os esportes propiciam: um senso de excelência, competição e, acima de tudo, jogo limpo. E a insistência de que essas qualidades devem transcender o esporte, devem ir além das linhas da quadra e do campo e entrar em nosso mundo.

---

76. "It's been a long, a long time coming / But I know a change gonna come", no original em inglês. (N. T.)

Com o texto pronto, a narração em *off* do ator Michael B. Jordan entregou a mensagem:

Aqui dentro destas linhas, nesta quadra de cimento. Neste pedaço de grama. Aqui, você é definido por suas ações. Não por sua aparência ou crenças. A igualdade não deve conhecer limites. Os laços que encontramos aqui devem ultrapassar estas linhas. A oportunidade não deve discriminar. A bola deve quicar da mesma forma para todos. O mérito deve ofuscar a cor.

Nas mãos experientes da diretora Melina Matsoukas e do diretor de fotografia Malik Sayeed, as imagens que os espectadores veem, em preto e branco, são de uma quadra de basquete urbana, cujas linhas vão sendo estendidas por pessoas munidas de latas de spray, um aceno ao ativismo de rua que havia definido grande parte dos protestos do verão anterior. Um homem assiste a um jogo disputado por meninos. É LeBron. A cena muda para uma quadra de tênis e vemos Serena Williams. Outra mudança: um campo de futebol e Megan Rapinoe. E por aí vai, com Kevin Durant, Dalilah Muhammad, Gabby Douglas e Victor Cruz entrando em cena. Outros edifícios norte-americanos emblemáticos intercalam-se no filme: uma igreja no centro da cidade e um tribunal.

A pintura em spray continua, e as linhas se estendem da quadra para as ruas e calçadas, para dentro da comunidade, por todo o país, onde as regras que governam o jogo competitivo devem reger também a forma como vivemos. Referindo-se às arenas atléticas, Jordan diz: "Se podemos ser iguais aqui...", ao que LeBron finaliza, "... podemos ser iguais em todos os lugares". Segue-se a última explosão comovente de Alicia: "A mudança virá. Sim, virá".

O filme ficou pronto a tempo para o Grammy. Foi transmitido ao vivo para todo o mundo e ajudou a lançar uma campanha global que começou com um filme, mas não parou por aí. Na noite da transmissão, a Nike mudou todas as suas fotos de perfil de mídia social para a palavra "Igualdade" em letras brancas contra um fundo preto. A Nike incluiu também outros produtos para divulgar a mensagem, entre os quais uma camiseta com a palavra "Igualdade" na fonte Nike Futura Extra Bold, tudo em maiúsculas. Como se tratava de uma declaração de propósito, havia um ponto no final da palavra.

Ao longo do ano seguinte, LeBron se dedicou à promoção da campanha. Durante um jogo em 2018, usou um par de tênis de edição limitada – um branco, outro preto, cada um com a palavra "Igualdade" bordada no calcanhar. LeBron resumiu a campanha com palavras poderosas: "O basquete é nosso veículo, mas a igualdade é nossa missão".

Até aqui, neste capítulo, analisamos a empatia principalmente por meio dos filmes. Mas, como vimos em outros trechos, filmes não são a única maneira de provocar emoção para instigar a ação, e a Nike obteve grande sucesso ao usar ambientes e produtos para nivelar o campo de jogo e pedir o mesmo patamar de igualdade para todo mundo.

Empatia em ação

Em 2010, a Copa do Mundo foi realizada na África do Sul. O evento global realçou tanto a beleza como a pobreza da capital do país, país onde 350 mil crianças jogam futebol quase diariamente. Muitas, no entanto, carecem das necessidades básicas da vida, sem mencionar a precariedade das instalações e a falta de lugares seguros para praticar seu esporte favorito. Além da penúria, a África do Sul tem a maior taxa mundial de infecção por HIV/aids. Ao formularmos a campanha da Nike a ser lançada durante a Copa do Mundo, nossas atenções se voltaram para essas insuficiências e problemas. Queríamos ir além da mera celebração do futebol para o mundo. Vimos uma oportunidade de chamar a atenção para a situação dos sul-africanos. Também queríamos envolver os próprios sul-africanos e entender seu mundo e as coisas que eram importantes para eles.

Conhecendo os muitos problemas que afligiam o país e a capital, a pergunta que fizemos foi: de que maneira podemos usar o futebol para melhorar a educação e os serviços de assistência aos jovens sul-africanos infectados por HIV/aids? A partir dessas conversas, iniciamos uma parceria com o Projeto Red, que trabalha em prol da conscientização para o fim do HIV/aids por meio de outras marcas. O resultado dessa parceria foi chamado Lace Up Save Lives [Cadarços que salvam vidas]. Quando uma pessoa em qualquer lugar do mundo comprava um par de cadarços (NIKE)RED, a Nike contribuía com uma doação em dinheiro para financiar programas de educação e fornecimento de medicamentos na África do Sul. O programa contou com o apoio de embaixadores incríveis, como o lendário jogador de futebol Didier Drogba, da Costa do Marfim.

Mas levamos esse programa um passo adiante, novamente com uma compreensão das reais necessidades dos sul-africanos – sobretudo dos jovens, cujos campos de jogo, quando existiam, eram de terra batida, muitas vezes em áreas perigosas. A fim de fornecer um espaço seguro onde as crianças sul-africanas pudessem jogar bola, a Nike projetou e construiu o Centro de Treinamento de Futebol em Soweto, África do Sul. Eu queria que nossos esforços envolvessem a comunidade local desde o início para garantir que o projeto arquitetônico fosse autenticamente sul-africano.

Não bastava projetar estruturas funcionais. A comunidade tinha aspirações que iam além disso e queria que o novo

Centro de Soweto fosse um lugar onde o espírito comunitário e os sonhos de sua juventude pudessem florescer. Assim, a contação de histórias tornou-se parte da arquitetura e do ambiente, e esses espaços foram impregnados de emoção e um sentido de história cultural. A Nike colaborou com artistas locais de Soweto e se baseou em histórias de lendários clubes de futebol de todo o mundo para incutir no Centro um senso de lugar e propósito, um espaço que a comunidade local podia ver e visitar com orgulho.

Assim que as obras foram concluídas, o Centro de Soweto passou a atender 20 mil jovens futebolistas todos os anos. Hoje, o lugar foi além do futebol e se tornou uma grande instalação com várias partes, que procura ampliar a participação esportiva feminina na África do Sul. Inclui pista de corrida, pista de skate, estúdio de dança e oficinas para promover a comunidade criativa de Soweto. É um exemplo do poder da colaboração criativa radical e de como, neste caso, esportes, educação e medicamentos podem se entrecruzar para recuperar e revigorar comunidades carentes.

Criar impacto social por meio do design não se aplica apenas à arquitetura mas também à inovação de produtos. A recente inovação Pro Hijab da Nike é um exemplo de uma iniciativa que viu, ouviu, aprendeu e, por sua vez, proporcionou um avanço. Não muito tempo atrás, não existiam *hijabs* de desempenho esportivo disponíveis para as atletas muçulmanas competirem, nem mesmo em nível olímpico. Esgrimistas e boxeadoras de nível de elite usavam *hijabs* de tecido tradicional. Quando molhado, o material ficava pesado e rígido, gerando desconforto e obstrução da audição, o que por sua vez podia resultar em penalidades por "falso início de combate" para as esgrimistas que usavam *hijab* durante a competição. O *hijab* também não interagia com os uniformes, o que prejudicava ainda mais o desempenho, dando às adversárias uma vantagem injusta. Assim, os designers da Nike ouviram as vozes e histórias dessas atletas desprovidas de boas condições de competividade e criaram uma roupa mais leve, macia e respirável. Depois de competir usando uma peça Pro Hijab, a boxeadora alemã Zeina Nassar declarou: "De repente eu conseguia escutar, não sentia tanto calor, e parecia que meu corpo conseguia se resfriar melhor e mais rápido".

Embora esses exemplos de empatia em ação possam não estar diretamente relacionados às injustiças raciais que assolavam os EUA, não são menos impactantes no sentido de ver como as marcas podem responder às necessidades despercebidas e não atendidas que existem no mundo.

Círculo completo

Em fevereiro de 2011, a Rede de Funcionários Negros da Nike (BEN, na sigla em inglês), uma das várias redes de funcionários que a Nike construiu ao longo dos anos, realizou seu primeiro Sneaker Ball [Festa do tênis]. Como o Black History Month é celebrado em fevereiro, a BEN queria organizar um evento que celebrasse a interseção da cultura negra e da mudança social com o esporte. Assim nasceu o Sneaker Ball. Durante o evento, fui chamado ao palco por uma lenda do marketing esportivo, Howard H. White, havia décadas um dos líderes da Brand Jordan. Howard estava lá para me agraciar com o Prêmio "H", honraria que leva seu nome e é concedida ao dirigente da Nike que mais se destacou por seu compromisso e contribuições para a comunidade de funcionários negros dentro da empresa. Para mim o prêmio foi um momento de "círculo que se completa", levando-se em consideração que eu havia ingressado na Nike dezenove anos antes como parte do primeiro programa de estágio para minorias da marca, e durante aquele verão de 1992 fui o único membro negro da equipe de design de imagem. Minha jornada não havia terminado, mas ser homenageado por meus colegas dessa forma foi um dos momentos mais inesquecíveis da minha vida profissional.

Nos primeiros anos da minha carreira na Nike, além de minhas funções de design, fiz parte da equipe original que criou os pôsteres do Black History Month da Nike – anos antes de a maioria das grandes marcas optar por comemorar o mês. Não eram os típicos pôsteres esportivos que giravam em torno de atletas superastros, mas muito mais artísticos no quesito design, e com propósito reflexivo. Por exemplo, um pôster de 1996 mostrava o desenho figurativo de uma pessoa, pintado em marrom, sobre um fundo amarelo. Mas essa era apenas a metade superior do pôster. A metade inferior era um reflexo, a silhueta de uma pessoa em amarelo, em contraste com um fundo marrom. Palavras como "igualdade", "paz", "justiça" e "integração" cobriam as duas metades do pôster, tanto do lado certo, da esquerda para a direita e de cima para baixo, quanto o contrário, como um lembrete de que toda questão tem dois lados. Esses pôsteres foram distribuídos no âmbito da marca, mas também para escolas, organizações e publicações, e tinham como objetivo estimular a discussão e o aprendizado sobre tópicos importantes para a comunidade negra.

Trabalhar nos pôsteres marcou apenas o início de uma série de oportunidades que me foram apresentadas ou que encontrei por iniciativa própria. Essas questões não param no limite das linhas das quadras ou dos campos, tampouco nas portas do escritório. Quando entrei na Nike, os conceitos de Diversidade, Equidade e Inclusão (DEI) estavam apenas começando a se formar nas culturas de marca internas dos Estados Unidos. Embora nessa época o nível de diversidade dentro das marcas deixasse a desejar, senti oportunidades de mudar essa trajetória no escopo de minhas funções na Nike. À medida que minha plataforma e meu perfil de liderança cresceram e eu me vi em posições para influenciar as decisões de recrutamento e contratação, fiz questão de melhorar a representatividade de profissionais de marketing e designers negros dentro da marca. Mas não fiz isso sozinho, tampouco aprendi simplesmente por conta própria os conceitos de ser um líder que se esforça para criar uma força de trabalho diversificada. Recebi ajuda, muita ajuda, e qualquer progresso que eu tenha conseguido fazer na criação de equipes que refletiam os consumidores aos quais servimos devo àqueles que me inspiraram e firmaram parcerias comigo. Três líderes específicos se destacam por ajudar a multiplicar minha capacidade de fazer a diferença durante esse período.

Gosto de dizer que Pamela Neferkara "destravou minha liderança". Como líder de alto escalão da organização de marketing da Jordan Brand, Pamela foi fundamental no sentido de deslocar o relacionamento da Nike com seus consumidores para as plataformas on-line, onde hoje ele existe quase de maneira exclusiva. Todos os dias ela trazia para o trabalho sua perspectiva como uma rara líder negra a ocupar uma alta posição hierárquica. Depois que me conheceu melhor, Pamela me convidou para fazer parte do grupo consultivo da BEN. No início relutei, alegando a minha pesada carga de trabalho. No meu íntimo, questionei se minha perspectiva, na condição de homem mestiço, seria tão valorizada. Mas Pamela não aceitou minha recusa. Ela continuou insistindo, e por fim abracei o momento e aceitei a responsabilidade. Foi o pontapé inicial de um período de quinze anos de liderança para a comunidade negra de profissionais de marketing e designers da Nike.

Jason Mayden "empurrou-me para subir ao palco". Designer talentoso, palestrante e motivador igualmente brilhante, Jason era uma potência na BEN e ajudou a impulsionar o *rebranding*[77] criativo da Rede a novos níveis. De início ele e eu desenvolvemos uma forte conexão graças à nossa paixão em comum pela "doce ciência", também conhecida como boxe. Agora que eu era um dos líderes consultivos da Rede, Jason costumava me pedir para abrir os eventos e falar com o público, como no Sneaker Ball anual. Ele fazia esses "pedidos" de tal forma que eu não tinha como recusar. Às vezes, ele turbinava minhas apresentações dando-me uma citação de Martin Luther King Jr. para ler em meus comentários iniciais. Um dos talentos de Jason era me fazer sentir que era meu dever e meu destino estar à altura do momento. Esse é o dom dos grandes motivadores.

Jonathan Johnson Griffin "multiplicou minhas habilidades". Em meados da década de 1990, os pôsteres do Black History Month representavam a extensão do nosso trabalho para celebrar os negros norte-americanos. Com o tempo, no entanto, nós nos expandimos e nos diversificamos, criando uma edição limitada do tênis Air Force 1, por exemplo. Então conheci um jovem designer chamado Jonathan Johnson Griffin, também conhecido como JJG, que achava que poderíamos fazer muito mais do que apenas um calçado. Nesse ponto, eu estava muito empenhado no meu papel de liderar a narrativa criativa da Nike em todo o mundo. Juntos, JJG e eu conversamos sobre uma visão maior: criar uma história em torno de uma coleção inteira de produtos, todos celebrando e comemorando as conquistas e a excelência dos atletas negros. A coleção representaria toda a

---

77. Por vezes traduzido como "mudança de marca", "reposicionamento de marca" ou "redesenho de marca", o conceito de *rebranding* se refere a um processo utilizado por empresas para alterar a forma como ela e seus produtos são vistos no mercado. Pode envolver alteração de imagem, logotipo e nome até mudanças estruturais na organização. A ideia por trás do *rebranding* é criar uma nova identidade, a fim de atingir um novo público-alvo ou uma nova geração de consumidores. (N. T.)

família Nike – Converse, Jordan e Nike Basquete – por meio de três monumentais atletas negros: Julius Erving, Michael Jordan e Kobe Bryant. Esses tênis do Black History Month seriam usados na quadra durante o All Star Game da NBA, mas também estariam disponíveis para todos. JJG me deu o empurrão para expandir meu campo de visão e abraçar uma causa que merecia muito mais do que um pôster.

Além da parceria e da inspiração que esses indivíduos excepcionais me proporcionaram, todos eles me instigaram a ver em mim mesmo o que eles viam e me impulsionaram a fazer desabrochar as qualidades de liderança que eu precisava cultivar. Por meio de seu exemplo e confiança, pude acelerar minha jornada como líder não apenas de uma empresa e de uma marca, mas como alguém que era capaz de promover as metas de diversidade, equidade e inclusão. Eu sempre me lembrava disso quando me encontrava em posição de elevar e apoiar pessoas que precisavam ser vistas e ouvidas. Por ter tido líderes que despertaram meus próprios talentos como líder diversificado, aprendi a despertar os talentos dos outros. O exemplo deles também me ensinou uma valiosa lição: ao subir a montanha, faça questão de levar consigo outras pessoas cuja voz não é necessariamente ouvida ou cujo trabalho nem sempre é visto e reconhecido. Graças a esses indivíduos, pude aspirar a um papel de liderança que ia além da marca e dos negócios.

Tenha sonhos loucos

Eu estava em uma sala de jantar privativa no Edifício Joan Benoit Samuelson, no campus-sede da Nike em Beaverton, acompanhado de outros membros das equipes de marketing e de negócios. Almoçaríamos com o *quarterbarck* Colin Kaepernick, que, embora tão perto do início da temporada da NFL, ainda estava sem time. Queríamos nos sentar com Colin para discutir sua situação e o que ele queria realizar. Como sempre, a Nike busca amplificar a voz do atleta, dentro e fora de campo, e a voz de Colin, para dizer o mínimo, havia crescido consideravelmente no ano anterior. No início da temporada de 2016, um ano antes, Colin se posicionou contra a injustiça racial e a brutalidade policial contra a comunidade negra ao se ajoelhar durante a execução do hino nacional. Desde então, Colin, que já havia disputado o Super Bowl e tinha sido dispensado pelo San Francisco 49ers após o fim da temporada, apenas ampliou seu ativismo. O desafio singular (do ponto de vista do marketing tradicional) era que ele estava atualmente desempregado – no sentido de que, como atleta, não estava "jogando".

Mas, quando Colin entrou no restaurante, recém-saído de um treino matinal no Centro de Treinamento Físico Bo Jackson, no campus-sede da Nike, ninguém seria capaz de imaginar que ele estava inativo. Era a primeira vez que eu me encontrava pessoalmente com ele. Mesmo já estando acostumado a conviver com atletas profissionais, fiquei impressionado com sua presença física. Estava claro que o cara não tinha perdido o ritmo. Na verdade, parecia estar no auge do vigor atlético. A outra coisa que notei imediatamente foi que Colin chegou sem estafe – sem agente, sem relações-públicas, sem puxa-sacos. Eram apenas ele e seu amigo, que também era seu treinador. Colin sentou-se ao meu lado quando começamos a comer.

Para alguém que tinha estado no centro de uma tempestade de mídia no ano anterior, Colin parecia extraordinariamente sereno e reservado, mas intenso. Estava entusiasmado com a ideia de voltar aos campos, mas também focado em sua luta contra a injustiça racial e no contínuo desenvolvimento de seus seminários "Conheça seus direitos", que buscam capacitar jovens carentes de comunidades negras. Se o ano anterior tinha sido difícil para a carreira de Colin no futebol americano, isso não aquietou sua voz. Enquanto o ouvíamos, ele enfatizou que não queria que nossos esforços de narrativa fossem a respeito dele; a história tinha que ser sobre sua causa. Não sobre o homem que se ajoelhou, mas *por que* ele se ajoelhou.

Não posso falar pelos outros que estavam no almoço daquele dia, mas posso falar sobre meus próprios sentimentos e pensamentos. Posso falar sobre como, quando vi Colin pela primeira vez cara a cara, senti uma conexão com sua história. Eu também sou um homem birracial que foi adotado e criado por pais brancos e passei boa parte da minha infância procurando minha própria identidade. Como muitas das crianças do meu bairro, eu tinha meus heróis esportivos, os atletas que eu admirava e imitava, cujo sucesso me permitiu encontrar inspiração e gerar em mim um sentimento de orgulho por minha própria identidade racial. Esses atletas negros das décadas de 1970 e 1980 usaram suas performances heroicas para incutir orgulho nas comunidades de onde vieram, não apenas nas cidades-sede dos times cujo uniforme eles vestiam. Eles jogavam por aqueles que não tinham voz, pessoas cujas comunidades eram assoladas pela pobreza, injustiça e preconceito.

A confluência de esportes e cultura alcançou um tremendo progresso para a sociedade ao longo das décadas, desde os dias de Jackie Robinson[78] até Colin Kaepernick. Descartar essa conexão, "focar no futebol americano", é ignorar uma das principais razões pelas quais os esportes estão no coração da cultura norte-americana e como os esportistas usaram sua plataforma para despertar todo tipo de inspiração. Quando criança, eu

---

78. Jack Roosevelt "Jackie" Robinson (1919-1972), o primeiro jogador afro-americano da Major League Baseball (MLB) na era moderna. (N. T.)

ainda não entendia toda a importância disso, mas havia uma razão pela qual eu me sentia atraído por esses grandes homens e mulheres. Eles não eram descomunais apenas por sua capacidade de jogar melhor do que a maioria; eles aumentaram meu orgulho e minha imaginação – e sim, meu amor pelos esportes – porque estavam repletos de paixão e propósito, vestindo um uniforme ou não. Quarenta anos depois, um atleta negro se ajoelha para protestar contra a brutalidade policial e paga um preço profissional por isso. Alguém sem empatia pela experiência negra nos EUA talvez não tenha ouvido o que Colin estava nos dizendo naquele dia. Mas eu estava lá e vi meu eu mais jovem, um menino à procura de sua identidade, que teria visto esse astro *quarterback* se ajoelhar, e percebi que ele fez isso por outros como eu.

Nesse dia, a empatia que todos nós à mesa sentimos por Colin e seu propósito foi o primeiro passo para criarmos uma mensagem de apoio a ele e à sua causa. Depois desse almoço decisivo, passei os fins de semana da temporada de futebol americano com nossos parceiros criativos da Wieden+Kennedy discutindo conceitos que lançassem luz sobre a mensagem de Colin. Tínhamos que nos comunicar por meio da plataforma esportiva e dar um jeito de assegurar que o papel do esporte não se perdesse numa mensagem exclusivamente de justiça social. Nunca perdemos de vista que qualquer ideia que não usasse o esporte para revelar uma verdade maior na cultura era um caminho que não deveríamos trilhar.

Nós nos debruçamos sobre diversos conceitos, slogans e motivos visuais. Para nos inspirarmos, chegamos a ler uma carta que o jovem Colin escreveu para si mesmo no quarto ano do ensino fundamental, explicando como, um dia, jogaria na liga profissional. Embora fosse comovente, a carta não era a coisa exata para o lugar onde Colin estava naquele momento.

Nada funcionava. As ideias ou não estavam diretamente relacionadas ao esporte e ao papel que deveriam desempenhar, ou a Colin, que não queria que o foco fosse ele próprio, mas a causa que ele defendia. Deve-se dizer que em nenhum momento em nossa troca de ideias cogitamos usar a controvérsia para destacar a mensagem de Colin. Nossa única preocupação era elaborar uma mensagem que abordasse a injustiça racial através das lentes do esporte. Nosso objetivo era levar a conversa que Colin havia começado a um lugar onde pudéssemos instigar as pessoas a agir. O que descobrimos, no entanto, foi que nossos conceitos abordariam *algumas* das questões que precisávamos incluir, mas não todas. Não nos apegaríamos a nada que não fosse 100% fiel à mensagem de Colin. E, no final, simplesmente ficamos sem tempo. Com o passar das semanas da temporada de futebol americano em andamento, decidi adiar as conversas criativas e revisitá-las em outro momento.

Oito meses depois, assumi minha nova função de vice-presidente de inovação de marca global. Foi uma experiência agridoce. Significou deixar para trás um trabalho profundamente pessoal. Dei todo o apoio a meu sucessor, DJ van Hameren, assim como Gino Fisanotti, KeJuan Wilkins, vice-presidente da Nike Comunicações, e Alex Lopez, líder de longa data da Nike Publicidade, que nos três meses seguintes procurariam descobrir enfim a mensagem para Colin.

Felizmente, não faltou ímpeto a eles. O ano de 2018 marcou o aniversário de trinta anos do "*Just do it*". Nossas discussões internas sobre a campanha para comemorar o aniversário do slogan se concentraram no mantra "*Make Belief*" [Tenha fé], claramente uma brincadeira com a expressão infantil mais conhecida "*Make Believe*" (faz de conta, fantasia), mas com ênfase na ideia de acreditar em si mesmo. Não se tratava apenas de imaginação; era pegar seus sonhos e fazer com que se tornassem realidade. O foco seria posicionar o *"Just do it"* para a próxima geração de atletas em ascensão. Embalamos essa ideia em um guia para a execução do projeto criativo e uma proposta ao consumidor e começamos a trabalhar junto aos diretores de criação da Wieden+Kennedy, Alberto e Ryan. Para a equipe da Wieden+Kennedy, era uma tarefa ideal, pois abria o mundo da imaginação e dos sonhos.

As mentes criativas da agência voltaram com as palavras *"Dream Crazy"* [Tenha sonhos loucos], uma maravilhosa brincadeira com *"Make Belief"*. Afinal, o que são os sonhos de um jovem se não "loucos", pelo menos para os padrões adultos? O bordão também fluía perfeitamente com o *"Just do it"*, mantendo a clareza de propósito e a simplicidade desse lema de trinta anos de idade. A equipe da W+K produziu também um "filmete sobre estados de ânimo" para transmitir o conceito para o pessoal da Nike. O filme era poderoso, assim como as palavras que o acompanhavam, mas ainda precisava de algo a mais para realmente se destacar.

E foi aí que surgiu a ideia de usar Colin como narrador em *off*. O filme se concentraria na juventude – uma espécie de retorno às ideias da infância de Colin que exploramos durante a temporada de outono anterior –, mas não seria sobre Colin, pelo menos não diretamente. Giraria em torno de fazer aquilo que você sabe que está certo em seu coração, fazer o que você sabe que deve fazer, abraçar a ideia maluca que agita sua alma sem se importar com o que os outros pensam. Era sobre sacrifício e se posicionar contra a vontade do mundo, porque você sabe que é a coisa certa a fazer. Essa percepção, no entanto, não termina quando você é jovem, embora a juventude seja a fase em que devemos nutri-la. Continua quando você entra no mundo adulto e esses "sonhos loucos" deparam com a realidade fria e dura das escolhas reais e até do sacrifício. O que fazer então? Você é velho demais para ter sonhos loucos? Colin certamente não pensava assim, e então foram adicionadas as falas finais do filme, enfatizando que os sonhos que inflamam nosso espírito, que nos fazem ir além de nossos próprios desejos materiais, valem o sacrifício.

Finalmente, em setembro de 2018, após um ano investigando a melhor maneira de reconhecer a causa (e o sacrifício) de Colin, a campanha "Sonhos Loucos"[79] foi lançada no dia da abertura da temporada da NFL.

O filme começa com um skatista deslizando por um corrimão. Ele erra a manobra, cai, um tombo feio. Tenta de novo, desaba novamente. Ele se arrebenta. Isso acontece pela terceira vez. Corta para um tapete de luta livre, mostrando um lutador sem pernas. Enquanto isso, a voz de Colin profere a mensagem:

> Se as pessoas dizem que seus sonhos são loucos,
> se elas riem do que você acha que consegue fazer,
> beleza.
> Continue assim.
> Porque o que os incrédulos não entendem é que chamar
> um sonho de louco não é um insulto.
> É um elogio.

Vemos surfistas; boxeadoras usando *hijabs*. Vemos jogadores de basquete deficientes em cadeiras de rodas. Colin menciona câncer no cérebro; ele menciona os refugiados. Vemos LeBron no ensino médio enterrando uma bola na cesta, depois LeBron, agora já adulto, falando na abertura de sua escola "Eu Prometo".

---

79. "Crazy Dreams", no original em inglês. (N. T.)

E então o desfecho: Colin, numa esquina, vira-se para a câmera, sua voz em *off* enunciando o tema da campanha: "Acredite em algo, mesmo que isso signifique sacrificar tudo".

Embora a mídia tenha transformado o anúncio em uma "campanha de Colin Kaepernick", o filme é, na verdade, uma celebração dos atletas que têm "sonhos loucos". Claro, o filme causou polêmica quando foi lançado. Porém, ao olharmos para trás, ao vermos como a temporada de jogos da NFL começou com uma celebração da justiça racial, sabemos que o que era considerado loucura era na verdade apenas o começo.

Diminua a distância

Todas as jornadas criativas relatadas neste capítulo partem da mesma premissa. Muitas vezes encontramos os insights mais impactantes quando expandimos nosso campo de visão e vemos o que antes não enxergávamos. A essência disso é a empatia, nossa vontade de ouvir e entender as pessoas cujas experiências diferem das nossas. Como se afirmou neste capítulo, muitos dos insights descobertos por meio da empatia levaram à mudança transformacional. Fomos capazes de olhar para uma pessoa ou um problema de um ângulo mais profundo do que antes e encontrar a dura verdade enterrada dentro dela. Quando ultrapassamos as simples observações e suposições, fomos capazes de tirar proveito de nossas energias criativas de maneiras que, em outras circunstâncias, poderiam ter permanecido ocultas.

Na condição de líderes criativos, nosso papel é encontrar esses fios conectivos entre o que vendemos e o que o mundo precisa. Usar nossos talentos, invocar nossa empatia, ver que o mundo que habitamos não é o mundo que os outros vivenciam; garantir que essas ideias revelem uma visão mais profunda sobre o nosso mundo e também levem a uma narrativa impactante. A indiferença não é uma opção se quisermos impulsionar a sociedade. Com nossos insights, e por meio de nossas histórias – contadas em imagens, por meio de filmes, na forma de arquitetura e de produtos –, somos capazes de diminuir a distância entre as disparidades em nosso mundo e um futuro mais justo e, assim, garantir que a bola quique igualmente para todos. Quando vinculamos esse insight ao propósito da nossa marca, somos capazes de iniciar com nossos consumidores conversas que levam a ações coletivas e resultam em mudanças positivas no mundo ao nosso redor.

PRINCÍPIOS PARA TER UMA VISÃO AMPLA

1. Fortaleça sua visão periférica
Vá além de simples observações e suposições. Vá mais fundo para encontrar as necessidades despercebidas que existem em comunidades carentes. Ao aumentarmos nossa capacidade de ver, ouvir e sentir, podemos desbloquear o acesso a um futuro melhor para todos.

2. Revele as duras verdades
Encare as conversas desconfortáveis para descobrir as verdades mais ocultas dentro da sociedade e revelá-las de maneiras mais profundas. Use sua plataforma para amplificar as vozes dos outros, não apenas a sua.

3. Trabalhe em conjunto para subir mais alto
Evite entrar no processo criativo já munido de respostas definitivas. Para construir soluções que respeitem a comunidade a que você procura servir, você deve incluir as pessoas que fazem parte da comunidade. Forme suas ideias em conjunto com elas. Isso desenvolverá um senso de orgulho e posse no futuro.

4. Seja mais que um produto
Vá além das transações comerciais. Use seu produto como um convite e um catalisador para um futuro mais igualitário. Esforce-se para servir ao momento, bem como para viver uma longeva jornada de avanço e transformação para a comunidade.

5. Viva o pessoal no profissional
Criar uma representatividade mais diversificada em termos numéricos não é suficiente. É crucial empoderar diversos indivíduos de modo que tragam suas experiências de vida para suas experiências de trabalho. Ao alavancar a perspectiva de vida de uma pessoa, você pode afetar a vida de inúmeras outras pessoas.

6. Conceba sonhos
Não basta atender apenas às necessidades funcionais. As comunidades carentes que você procura apoiar também têm aspirações. Por meio das histórias e dos sonhos da própria comunidade, impregne de emoção as soluções que você criar.

9 > DEIXE UM LEGADO, NÃO APENAS UMA LEMBRANÇA

Emma Berger, artista de Portland, não pediu permissão a ninguém. Ela simplesmente começou a pintar. E, quando terminou, as placas que cercavam a Apple Store no centro de Portland, Oregon, mostravam o rosto de George Floyd, assim como as últimas palavras dele: "Não consigo respirar". Os protestos que eclodiram em todo o país após aquele trágico dia chegaram a Portland e, no tumulto, a fachada de vidro da Apple Store foi destruída. Os gerentes da loja colocaram placas para proteger o estabelecimento de mais danos, mas também pintaram o compensado de preto, para mostrar que estavam com os manifestantes e apoiavam sua luta por justiça. Os quadros pretos ofereceram a tela perfeita para Berger, que pintou não apenas Floyd, mas também Breonna Taylor e Ahmaud Arbery, duas outras vítimas da injustiça racial.[80]

80. https://katu.com/news/local/mural-honors-george-floyd-in-downtown-portland.

E a criação de Berger me ofereceu o momento perfeito para mostrar à minha filha Ayla o poder que artistas e designers exercem como contadores de histórias visuais. Em agosto de 2020, levei Ayla, então estudante do ensino médio e aspirante a diretora criativa que hoje cursa design na faculdade, para ver o mural de Floyd. Quando chegamos lá, outros artistas haviam acrescentado contribuições à tela de Berger, que se tornara um destino para aqueles que desejavam levar sua própria arte para a exposição. Em especial, alguém pintou com spray em vários pontos do mural os números "846", significando a quantidade de tempo (8 minutos e 46 segundos) que o policial manteve o joelho pressionado contra o pescoço de Floyd até matá-lo.

Minha primeira impressão do mural foi que era muito maior do que eu imaginava, ocupando todo o quarteirão da rua no centro de Portland. Mas não foi apenas o memorial de Berger que me surpreendeu. Outros artistas criaram obras de arte nas placas de proteção em frente a outros edifícios na área circundante. A beleza que surge da tragédia: o poder da arte para transformar um espaço em algo que não apenas incute significado mas também provoca uma poderosa resposta emocional.

Percebi que Ayla estava tão emocionada quanto eu. Conversamos sobre como a criatividade dos artistas revelou verdades duras sobre nossa sociedade de maneira profunda. Aquilo não era arte pregada na parede de um museu; era arte em seu elemento natural, uma demonstração orgânica de tristeza, raiva, mas também esperança. A arte onde ela *deve* estar, atrelada a um momento, mas também atemporal em sua capacidade de gerar paixões. O mural de Floyd e outros semelhantes espalhados pelo país não teriam o mesmo impacto se fossem vistos por trás de um invólucro de vidro ou de uma corda de veludo, onde os funcionários pedem às pessoas para não tirar fotos. O mural era tocante porque estava onde deveria estar, uma resposta visual a um ato violento.

Criamos arte para refletir o mundo que vemos, como se a realidade atravessasse nosso prisma criativo e fosse projetada numa tela. Pode-se identificar a realidade, mas agora ela se transformou em algo que reflete também o artista. Expliquei a Ayla como esses artistas, usando suas imagens e palavras, são capazes de despertar emoções dentro de nós e nos inspirar a agir; ver na imagem projetada esse eco da realidade, o mundo em que queremos viver.

Nos últimos anos, vimos – e minha filha foi testemunha – o poder da criatividade em uma infinidade de disciplinas, das artes plásticas à arquitetura, da literatura ao cinema. Essa incessante produção criativa alcançou os corações e mentes das pessoas, unindo-as por meio de uma causa comum, por exemplo, o combate à injustiça racial, a atenção para as desigualdades no acesso a serviços de saúde, o impedimento de crimes de ódio contra asiáticos e a repressão de eleitores. A criatividade serviu como um catalisador ao convidar as pessoas para o diálogo por meio da inspiração, provocando reflexão e ação fortalecedora.

A visita também me deu a chance de compartilhar diretamente com Ayla meus sentimentos sobre o assassinato de Floyd. Nascido e criado em Minnesota e aluno da Faculdade de Arte e Design de Minneapolis, cujo campus não ficava muito distante do local da tragédia, vi a divisão entre a polícia e a comunidade negra naquela época e me dói presenciar isso agora. Ver a expressão dessa dor representada na arte me serviu como um lembrete dos motivos pelos quais faço o que faço. Até onde minha memória alcança, desde as minhas primeiras lembranças da infância sempre me senti atraído pelo poder que tanto o esporte quanto a arte têm de provocar as mais intensas emoções humanas, e talvez seja essa a razão pela qual me interessei por levar uma vida de criador de obras que despertassem em outras pessoas essas mesmas emoções. Segui essas paixões, assim como minha filha segue a dela hoje.

Lá, ao lado da minha filha, me lembrei do mural de parede que meus pais fizeram para mim quando eu era criança a fim de incentivar meus talentos artísticos. Bem, "fizeram" talvez seja uma palavra muito forte. Eles deixaram completamente em branco uma parede do quarto que eu dividia com meus dois irmãos, apenas acrescentando uma borda de madeira, que se tornou a tela sobre a qual despejei minha precoce imaginação artística. Meu mural de infância era feito sob medida para a época e o lugar em que foi criado; mostrava o talento incipiente e a imaginação vívida de um pré-adolescente, que agora eu via refletida nas paixões artísticas de Ayla. Pode ser que minha filha tenha herdado de mim sua paixão artística. Mas onde *eu* a obtive?

Uma fonte de paixão

À medida que a conclusão deste livro se aproximava, deparei com as respostas para as perguntas sobre as quais ponderei ao longo de toda a minha vida profissional e pessoal.

Numa tarde de sábado de abril de 2021, recebi uma mensagem, via 23andMe,[81] de uma mulher que eu não conhecia:

> Olá! Uau, eu não esperava saber que tenho um tio aqui que eu não conhecia. Vejo tanta semelhança entre sua foto e a minha mãe. Você tem algum contato com esse lado da família?

---

81. Empresa privada de genômica pessoal e biotecnologia sediada na Califórnia que fornece testes genéticos rápidos. Seu nome provém dos 23 pares de cromossomos de uma célula humana normal. (N. T.)

Uma hora depois, após um pouco de "pesquisa" nas redes sociais, ficou claro que eu não era o tio dessa mulher. Eu era o irmão dela. A mãe dela era minha mãe biológica, alguém que eu jamais ousei imaginar que conheceria nesta vida, e muito menos que a encontraria pessoalmente.

Essa investigação inicial abriu as portas para que eu encontrasse não apenas minha família materna mas também o lado paterno da minha família. Em poucos dias, eu tinha respostas para uma porção das perguntas sobre a vida que muitas pessoas simplesmente dão como certas. Minha mente estava cambaleando, inundada com uma vertiginosa enxurrada de revelações. Eu tinha passado de saber literalmente nada sobre meus pais biológicos – por que eu tinha a minha aparência; de onde herdei algumas das minhas paixões e características – para, de repente, saber tudo o que se pode saber sobre os pais sem ter crescido com eles. A maioria das pessoas faz essa jornada ao longo da vida; seu campo de visão vai se expandindo de conhecer essas duas pessoas como "mãe" e "pai" até saber quem essas duas pessoas eram na vida. Já eu recebi tudo em questão de semanas.

Também fiquei impressionado com a ironia da situação. Nos últimos anos, eu vinha alertando para o fato de que em breve as marcas que cultivavam apenas o marketing orientado por dados arrancariam toda a emoção dos relacionamentos com os consumidores. Agora, lá estava eu, sentindo na pele um pouco do poder emocional mais intenso da minha vida graças a um site baseado em dados e ciência. O 23andMe, serviço alimentado por aprendizado de máquina, algoritmos e dados, levou a esse significativo (e instantâneo) momento de conexão humana. De repente eu tinha respostas.

Respostas como saber de onde herdei minha paixão pelo esporte, principalmente o basquete. De meados até o fim da década de 1990, trabalhei em projetos de exibição para a Nike Store dentro do shopping center Mall of America em Minneapolis. Talvez porque a loja ficasse na minha cidade natal – e talvez porque, se você vai ter uma loja no maior shopping do mundo, é melhor fazer jus ao seu destino –, eu sentia uma afinidade especial por essa unidade específica da Nike. Quase trinta anos depois, descobri que meu pai biológico havia feito daquela loja um de seus destinos de passeio prediletos, muitas vezes passando horas lá dentro enquanto o resto de sua família fazia compras em outras áreas do shopping. Ele amava a Nike, sobretudo a linha Jordan Brand. Ele viu os expositores que seu filho havia projetado; mais tarde, eu soube que ele tentou me encontrar durante esses anos. Nunca conseguiu, mas viu meu trabalho. Eu estava com ele.

Enquanto isso, minha mãe biológica foi comissária de bordo da Northwest durante vinte anos. Durante suas escalas ao redor do mundo, ela passava o tempo em museus de arte – Paris, Londres, Roma. Adorava arte, paixão herdada da própria mãe, minha avó, que gostava de pintar. Na minha conversa on-line com minha irmã (a que entrou em contato comigo), ela me enviou uma das pinturas da minha avó, e reconheci um talento genuíno, bem como uma das fontes da minha própria paixão artística. Quanto à minha irmã, ela é designer gráfica, assim como eu era quando me formei na Faculdade de Arte e Design de Minneapolis para começar minha carreira. Nossa paixão em comum era um símbolo da conexão que compartilhávamos. Fazíamos parte um do outro, embora nunca tivéssemos nos encontrado pessoalmente.

Acabei levando minha própria família para conhecer os parentes que eles nem sabiam que existiam. O momento do meu primeiro abraço em minha mãe biológica não pode ser descrito com palavras, mas de imediato senti uma profunda conexão. No dia seguinte, durante uma reunião familiar do lado do meu pai biológico, minha nova tia me presenteou com uma série de lembranças, uma das quais era uma foto original da turma de formandos da Universidade de Minnesota em 1955. Ela apontou para o estudante negro solitário em meio à série de retratos de brancos. Lá estava meu avô, o único homem negro em sua turma de agentes mortuários a se formar naquele ano. Rompendo barreiras. Depois da faculdade, meu avô continuou a desafiar as convenções e abriu uma funerária no lado branco da cidade de Minneapolis. Era um homem que nunca jogou com cautela, nem no âmbito profissional nem no pessoal.

Todos temos talentos, alguns escondidos dentro de nós. Às vezes eles brotam naturalmente ao longo da vida, outras vezes se revelam apenas em um ambiente que os atrai e permite que floresçam.

Minhas próprias paixões artísticas começaram quando eu era jovem. Sei agora que em parte nasci com um pouco delas, tendo herdado os dons que minha avó biológica passou para minha mãe. Mas a história não termina aí. Talvez esses dons amadurecessem por conta própria, manifestando-se da maneira como as paixões tendem a fazer com as crianças. Mas não há garantia de que eu teria mantido essa paixão ou sentido que cultivar a arte era algo que valia a pena. Quantas de nossas paixões infantis abandonamos na infância, por decidirmos que é melhor investir nossas energias em atividades mais "úteis"? A outra metade da história é que meus pais adotivos, com recursos limitados, alimentaram minha paixão pela arte quando eu ainda era muito jovem. Fizeram tudo a seu alcance para me ajudar a iniciar minha jornada artística.

Ayla, a minha filha, sabe de onde tirou sua paixão. Ela também sabe que seus pais tentaram nutrir seu talento ao longo de sua infância, dando-lhe as ferramentas e o apoio de que precisava para desenvolver essas paixões em algo que se poderia chamar de atividade "útil". E sua educação continuou, assim como a minha, quando nós dois fomos juntos ao mural do Floyd e vimos o incrível poder emotivo que a verdadeira arte pode suscitar.

Talvez herdemos de nossos ancestrais uma tremenda dose de dons e talentos, que podem nos levar a um caminho que conduz à alegria e à realização. Mas nunca podemos parar de desenvolver esse talento e esses dons; jamais podemos parar de nos esforçar para aprimorar a maneira como fazemos o que fazemos. Nunca podemos pensar que não há mais perguntas a serem respondidas. O mundo está cheio de tragédias e injustiças, mas também está cheio de esperança, e é a esperança que nos faz acreditar que sempre podemos ser melhores.

Continuando uma jornada de criatividade

Por essa razão, ao me aposentar da Nike fundei a Modern Arena [Arena moderna], um grupo de consultoria de marcas que se esforça para construir soluções que habitam a interseção do crescimento dos negócios e da força da marca, ao mesmo tempo que geram impacto social. Por meio da Modern Arena, comecei a aconselhar um conjunto diversificado de startups e empreendedores que esperam contribuir para um mundo melhor e mais saudável. Na Nova Zelândia surgiu a AO-Air, startup que procura reinventar a tradicional máscara, acessório de segurança que todos conhecemos muito bem em 2020, com seus incômodos elásticos atrás da orelha e vedação pouco hermética em volta do nariz e da boca. As máscaras AO-Air usam minúsculos ventiladores para fornecer um fluxo contínuo de ar limpo, sem a vedação restritiva e claustrofóbica. Fundada antes da pandemia, a missão da AO-Air tornou-se ainda mais importante hoje, e os estudos mostram que as suas máscaras são cinquenta vezes mais eficazes do que as soluções líderes de mercado – e têm uma forma inovadora para corresponder a essa função.

"O que vamos fazer hoje?" Esse é o slogan de outro cliente da Modern Arena, o Shred, aplicativo móvel que conecta os usuários a aventuras ao ar livre nas imediações (ou nos lugares para onde estão viajando) e uns aos outros, facilitando a possibilidade de fazerem algo divertido e ativo sem ter de perder muito tempo procurando on-line. Os usuários também podem usar o Shred para lidar diretamente com as empresas que proporcionam a atividade, o que reduz o inconveniente de fazer reservas on-line. Nada simboliza melhor a possibilidade de sair de si mesmo do que tentar algo totalmente novo, deixando de lado seus medos e dando o salto. Aprendemos muitíssimo sobre o mundo exterior, e sobre nós mesmos, quando escapamos de nossa zona de conforto e partimos em busca de aventura.

Para observadores externos, a conexão entre essas duas marcas muito diferentes pode parecer distante, na melhor das hipóteses. Porém, olhando mais a fundo, vemos que ambas estão, na verdade, em busca de objetivos semelhantes: melhorar o bem-estar das pessoas. Os produtos capacitam todas as pessoas a mudar para melhor sua vida, dando a elas ferramentas que aprimoram sua saúde mental e física, ao mesmo tempo que constroem conexões humanas. Como diz o Shred, o aplicativo móvel "permite que as pessoas passem mais tempo vivenciando os melhores momentos da vida".

Pode parecer que estou muito distante da Nike hoje em dia, mas não me sinto nem um pouco assim. Na verdade, estou mais perto do que você imagina. No outono de 2021, junto com meu trabalho como consultor de marca, tornei-me instrutor de marca na Faculdade de Negócios Lundquist da Universidade do Oregon. Dos muitos momentos de "círculo que se completa" que tive na vida, lecionar na mesma instituição onde os cofundadores da Nike trabalharam como treinador e bolsista-atleta é um dos mais comoventes para mim. Claro, não estou lá para revolucionar a indústria de calçados esportivos. Toda semana eu fico na frente de cinquenta estudantes de pós-graduação que sonham em se tornar os futuros gerentes-gerais da indústria de produtos esportivos. Por meio de palestras, discussões e workshops, falamos sobre o poder de uma marca, principalmente a importância de construir o tipo de capital de marca que leve a uma forte conexão emocional na mente do consumidor. De que maneira é possível assegurar que suas intenções como marca, aquelas pelas quais você quer ser conhecido, correspondam à percepção do consumidor? Por que você existe como marca e qual é o benefício que você oferece? Usando os mesmos conceitos e ideias deste livro, minha esperança essencial é transmitir a essas mentes jovens e diversas que criar uma identidade de marca forte e exercer um impacto positivo no mundo não são coisas mutuamente excludentes. Fico feliz em relatar que, até agora, meus alunos têm consciência dessa conexão e a apreciam, muito mais do que eu quando estava nesse ponto da minha vida.

No papel de líderes de marca, dispomos de muitas maneiras de usar nosso conhecimento e nossa paixão para ajudar a mudar o mundo. Minha paixão e meus interesses me levaram a dialogar com públicos tão variados como os da Summit Series,[82] que realiza eventos para diversas associações de líderes, de empresários

82. Organização estadunidense que realiza conferências e eventos para jovens empreendedores, artistas e ativistas, voltados sobretudo para a discussão de temas como práticas de negócios, inovação tecnológica e filantropia. (N. T.)

e acadêmicos a autores e artistas. Por meio de suas iniciativas Summit Impact, a organização tira proveito de sua comunidade global para gerar um impacto positivo em nosso mundo, com foco em pautas como meio ambiente e sustentabilidade, déficit habitacional e engajamento cívico.

Após conversas com meu amigo e cofundador da Summit, Jeff Rosenthal, entrei para o conselho de administração da Summit Impact e tive a honra de apresentar aos seus membros o tema do impacto cultural por meio da liderança de marca.

Eu me vi diante de um incrível grupo de talentos criativos negros que fazem parte do One Club for Creativity [Um clube de criatividade], escola de portfólio on-line gratuita para estudantes que desejam trabalhar na área da publicidade. Pudemos discutir a arte de contar histórias no âmbito do impacto social, em especial na arena da justiça racial. Para um setor que carece tanto de diversidade, eles podem usar suas vozes e mostrar suas perspectivas singulares a fim de fornecer a visão necessária para desencadear uma narrativa verdadeiramente excepcional. A tarefa desses jovens, insisto com eles, não deve ser apenas atender às demandas dos negócios, mas usar esse processo para impulsionar o mundo de maneira positiva.

Por meio dessas iniciativas, e especialmente na minha posição como professor na Universidade do Oregon, tive que refinar as lições que aprendi ao longo da minha carreira, primeiro como estagiário, depois como designer, depois como profissional de marketing. À medida que meu trabalho foi me colocando diante de um conjunto bastante eclético de startups, empreendedores, estudantes e organizações, tive que aprimorar minhas ideias de modo a torná-las acessíveis e oportunas. Porém, enquanto eu dedicava horas e horas a esse trabalho diversificado, começou a se formar uma estrutura – lentamente, a princípio, mas de maneira inexorável – em direção a uma ideia central decisiva. A saber: uma marca constrói uma vantagem criativa por meio de estratégias de fomento de uma vigorosa cultura de criatividade, que leva à capacidade consistente de construir laços emocionais poderosos com seus consumidores. É assim que algumas das marcas mais icônicas do mundo edificaram um legado de apego emocional com seus consumidores. Alguns chamam isso de fidelidade à marca, mas a fidelidade não leva em conta a conexão *mútua* que flui entre marca e consumidor. Eu não prego a fidelidade à marca; falo sobre o poder da conexão humana, a maneira como uma marca pode *ser importante* na vida de alguém e impactante no sentido de trazer mudanças positivas.

Um breve exemplo pode ajudar a ilustrar meu argumento.

No inverno de 2021, tive a oportunidade de conversar com um grupo de inovadores e empreendedores negros que fazem parte do Fundo Talent x Opportunity, da Andreessen Horowitz.[83] Essa extraordinária organização fornece financiamento, treinamento e mentoria que ajuda empreendedores a construir empresas duráveis e bem-sucedidas em torno de suas inovações. Em nossa discussão, falei sobre o que é necessário para construir uma "Personalidade de Marca", uma depuração das ideias e lições que abordei neste livro, numa roupagem orientada para a ação.

"Agora, nesta era de automação, mais do que nunca é importante que uma marca seja mais humana", afirmei. Em seguida, discuti a importância de construir as características de uma marca de uma forma que a torne única no mundo, e a relevância de alavancar os pontos de contato por meio dos quais os consumidores associam mentalmente essas características à marca.

---

83. Empresa gestora de capital de risco fundada em 2009 por Marc Andreessen e Ben Horowitz. Sediada na Califórnia, investiu em empresas como Airbnb e Instagram quando ainda eram startups. (N. T.)

"É nosso trabalho expressar tons diferentes para a voz da nossa marca", continuei, "e tocar diferentes notas em diferentes momentos. Quando o consumidor sente que a marca diz sempre a mesma coisa, ela pode se tornar chata ou, pior, irritante, e o consumidor acaba se afastando dela." Mas é essa primeira linha que se destaca quando fechamos este livro. E eu gostaria de condensá-la ainda mais. "É importante que uma marca seja humana." Seja *humana*. Os humanos sentem emoções. Os humanos criam arte. Os seres humanos fornecem e recebem inspiração. Os humanos correm riscos. Os humanos sentem empatia. Os humanos contam histórias. Os humanos constroem movimentos. Os humanos trabalham em equipe. Os humanos criam memórias. E os humanos diminuem a distância.

Sua marca é mais do que uma coleção de produtos e serviços. É mais do que declarações de missão e algoritmos. Sua marca é maior que os departamentos de marketing ou inovação. Sua marca é humana. E é sendo humana que sua marca construirá laços emocionais com outros humanos. É sendo humano que você pode deixar um legado, não apenas uma lembrança.

De volta ao lugar onde comecei

Termino este livro onde o comecei, na Faculdade de Arte e Design de Minneapolis. Agora no conselho de curadores e na presidência do Comitê de Inovação, mais uma vez me vi diante de uma plateia. Eu estava lá (virtualmente) para falar a todos os professores e alunos no início do ano letivo de 2020, ocasião em que abordei muitos dos temas que expliquei nas páginas deste livro. O poder da empatia. O papel da curiosidade para encontrar inspiração. A necessidade de sair de si mesmo para compreender as experiências dos outros. Falei sobre diminuir a distância, instigando os estudantes a ver sua arte e criações de design como catalisadores de mudança, a apreciar o poder dos artistas e dos designers de provocar emoções. Sem dúvida eram ideias pelas quais eu já me interessava trinta anos antes, mas a minha compreensão do poder da arte e do design e sua capacidade de comover as pessoas e criar mudanças evoluiu ao longo das décadas. Dei a palestra que eu gostaria de ter ouvido quando ainda era um estudante de graduação, apenas começando, cheio de confiança e ambição, mas também extremamente inexperiente tanto na profissão quanto no mundo em que eu estava prestes a ingressar.

É importante ressaltar que eu não estava falando para empreendedores e proprietários de startups. Na minha plateia não havia profissionais de marketing, tampouco líderes de marca. Eram estudantes, talvez tão confiantes e cheios de ambição quanto eu, e talvez mais receptivos a uma mensagem de mudança do que eu e meus colegas tínhamos sido em 1988, quando eu era calouro. Minha mensagem para eles, como a mensagem que entreguei aqui neste livro, foi de que agora, mais do que nunca, o poder de contar histórias por meio de palavras e imagens, por meio de filmes e arquitetura, por meio de produtos e serviços, é necessário para levar o público a abraçar a mudança. Eu os incentivei a usar seus talentos criativos para fazer uma arte que refletisse sua realidade e que também buscasse construir uma realidade melhor. Para expandir a visão deles além do que podem ver hoje ou amanhã e enxergar além das semanas, meses e anos para criar arte que dura porque faz a diferença. Para criar a fim de deixar um legado de excelência e propósito.

Boa parte deste livro foi sobre olhar para o passado, para o trabalho do qual nos lembramos hoje por causa de sua excelência e sua capacidade de criar emoção em nós. Essas obras –

os filmes, as imagens, os prédios, as campanhas, os produtos e os momentos – permanecem conosco porque nos conectaram em um nível emocional poderoso o suficiente para resistir aos efeitos do tempo. Os trabalhos inferiores são quase todos esquecidos. Talvez de início tenham causado impacto, uma risada ou uma lágrima, mas sua capacidade de permanecer conosco diminuiu à medida que o relógio avançava, até se tornarem apenas mais um grão de areia na praia. O poder de comover as pessoas, de capturar seus corações e elevar seus espíritos não é fácil de alcançar – e nem deveria ser. Nós, humanos, afinal, podemos nos entreter por um momento com o banal ou o superficial, mas não voltamos a eles. Rapidamente seguimos em frente, esquecendo o que aquela narrativa específica estava tentando transmitir.

Mas aquilo que fica conosco, que se conecta, sempre se conectará, porque nos toca em um nível impossível de ignorar ou esquecer. E não se trata de mera lembrança; sempre *sentiremos* essas coisas, não apenas como entretenimento momentâneo, mas como algo que revelou um pouco de nós mesmos e um naco do nosso mundo. Algo que deixou sua marca. As lições e ideias apresentadas neste livro foram concebidas para criar esse tipo de trabalho, o tipo que sobrepuja nosso cinismo, envolve nossos sentidos, nos impele à ação, nos leva às lágrimas ou nos instiga a sermos melhores do que éramos antes.

Os líderes de marca devem ter em mente que nosso trabalho, nosso propósito (além de impulsionar a demanda e o crescimento dos negócios), é encontrar essa conexão emocional com os humanos. Isso requer manter o equilíbrio entre as diferentes pessoas que integram sua equipe, tanto as que pensam usando o lado esquerdo do cérebro como as que usam o hemisfério direito, e enfatizar que a arte do marketing é uma conversa entre duas partes: marca e consumidor. Vamos continuar tirando proveito da engenhosidade criativa da mente humana e cultivar o poder da interação entre os humanos. Faça-os ver você. Faça-os ouvir você. Faça-os sentir você.

Ao olhar para o trabalho que tenho pela frente, inspiro-me no progresso que fizemos como profissão e como sociedade. Vejo os estudantes sentados nos mesmos assentos em que meus colegas e eu nos sentamos e sinto na pele uma lição de humildade por sua preocupação com o mundo. Vejo na minha tela empreendedores e donos de startups e me sinto revigorado por sua ambição e senso de propósito. Vejo os olhos da minha filha enquanto ela avalia a vida diante de si e o mundo no qual ela está para entrar e me encho de orgulho por sua paixão e amor – uma paixão e amor que, agora sei, remontam a gerações.

Seja humano. Crie emoção. Deixe seu legado.

AGRADECIMENTOS >

Este livro trata da criação de laços emocionais fortes, e nenhum poderia ser mais importante para mim do que aquele que tenho com minha esposa, Kirsten. Seu apoio e parceria durante todo o processo de escrita ajudaram a transformar meus pensamentos e reflexões em algo real e significativo. Um agradecimento especial aos meus companheiros de equipe da Nike que se sentaram juntos no Edifício Mike Schmidt anos atrás. Pensei que ia ver um filme de Jackie Chan com todos vocês, e acabou que minha futura esposa e eu fomos os únicos que apareceram. Vocês armaram para a gente. Assistimos juntos ao filme e estamos juntos desde aquele dia. Obrigado por verem o nosso potencial. Essa é a definição de trabalho em equipe.

Em seguida, um agradecimento especial ao meu filho Rowan e à minha filha Ayla, por constantemente sonharem junto comigo e fazerem a pergunta *"E se?"*. Ver a imaginação de vocês todos os dias serve como minha maior fonte de inspiração. Obrigado por serem meus melhores parceiros de viagem e por suportarem a minha obsessão por um estilo de vida de design e minha constante necessidade de apontar o brilhantismo (ou a falta dele) em nossos ambientes cotidianos. Anos atrás, quando iniciamos o processo de projetar uma casa, Rowan, então com 12 anos de idade, me contou que Frank Lloyd Wright disse que uma casa deveria ser construída dentro de uma colina, não no topo, para que a casa e a colina pudessem se tornar uma coisa só. Obrigado por essa pérola, e por todas as outras desde então. E Ayla: você escolheu investir em uma carreira de arte e design. Espero que encontre a mesma vida de investigação criativa, colaboração e realização que tive o privilégio de vivenciar.

Como qualquer empreendimento criativo, escrever um livro, embora muitas vezes seja visto como uma experiência solitária, requer um elenco de jogadores talentosos que se mobilizem para jogar como uma equipe. Tive extrema sorte com a equipe que se formou ao meu redor, orientando-me enquanto eu embarcava em um projeto que estava um pouco fora da minha área de atuação.

Em primeiro lugar, tenho profunda gratidão por meu escritor colaborador Blake Dvorak, que na hora de colocar as palavras no papel ajudou a transformar minhas lições e relatos em histórias que revelam verdades maiores. Você segurou a bola quando criança, tendo sido vizinho de Steve Kerr, grande jogador do Chicago Bulls, e desenvolveu uma experiência em ver os significados ocultos nos esportes e nas atividades da vida. Obrigado por passar a bola para mim.

Escrever um livro pela primeira vez requer disposição para ouvir e aprender, e um treinador para motivá-lo e dizer quando você precisa melhorar a qualidade de seu jogo. Kirby Kim foi mais do que um agente literário para mim; foi o melhor treinador no processo. Kirby, seu colega Will Francis e a equipe da agência Janklow and Associates sempre me colocaram em posição de marcar o gol. Naquele PDF com a linha do tempo sobre minha vida e carreira que lhes enviei, vocês viram uma história que valia a pena contar e, ao fazer isso, vocês se arriscaram. Só espero que o produto final esteja à altura dos seus padrões.

Em seguida, quero agradecer ao meu editor Sean Desmond, da Twelve Books, que viu o potencial nas ideias de um esboço de proposta de livro. Vocês me empurraram para além do jargão do marketing e dos negócios para encontrar minha voz e criar uma história que pudesse ser inspiradora e prática para um público mais amplo. Obrigado também a Bob Castillo, Megan Peritt-Jacobson e a toda a equipe da Twelve Books. Sua paciência, disciplina e experiência foram inestimáveis para mim durante todo o processo, especialmente quando as coisas ficavam difíceis.

Um agradecimento também a Rowan Borchers e à equipe da editora Penguin Random House do Reino Unido. Desde o início senti sua energia e paixão pelas ideias deste livro.

As sementes deste livro foram plantadas há muito tempo, nas salas de reuniões, estúdios de design, arenas e estádios, cafés e carros que serviram como meus locais de trabalho por trinta anos. Obrigado a todos os sonhadores, especialmente meus ex-companheiros de equipe da Nike, por generosas lembranças, conselhos e apoio na elaboração deste livro. Um alô especial a Ron Dumas, Ray Butts, Gino Fisanotti, Pam McConnell, Jason Cohn, David Creech, Ean Lensch, Heather Amuny-Dey, Mark Smith, David Schriber, Ricky Engleberg, Pamela Neferkara, Gary Horton, Musa Turig, Alex Lopez, Michael Shea, Scott Denton-Cardew, Valerie Taylor-Smith, Leo Sandino-Taylor, Vince Ling e Dennie Wendt. À sua maneira, cada um de vocês me ajudou a cumprir a jornada deste livro.

Um grande obrigado à família Wieden+Kennedy, com uma enorme dívida de gratidão a Karrelle Dixon, Alberto Ponte e Ryan O'Rourke. Vocês sempre nos instigaram criativamente a superar nossa zona de conforto. Quem mais lançaria uma campanha global chamada "Arrisque tudo"? Fizemos isso muitas vezes, e não me arrependo nem por um único segundo sequer.

Correr esses riscos criativos com a voz da sua marca, repetidas vezes, exige um nível de destemor que vai além do que é seguro. Nesse sentido, um agradecimento muito especial a Davide Grasso e Enrico Balleri pela parceria durante um momento prolífico e por sempre representarem a verdadeira natureza da colaboração criativa radical.

Também quero expressar meu reconhecimento e gratidão a Bob Greenberg e à equipe da RGA e a Ajaz Ahmed e à equipe AKQA pela estreita parceria durante a "revolução digital" do marketing da Nike. Hoje em dia é algo corriqueiro, mas para iniciar o movimento foi necessário ter um nível elevado de visão, inovação e colaboração.

Há pessoas que contribuíram indiretamente para este livro por meio de sua influência nos estágios iniciais de minha carreira. Jan Jancourt, meu professor de tipografia na faculdade, me estimulou a melhorar meu jogo e ver a diferença entre bom e ótimo. Laurie Haycock Makela encorajou a minha versão jovem a sair da segurança do grid de design e correr alguns riscos ousados.

A meus pais, Gary e Jacqui Hoffman, que colocaram a moldura de madeira nas bordas daquela parede branca no meu quarto de infância, criando um mural para eu preencher com minha imaginação e meus sonhos, e por sempre apoiarem minhas empreitadas criativas, por mais audaciosas que fossem. E, claro, obrigado por me emprestarem seu furgão durante o mágico verão de 1992.

Por fim, um agradecimento às minhas recém-descobertas famílias biológicas. Como filho adotivo, eu tinha dúvidas sobre de onde vinham meus traços, minhas características e minhas paixões. As contribuições dessas pessoas para mim e para este livro começaram muito tempo atrás, embora tenhamos nos reunido apenas recentemente. A criatividade e o poder de construção de relacionamentos mais profundos e mudar o mundo para melhor são forjados por meio da natureza e da criação, tanto por fatores genéticos como em virtude da educação recebida. Que possamos continuar a construir ambos por meio da emoção sob medida.

ÍNDICE REMISSIVO >

23andMe, 318-319

"A Decisão" (campanha), 178
A forma segue a função, 75
"A genealogia da velocidade"
    (exposição), 216
A mágica da arrumação (Kondo), 78
"A razão", 286-289
Adobe Illustrator, 42
Adriano Imperador, 282
África do Sul
    apartheid e, 292
    Conferência South by Southwest
        (SXSW em Austin), 273
    Copa do Mundo (2010), 296
Agassi, André, 28, 39, 146
Air 180 (comercial), 291
Air Assault, 223
Air Deschutz, 30
Air Diamond, 41
Air Force 1 (AF1)
    colecionadores de, 209
    comemoração de 25 anos, 207
    como ícone cultural, 235
    edição limitada do Black History
        Month, 302
    gravado a laser, 218
    histórico, 202-205
    livro sobre história do, 225
    pôster, 204, 211, 212
Air Force 2, 205
Air Huarache (linha), 30
Air Jordan (linha), 29, 218, 226
Air Max
    colecionadores de, 233
    como ícone cultural, 230
    Dia do Air Max, 228, 234-235
    Protótipo, 228
Air Max 0, 228
Air Max 1, 229, 231
"Air Max Genealogy" (jardim em
    Tóquio), 232
Air Rift, 84
Air Safari, 223
Air Tech Challenge Huarache, 39

AKQA, 68, 69
"Algum dia" (campanha), 195-196
All Conditions Gear (linha de esportes ao ar livre da Nike), 30
Ambiente de trabalho competitivo, 67
Amuny-Dey, Heather, 153, 333
Andre 3000, 193
"Animal diferente, a mesma fera" (campanha), 159
Anthony, Carmelo, 279
AO-Air, 322
Apartheid, 292
Apple
  colaboração Nike+, 241. *Ver também* Nike+
  computadores Macintosh, 40
  identidade de marca, 140-141
  iPod, 247, 254-255, 258
  mural de George Floyd e, 315
  narrativa digital da, 248
Aragonés, Luís, 281
Arbery, Ahmaud, 315
"Arrisque tudo" (campanha), 99, 126-127, 129, 333
Asai, Hiroki, 140, 257
"Asas" (pôster), 30-31, 133-136, 137
#AskZlatan (pergunte a Zlatan), 128
Athletic Bilbao, 66
Austin (Texas), 273
Autoexperimentos, 89
Aveni, Chris, 32

Balleri, Enrico, 157
BBH Singapore, 69
Beatles, 172, 193, 229, 272
Berger, Emma, 315

Bespoke NikeiD (estúdio), 222
Biles, Simone, 251
Biomimética, 83
Black History Month, 299-300, 302-303
#blacklivesmatter (vidas negras importam), 288
Blake, William, 133
Blazer, 204, 225
Blue Devils (time da Universidade Duke), 51
Blue House, 215
Bowerman, Bill, 108
Branding digital, 258
Branson, Richard, 185
Bryant, Kobe, 17, 68, 87-88, 115, 158-160, 183, 186, 194, 212, 303
Burberry, 140
Butts, Ray, 333

Caçador de Pé-grande, 71-73, 93
Cain, Susan, 64
Campanha "Bo sabe", 34
Campanha "Igualdade", 289, 293
Campanha "Levante-se. Fale", 281-284
Campanhas. *Ver ímpeto de movimento; campanhas específicas*
Cardew, Scott Denton, 333
Carey, Harry, 195
Carter, Maverick, 178
Carter, Vince, 151, 227
Casanova, Giacomo, 266
Castili, Philando, 279-280, 289
"Cavaleiros Bowerman", 108

Centro de Comando Nike Futebol, 126
Centro de Treinamento de Futebol em Soweto (África do Sul), 297
Centro de Treinamento Físico Bo Jackson, 304
Centro Pompidou (Paris), 229
Centros de Energia, 214-218
Chamamento à ação, 191, 268, 285-289, 312
Chance the Rapper, 290, 294
Chastain, Brandi, 154
Chelsea Piers (Cidade de Nova York), 259, 260, 262
Chicago Bears, 80
Chicago Cubs, 194-196
Clarke, Tom, 169
Cleveland Cavaliers, 178, 285
Cleveland Indians, 195
Co-branding, 261
Co-branding da "borboleta", 197
Coe, Sebastian, 9
Cohn, Jason, 101, 333
    colecionadores de, 209
    comemoração de 25 anos, 207
    como ícone cultural, 235
Conceito de quarto, 117-122
Conceito de quarto de adolescente, 117
"Conheça seus direitos" (seminários), 305
Construção da cultura, 51-95
    compartilhamento de experiências, 80, 86
    construção de mundos e, 79
    curiosidade, estilo de vida e, 71-73
    deveres de casa, 85
    diários visuais, 85
    diversidade para, 55-60, 94
    equipe criativa dos sonhos, 62-66, 94-95
    estrutura organizacional para, 60-62
    exercícios de formação de equipe, 71-82
    fazer as refeições juntos, 81-82
    histórico, 51-55
    importância da, 18-21
    inspiração externa e, 82-84, 94
    para inovação, 97-99
    química criativa para, 55-60
    "vantagem da visão" e, 52, 92-93, 94
    visão geral dos princípios para, 94
Construção de equipe. *Ver* construção de cultura
Construção de mundo, 79
Conteúdo em formato curto, 187
"Conversas Corajosas", 289
Cooke, Sam, 294
Cooper, Michael, 204
Copa do Mundo (1994), 102
Copa do Mundo (2002), 156, 157, 193
Copa do Mundo (2006), 157
Copa do Mundo (2014), 99
Copa do Mundo (futebol feminino, 1999), 154
Copa do Mundo de Rúgbi (1995), 292
Corredores descalços, 84
"Correr faz o mundo girar" (campanha), 70
"Cortes de cabelo são importantes" (mantra), 157, 167
Creech, David, 159, 333

Cruz, Victor, 295
Cultura de correr riscos, 99-101
Customização de tênis, 219
    gravação a laser, 213, 217-218
    NikeiD, 222-223

Davidson, Carolyn, 145
Departamento de Arquivos da Nike (ou DNA), 209, 230
Designing Obama (Scott Thomas), 164
Diários visuais, 85
"Dias de Design", 74
Diffrient, Niels, 74
Direitos autorais, 125, 272
Diversidade e inclusão
    construção de cultura e, 55-60, 94
    na Nike, 245, 301
    no processo criativo, 16, 62-66, 94, 325
    para transformação cultural e social, 299-303, 312-313
Douglas, Gabby, 295
Dream Team, de jogadores da NBA, 39, 45, 47
Drogba, Didier, 297
Drone, 91
Dumas, Ron, 30, 37, 43, 133, 146, 333
Durant, Kevin, 295
    edição limitada do Black History Month, 302

Einstein, Albert, 64, 151, 265
Emoção sob medida
    com a vitória estampada no rosto, 133-168. *Ver também* identidade de marca
    criatividade como esporte coletivo, 18-19, 51-95. *Ver também* construção da cultura
    deixe um legado, 20-21, 315-330. *Ver também* Hoffman, Greg
    inicie um movimento e diminua a distância, 239-278, 279-313. *Ver também* transformação cultural e social; inicie um movimento, 239-278
    jogue para ganhar, 97-132. *Ver também* inovações
    não corra atrás do que é descolado, 201-237. *Ver também* produtos como ícones culturais
    ou se ser lembrado, 169-200. *Ver também* narrativa
Empatia
    definição, 54
    design criativo e. *Ver* Emoção sob medida
    em ação, 226, 295, 296-299, 310-311, 312-313. *Ver também* transformação cultural e social; diversidade e inclusão
"Empurre o mundo para a frente" (mantra), 285
"Encontre a sua grandeza" (campanha), 189-192, 195
Engleberg, Ricky, 261, 333

Entourage – fama & amizade (série da HBO), 213, 217
Epstein, Theo, 194
Erving, Julius, 303
Espaço em branco, 140, 141
Estágio no Centro de Artes Walker de Minneapolis, 216
"Estilo alemão" de jogar futebol, 57
Experiência dos alfaiates, 219
Experiência dos alfaiates de Londres, 219
"Experiência no Estádio Soldier Field", 80

"Faça crença" (mantra), 307
Faça valer a pena (filme), 264
Faculdade de Arte e Design de Minneapolis (MCAD), 134
Faculdade de Negócios Lundquist, 324
Fallon, Jimmy, 245, 272
Fanáticos por tênis, 227
FC Barcelona, 66, 112
"Fedorenta" (perua), 102-105
Ferdinand, Rio, 282
Fidelidade à marca, 137, 326
"Filmetes sobre estados de ânimo", 271
Filosofia de branding. *Ver Emoção sob medida*
Finais da NBA (1992), 39
Fisanotti, Gino, 10, 230, 307, 333
Flow (dispositivo), 91
Floyd, George, 315
Fluffy Penguins [Pinguins fofinhos] (usuário do YouTube), 254

Foot Locker House of Hoops [Casa do Basquete da Foot Locker], 117
Ford Motor Company, 83
Fotografia, 59, 126, 153
Framfab, 114
Frost Tower (Austin), 274
FuelBand, 264
Fundo Talent X Opportunity, 326

"Galerias de inovação", 214
Gandhi, Mahatma, 266
Gay, Marvin, 291
Gervin, George "Homem de gelo", 225
Ginásio de Basquete de LED House of Mamba, 68
Ginga (estilo de jogar futebol), 56, 60
"Go LA 10K" (campanha), 240
Goiânia (Brasil)
Google Street View, 263
Google, 128, 140, 248
Gotham Hall, 201, 209
Grammy Awards (2017), 291
Grande Vale do Rifte da África Oriental (ou vale da Grande Fenda no Quênia), 84
Grasso, Davide, 163, 267, 334
Gravação a laser de tênis, 213, 217-218
  gravado a laser, 218
Griffin, Jonathan Johnson (JJG), 302
Grunge, 35

Hamm, Mia, 154
Hardy, Tom, 190, 191
"Hare Jordan" (anúncio), 29

Hart, Kevin
   como catalisador para o movimento de corrida, 328
   Desaparecido (filme), 249
   "Go LA 10K" (campanha), 240
   no programa *The Tonight Show* com Jimmy Fallon, 248
   O homem que não parava de correr (filme), 247, 249
   "Prefira se mexer" (campanha), 251
   reunião de apresentação com, 244

Hatfield, Tinker, 223, 228
HBO, 213
Henrique, Thierry, 282
Hijabs, 298, 309
Hill, Roger, 272
Hoffman, Ayla (filha), 316-318, 321, 331
Hoffmann, Greg
   aposentadoria da Nike, 9-11
   aposentadoria pós-Nike, 322-330
   estágio na Nike, 26-45, 47-48, 300
   estágio no Centro de Artes Walker de Minneapolis, 24
   família biológica, 318-322
   formação educacional, 23-26
   oferta de emprego na Nike, 46-48
   reação pessoal ao mural Floyd, 315-318, 321-322

Hoke, John, 107
Hollister, Geoff, 34, 35
Hopper, Dennis, 241
Horowitz, Andreessen, 326

Houston Rockets, 87
Huet, John, 153
Human Race [corrida], 253, 263

"I'M WITH THE BAND" (camiseta), 274
Ibrahimović, Zlatan, 97, 127
Icebox [Geladeira] (colecionador de tênis), 233
Ícones culturais. *Ver também* produtos como ícones culturais
Identidade de marca, 192, 247, 257, 324
Igualdade. *Ver* diversidade e inclusão
Iguodala, Andre, 285
inclusão. *Ver* diversidade e inclusão
"Índice de sucesso de ideias", 110
Iniciando um movimento. *Ver* Inicie um movimento
Inicie um movimento, 239-278
   catalisadores para, 279-313
   colaborações e, 259-264
   combater a injustiça racial, 259-264. *Ver também* transformação social e cultural
   embaixadores, 239-245
   empoderamento e, 275-276, 277-278
   eventos e, 253-254
   histórico, 239-240
   objetivos do, 264-267, 277
   processo de lançamento, 267-275, 277
   visão geral dos princípios para, 275-276

Injustiça racial, 281, 292, 304-305, 307, 315, 317 *Ver também* transformação cultural e social
Inovações digitais. Ver Nike+
Inovações, 133-168
    cultura de correr riscos, 99-101, 131
    histórico, 44, 97-98
    inovação digital, 246-275. *Ver também* Nike+
    jogue para ganhar, 97, 129, 131
    limitações e, 112-116, 131
    marketing disruptivo, 122-129
    poder da paixão, 117
    programa de marketing de base, 101-106
    revolução no varejo, 106
    visão geral dos princípios para, 131
    visualização e, 120, 131
"Instant Karma" (comercial), 28, 171-172
Introvertidos, 64
iPod, 247, 254, 255, 258-260
Isso me traz alegría?, 78

Jackson, Bo, 34, 172, 304
Jackson, Scoop, 224
Jackson, Steven, 193
James, Le Bron
    Air Force 1 e, 211-212
    campanha "Igualdade" e, 289, 293
    campanha "Tenha sonhos loucos", 303-310
    campeão da NBA (2016), 285-286
    decisão de deixar o Cleveland Cavaliers, 285
    sobre injustiça racial, 279-281
Joanesburgo (África do Sul), 265
Jobs, Steve, 257, 261
Jogos Olímpicos de Londres (2012), 189
Johnson, Magic, 163, 165
Jones, Bobby, 204
Jordan, Michael
    anúncio "Hare Jordan", 29
    carreira no beisebol, 102
    com Spike Lee, 241
    comemoração do Black History Month e, 302
    finais da NBA (1992), 39
    "Last Shot" [último arremesso], meia quadra de LED interativa, 69
    linha de tênis, 30, 217, 226
    logotipo Jumpman gravado a laser em tênis, 42, 134
    pôster "Asas", 30-31, 133-136, 137
    pôster "Jumpman" [homem que pula], 134
    pôster do "Concurso de Enterradas", 134
Jordan, Michael B. (ator), 295
Jr., Beckham Odell, 251
"Jumpman" [homem que pula] (pôster), 134
"*Just do it*" [Simplesmente faça] comerciais), 28, 170, 171
"*Just do it*" [Simplesmente faça] (slogan), 17, 38, 40, 169, 268
JXL, 193

Kaepernick, Colin, 10, 13, 14, 304-305
Keller, Helen, 265
Keys, Alicia, 294
Kilgore, Bruce, 203
Knight, Phil, 106, 108, 145, 148, 169, 179, 245
Kondo, Marie, 78
KRS-One, 201
Krzyzewski, Mike (Treinador K), 51
Kyoto (Japão), 77

Lace Up Save Lives [Cadarços que salvam vidas] (parceria), 297
Lampert, Ned, 232
Lançar um movimento. *Ver* ímpeto do movimento
"Last Shot" [Último arremesso], meia quadra de LED interativa, 69
Lee, Spike, 45, 202
Leibovitz, Annie, 153
Lennon, John, 28, 171, 172
Lensch, Ean, 113, 333
Liderar na frente (estratégia de Prefontaine), 35
Lincoln, Abraham, 266
Linguagem visual, 139-143
Linha de tênis Kobe, 158-159, 185-186
livro sobre história do, 225
Logotipos e marcas, 18, 134, 136, 143-144, 163-165, 167, 258
Lovegrove, Ross, 74
LunarEpic (tênis de corrida), 69

Mad Men – inventando verdades (série de TV), 79

Mais (símbolo de adição), 257 *Ver também* Nike+
#makeitcount [faça valer a pena], 264, 270
Makela, Laurie Haycock, 26, 334
Malcolm X, 45
Mall of America, 320
Malone, Moses, 203, 204, 236
Mandela, Nelson, 11, 292
Mann, Michael, 193
Marca nominativa Nike, 144
Marion, Shawn, 212
Marketing criativo. *Ver Emoção sob medida*
Marketing disruptivo, 113, 177
Masters (Torneio de Golfe, 2010), 177
Matsoukas, Melina, 295
Mayden, Jason, 302
Mays, Jay, 83
MCAD (Faculdade de Arte e Design de Minneapolis), 23, 24, 26, 27, 134
McConaughey, Matthew, 263
McConnell, Pam, 244, 333
Medicom, 205
"Menos dinheiro é igual a mais criatividade", 79
Merriman, Shawne, 193
Messi, Lionel, 66
Mestres do Air (filme), 233
Metro City (edifício), 70
Milbrett, Tiffeny, 154
Mims, Randy, 178
Minneapolis, 24-25, 320-321
Modern Arena, 322, 323
"Moldagem de borracha por sopro", 82
Monitor de frequência cardíaca, 90

Movimento de corrida. *Ver* Hart, Kevin; Nike+
Muhammad Ali, 10, 13, 279, 280
Murais, 316-318, 321-322
Música, 193-202, 229, 274, 290
Mustang, 83, 235
"Não desista nunca" (anúncio), 193
Narrativa
    atingindo o público, 189-192, 199-200
    convite de marca, 192-194
    histórico, 169-173
    nas redes sociais, 176-177
    personalidade da marca e, 174-176, 183-187, 199, 326
    processo de desenvolvimento, 178-183, 199-200
    propósito da, 197-198
    voz da marca e, 169, 187
Momento certo (*timing*), 194-197

Nas, 201
Nash, Steve, 212
Nassar, Zeina, 299
Natt, Calvin, 204
Natureza, inspiração na, 83-84
Neferkara, Pamela, 301, 333
Neistat, Casey, 265-266
Nelson, Willie, 195
Netflix, 140
Neuropeak Pro, 90
New York Mets, 195
Nichol, Janett, 244
Nike SNKRS Box (edifício), 228, 229
Nike Unlimited (pista de corrida), 69

Nike. *Ver também embaixadores, campanhas, linhas de calçados e produtos específicos*
    apresentação da palestra "*Éthos de Branding Criativo*" (2010), 163
    campus-sede de Beaverton por volta de 1992, 303-304
    marcas, 42, 134, 136, 143-146, 162-164, 167, 258, 261. *Ver também* identidade de marca
    oferta de emprego para Hoffman, 45-47
    processo de design na. *Ver* Emoção sob medida
    programa de estágio para minorias na, 27-45, 47-48, 300
Nike+, 246-275
NikeiD, 219-221
Niketown, 29, 107, 109
Norman, John, 38, 257
Nye, Bill, 251

O corredor (filme), 191-192
"O digital em primeiro lugar", 61
O homem que não parava de correr (filme), 246, 247, 249
O poder dos quietos: como os tímidos e introvertidos podem mudar um mundo que não para de falar (Cain), 64
O que devo fazer? (filme), 180-182, 196
"O Sistema Kobe: sucesso para os bem-sucedidos" (campanha), 185-188, 196

"O último dos moicanos" (música-tema), 193
O último jogo (filme), 98, 99, 122-129
O'Neal, Jermaine, 212
O'Rourke, Ryan, 179, 182
Obama, Barak, 162
Ocampo, Octavio, 158-160
Olajuwon, Hakeem, 87
Olimpíada
    Barcelona (1992), 39
    Londres (2012), 189
    Rio de Janeiro (2016), 289
    Sidney (2000), 151
One Club for Creativity [Um clube de criatividade], 325
Ono, Yoko, 172
Origami, 84
Os selvagens da noite (filme), 272
Outside in, 82-84

Page, Larry, 64
"Painéis semânticos", 157, 158
Parker, Mark, 149
Parker, Tony, 212
"Paroucalipse", 251
Passion Pictures, 98, 124
Paul, Chris, 212
Paul, Rich, 178
Pé-grande (Sasquatch), 71-73
Pelé, 56
Peloton, 259
Pernalonga, 29
Philadelphia 76ers, 163
Pierce, Paul, 212
Platon, 11
Plume Labs, 91

Ponte, Alberto, 123, 179, 333
    pôster, 204, 211, 212
Pôsteres
    Air Force 1 (AF1), 204, 211
    de Michael Jordan, 133, 138
    para o Black History Month, 300, 302
"Prefira se mexer" (campanha), 240, 251
Prefontaine, Steve, 34
Prêmio "H", 299
Presley, Elvis, 141
Primeiro seguidor, 269
Print (revista), 30
Pro Hijab (inovação), 298, 299
Produtos como ícones culturais, 201-202
    celebração de, 208-211, 172-178
    criação de, 149-206, 235-236
    histórico, 201-202
    interseção entre arte e cultura, 164-223, 237
    legado de, 206-208
    livros sobre, 168-228
    personalização/customização e, 219-223, 237
    visão geral dos princípios para, 237
Programa de estágio para minorias (Nike), 26, 300
Programa de marketing de base, 106
Projeto Red, 297
"Promontory" (anúncio), 193
Provocando alegria, 77-78

Quênia, 84

Rakim, 201
Ralph Lauren (identidade de marca), 36, 162
Rapinoe, Megan, 295
React (linha de tênis), 70, 240, 251
Realidade aumentada (RA), 88
"Reconstruir" (exposição), 216
Recrutar. Reunir. Rugir, 269-273
Redmond, Derek, 40
Rede de Funcionários Negros da Nike (BEN), 299
Retiro da equipe de design, 72
Retrofuturismo, 83
Revolução no varejo, 106
Roberts, Christophe, 160
Ronaldinho Gaúcho, 112, 282
Ronaldo, Cristiano, 97, 98, 123, 125, 126, 158, 282
Rooney, Wayne, 97, 282
Roosevelt, Eleanor, 266
Roosevelt, Franklin D., 265
Rosenthal, Jeff, 325
Royer, Tim, 90
Ryan, Nolan, 22

Sanders, Deion, 16
Sayeed, Malik, 295
Schriber, David, 269, 333
Scurry, Briana, 154
Se vocês me deixarem jogar (filme), 285
"Seis Originais" (cartaz do Nike Air Force 1), 204, 211
Seleção Brasileira de Futebol, 12, 55, 63
Serrao, Carlos, 153
Sessões *Outside in*, 86

Shannon, Rick, 230
Shea, Michael, 208, 333
Sheniak, Dan, 187
Shox, 149-151, 227
Shred (aplicativo), 323
Sivers, Derek, 268
Skydio (drone), 91
Slogans, 40, 169-173
Smith, Bruce, 241
Smith, Mark, 213, 333
Sneaker Ball, 299, 302
Sole Provider: 30 Years of Nike Basketball (Jackson), 224-228
"Sonhadores", 63
Sorrell, Nathan, 192
Soul Cycle, 259
Space150, 232
Spielberg, Steven, 64
Sportscenter (programa da ESPN), 128, 188
Springboks (time de rúgbi), 292
Sterling, Alton, 279
Stoudemire, Amare, 212
Strava, 259
Summit Series, 324
SWAT (Equipe de Ataque do Mundo de Esportes) (programa da Nike), 102
Swoosh, 103, 133, 143-149, 170, 202, 257-258
SXSW (Conferência South by Southwest), 273

Target, 141
Tariq, Musa, 127
Taylor, Breonna, 315
"Teatro de varejo", 107, 121

Tecnologia Air, 82, 111 *Ver também tênis Air específicos*
Tecnologia de visualização de LED, 68
"Tenha sonhos loucos" (campanha), 303, 308
"Tênis como tela", 214
The Tonight Show com Jimmy Fallon, 245
Thomas, Scott, 164
Thompson, Gordon, 107
Thompson, Hunter S., 265
Thompson, Mychal, 204
Thunderbird, 83
Tiffany, 139, 221
Tiki-taka, 66-67, 71
Tocador de mp3, 254-255
Tóquio, 47, 85, 221, 232, 233
Torneio de Wimbledon, 146
Trailer do filme *Faça valer a pena*, 270
Transformação cultural e social, 279-313
Travessão (filme), 112-113, 115
Treinador K (Mike Krzyzewski), 51-54, 65, 92
"True to 7", 13-14
Tsuen Tea, 78
Turnê Mundial do Brasil, 57, 60

"Uma única noite" [1NightOnly] (evento), 202, 209
Universidade do Oregon, 323-324
Unlimited Stadium (pista de corrida da Nike), 69
Van Hameren, DJ, 307
Vapormax, 232
Vaughn, Darla, 244
Venturini, Tisha, 154
Verão do esporte (1992), 38-39, 47-48
VW Beetle (Fusca), 83
VW Kombi, 105

Wade, Dwyane, 178, 279
Wall, Stacy, 249
Wallace, Rasheed, 202, 212, 225
Watts, Ben, 154
Weiner, Matthew, 79
Wendt, Dennie
West, Kanye, 201, 254
West, Mae, 265
White, Howard H., 299
Whoop Strap, 90
Wieden, Dan, 169, 288, 289
Wieden+Kennedy (W&K)
    #blacklivesmatter [vidas negras importam], 288
    Desaparecido (filme), 249
    Juntos, sem limites (filme), 289-291
    lançamento do tênis React, 240, 251
    música e, 193-194
    O último jogo (filme), 122-129
    processo criativo da, 179, 187-188
    "Rumo à grandeza" (campanha), 133, 165, 167
    slogan do Nike Shox, 149, 151, 227
    "Tenha sonhos loucos" (campanha), 303
    troca de ideias para a mensagem de Kaepernick, 305-306
Wilkes, Jamal, 204
Wilkins, KeJuan, 307
Williams, Serena, 9, 152, 185, 295

Wonderwall, 232

Woods, Tiger, 9, 152, 177

World Series (finais da MLB 2015), 194-195

World Series (finais da MLB, 2016), 197

Yoshindo Yoshihara, 77

YouTube, 114, 115, 188, 264, 266, 271-271

SOBRE O AUTOR >

Greg Hoffman é líder de marca global, consultor, palestrante e ex-diretor de marketing da Nike.

Editora Planeta Brasil | 20 ANOS

Acreditamos nos livros

Este livro foi composto em Bitter e Futura Condensed e impresso pela Geográfica para a Editora Planeta do Brasil em fevereiro de 2023.